MONOGRAPHIE ET HISTOIRE

DE LA VILLE DE

SAINT-ÉTIENNE

DEPUIS

SES ORIGINES JUSQU'A NOS JOURS

PAR

LE LIEUTENANT VICTOR JANNESSON

OUVRAGE ACCOMPAGNÉ

DE TROIS PLANS DE SAINT-ÉTIENNE A DIFFÉRENTES ÉPOQUES
ET DE NOMBREUSES GRAVURES HORS TEXTE

D'après des documents originaux

AVEC UN PORTRAIT DE L'AUTEUR PAR J. TROUILLEUX

SAINT-ÉTIENNE
J. LE HÉNAFF, IMPRIMEUR-LIBRAIRE

Rue de la Bourse, 2

1892

MONOGRAPHIE ET HISTOIRE

DE LA

VILLE DE SAINT-ÉTIENNE

IL A ÉTÉ TIRÉ DE CET OUVRAGE :

25 Exemplaires sur papier du Japon, numérotés de 1 à 25.
50 Exemplaires sur papier vergé de Hollande, numérotés de 26 à 75.
500 Exemplaires sur beau papier vélin teinté.

Voir à la fin du volume la liste des Souscripteurs.

Trouilleux
1891
Victor JANNESSON

MONOGRAPHIE ET HISTOIRE

DE LA VILLE DE

SAINT-ÉTIENNE

DEPUIS

SES ORIGINES JUSQU'A NOS JOURS

PAR

LE LIEUTENANT VICTOR JANNESSON

OUVRAGE ACCOMPAGNÉ

DE TROIS PLANS DE SAINT-ÉTIENNE A DIFFÉRENTES ÉPOQUES
ET DE NOMBREUSES GRAVURES HORS TEXTE

D'après des documents originaux

———×———

SAINT-ÉTIENNE
J. LE HÉNAFF, IMPRIMEUR-LIBRAIRE
Rue de la Bourse, 2
—
1891

PRÉFACE

Si j'entreprends aujourd'hui d'écrire l'histoire générale de Saint-Etienne, c'est que je ne pense pas que la chose ait encore été faite d'une manière complète.

Les auteurs qui ont précédemment traité ce sujet, sont tous tombés dans différents travers plus ou moins graves (1). Les uns n'ont envisagé que certains côtés de cette intéressante histoire ; les autres, défaut plus irrémédiable encore, ont mêlé le roman à la réalité des faits authentiques, décidés d'avance à écrire un certain nombre de pages sur un tel sujet.

Nous nous sommes efforcé de profiter de l'expérience malheureuse de nos devanciers pour ne pas tomber dans les mêmes erreurs.

(1) Je ne ferai d'exception que pour le trop court ouvrage de M. Testenoire-Lafayette, intitulé : *Saint-Etienne et ses cantons*. Ce n'est malheureusement pas une histoire complète de la ville, c'est une savante dissertation où cet homme érudit a su choisir ce qu'il y avait de vrai au milieu de mille faits erronés, cités par ses prédécesseurs, et combattre leurs fausses hypothèses. Il nous a préparé la voie, nous sommes heureux de marcher à sa suite.

Avant lui, M. de la Tour-Varan s'était déjà élevé, avec une certaine véhémence, contre les assertions effrontées de ces anciens chroniqueurs qui « ne pensent pas, dit-il, qu'il pût se trouver quelque part, quelqu'un qui viendrait rétorquer leurs écrits, qui démentirait ce qu'ils avançaient si témérairement. »

D'ailleurs, Auguste Bernard, le grand historien du Forez, avait tracé d'une façon magistrale le cadre d'un semblable travail.

Voici, a-t-il dit, en quelques mots, l'histoire de Saint-Etienne :

« L'existence de cette ville est mentionnée pour la première fois dans un acte de la fin du XIIe siècle. Jusqu'à la fin du XIVe siècle, ce n'est qu'un village sans importance ; au XVe siècle, l'existence de la houille dans ce canton y attire l'industrie du fer ; au XVIe siècle, ce village s'enrichit d'une fabrique d'armes qu'y établit François Ier, fabrique à laquelle les guerres civiles de ce siècle donnèrent une grande extension. Au XVIIIe siècle, le gouvernement y établit diverses administrations financières, judiciaires, etc. A cette époque, la paroisse de Saint-Etienne, comptait déjà près de 30,000 âmes. Il est vrai qu'elle comprenait alors plusieurs localités qu'on eût, plus tard, la malheureuse idée d'ériger en communes distinctes. Au XIXe siècle, l'emploi sans cesse croissant de la houille mit le sceau à la fortune de Saint-Etienne. »

Si l'auteur s'était donné la peine d'écrire les détails de cette histoire, ou s'il en avait eu le temps, je n'aurais probablement qu'à poser ma plume aujourd'hui.

Je me suis étendu jusqu'aux limites qu'il a tracées, sans me préoccuper du nombre de pages écrites. Si c'eût été trop d'un volume pour tout dire, je n'aurais fait qu'une brochure ; mais, à mesure que j'avancais dans l'étude de mon sujet, j'ai dû plutôt chercher à condenser les faits, qu'à leur donner un développement exagéré.

Enfin, je me suis avant tout inspiré de cette vérité que je pose en principe : *l'Histoire doit s'appuyer sur les actes authen-*

tiques et les monuments du passé, et elle ne s'écrit qu'avec les faits dont la preuve existe.

Que le lecteur m'excuse d'avoir souvent appuyé mon récit sur des citations et des documents dont le nombre pourra être jugé excessif par quelques personnes ; mais il était indispensable, avant d'écrire l'histoire vraie, d'effacer les traces de légendes et d'assertions par trop mensongères que les chroniqueurs anciens avaient recueillies je ne sais où.

Le document, en pareil cas, c'est l'arme puissante de la vérité ; il détruit sans retour les faits erronés, les récits sans preuves, eussent-ils été répétés cent fois par les écrivains de toutes les époques et de tous les pays.

Je ne terminerai pas cette préface sans m'acquitter d'un devoir qu'il m'est bien doux de remplir. C'est d'exprimer mes sentiments de gratitude envers M. Girodet, maire de Saint-Etienne, qui m'a donné toutes facilités pour me procurer, à la Bibliothèque de la ville, les ouvrages imprimés ou manuscrits dont j'avais besoin pour la recherche de documents anciens.

J'adresse aussi des remerciements particuliers à MM. Canel et Maissiat, les deux bibliothécaires, qui ont facilité toutes mes recherches, et je n'oublierai pas que ce dernier a, maintes fois, mis à mon service sa connaissance de la ville et son érudition.

Merci donc à tous ceux qui ont facilité et encouragé le travail si aride que j'ai entrepris et que je suis heureux de pouvoir offrir aujourd'hui à la population de Saint-Etienne, en souvenir du temps où j'ai tenu garnison dans cette ville.

PREMIÈRE PARTIE

HISTOIRE DU FOREZ
JUSQU'A LA FONDATION DE SAINT-ÉTIENNE
POUR SERVIR D'INTRODUCTION
A L'HISTOIRE DE CETTE VILLE

CHAPITRE PREMIER

CE QU'ÉTAIT LE PAYS DE FURAN AVANT LA FONDATION DE SAINT-ÉTIENNE. ÉPOQUE GALLO-ROMAINE

La configuration des lieux qui, ordinairement, a une si grande influence sur le développement des grandes villes et sur leur degré de prospérité, est restée étrangère à la rapide et merveilleuse croissance de Saint-Etienne. Les hauteurs qui l'enserrent, à l'est et à l'ouest, l'ont même forcée à se développer toute en longueur du nord au sud; et il n'y a dans toute la ville, de rues un peu longues, que dans ce sens-là.

C'est la houille enfouie dans son sol qui, semblable à un engrais fécond, a fait éclore cette grande et populeuse cité, dont le premier germe n'est resté longtemps qu'une petite paroisse.

Faute de documents, nous ne pourrons rien dire de certain sur ce premier noyau avant la fin du XIIe siècle. Nous allons voir cependant, sans nous y arrêter trop longuement, ce qu'était avant cette époque le territoire sur lequel fut fondée, à une date indéterminée, cette bourgade primitive aux origines inconnues.

Sans vouloir rechercher davantage quels peuples occupaient le pays avant la domination romaine, nous constaterons simplement, avec Auguste Bernard, que l'on rencontre ou que l'on a rencontré, à différentes époques, sur plusieurs points qui ne sont pas très éloignés de Saint-Etienne, des pierres druidiques ou des dolmens ; citons simplement les localités : Balbigny, Feurs, le bourg d'Urfé, Roanne, Saint-Romain-le-Puy, Précieux, et en nous rapprochant de Saint-Etienne, le village de la Tour-en-Jarez. Près de Feugerolles, il existait encore, il y a une quarantaine d'années, un dolmen connu sous le nom de pierre de saint Martin. Les mères y menaient leurs enfants en pélerinage, — mais le propriétaire du lieu la fit briser pour éviter les dégâts que cela causait dans ses bois (1).

On a trouvé à Ruffieu, commune de Moingt, en 1886 et 1889, différents objets tels que ciseau à travailler la pierre, faucille, etc., en bronze fondu et forgé ; j'en possède pour ma part un spécimen fort remarquable, trouvé aux abords du même lieu, en 1890, et dont j'ai donné à cette époque la description dans le bulletin de la société archéologique de la Diana (2). Ces objets, par leur forme et la nature du métal qui les composent, paraissent être d'origine celtique ou gauloise.

Le musée de la Diana possède un fort bel assortiment de bracelets en bronze, d'origine gauloise, qui ont été trouvés, il y a quelques années, sur le territoire de Vinol, petit bourg situé à un peu plus de deux kilomètres au sud-ouest de Montbrison, et où l'on pense qu'il a existé un campement gaulois.

(1) Ce dernier fait nous a été rapporté par M. de Charpin-Feugerolles qui en a été lui-même témoin.

(2) *Bulletin de la Diana*, janvier-juin 1890, t. V. n°s 5 et 6, p. 237.

Enfin à Chaysieux, on a signalé il y a quelques années différentes substructions d'habitations gauloises; on y a recueilli aussi plusieurs pièces de monnaie de même origine (1).

Sous la domination romaine, le Forez faisait partie du pays des Ségusiaves mentionné dans les commentaires de César.

La domination des empereurs romains paraît s'être étendue sur le pays pendant les Ier et IIe siècles, et au moins pendant toute la première moitié du IIIe, jusque vers l'an 268 de notre ère.

L'observation minutieuse des trouvailles monétaires et des fragments de poteries romaines, ainsi que les restes d'inscriptions que l'on a découverts dans le pays, tout concorde à faire adopter cette date comme limite extrême de la domination romaine sur un grand nombre de points dans cette région (2).

On pense qu'au temps des Romains, le Furan fournissait, comme le Gier et les ruisseaux de Janon et de Langonan, une partie des eaux nécessaires à la ville de Lyon.

D'après la configuration des lieux, la prise d'eau pour cette rivière devait certainement être établie vers les collines qui dominent Saint-Etienne dans sa partie sud ; et un aqueduc, perçant à Rochetaillée la ligne des hauteurs qui enserrent son bassin, allait alors réunir ses eaux à celles du Janon.

Un aqueduc souterrain les amenait, après cette première jonction, jusqu'au pont aqueduc dont on voit encore les ruines près du village de la petite Varizelle. C'est à ce point qu'étaient amenées aussi les eaux du Gier; l'aqueduc arrivait

(1) Voir mon précédent ouvrage : *Stations gallo-romaines de Moingt et de Chaysieux. — Leur destruction vers le milieu du IIIe siècle*, page 11.

(2) Parmi les nombreux trésors monétaires découverts dans la région, deux ou trois contenaient bien, il est vrai, quelques pièces à l'effigie d'empereurs de la fin du IIIe siècle ; mais, dans le plus grand nombre de cas, les dernières monnaies qui entraient dans leur composition dataient de Gallien et de Salonine.

ensuite dans la vallée de la rivière de Langonan, dont il recueillait aussi les eaux ; puis, traversant Saint-Chamond, il se dirigeait sur Fourvières, aux portes de Lyon, en remontant quelques fois assez haut les vallées des petites rivières perpendiculaires au Gier, pour conserver sur tout le trajet une pente assez douce permettant aux eaux de s'écouler lentement et régulièrement.

C'est dans la vallée de Chagnon qu'il s'enfonce le plus profondément. On a récemment trouvé dans ce lieu une inscription prouvant tout au moins que l'aqueduc fonctionnait sous l'empereur Hadrien (1).

On est presque certain d'autre part que la construction en avait été commencée sous l'empereur Claude (2).

Il était bâti d'après le mode de construction appelé chez les Romains *opus reticulum*, à cause de son revêtement en petites pierres carrées disposées en losanges ou en réseaux et coupées à intervalles par des lignes de briques. Artaud, s'il faut l'en croire, prétend qu'« on a trouvé à Terrenoire, près de Rochetaillée, des débris en nombre considérable de briques romaines, pendant l'espace d'un quart de lieue. » Sans doute, que pour suffire à la grande consommation de ce produit, les Romains avaient établi là une importante tuilerie. N'y avait-il pas tout ce qu'il fallait pour cette industrie qui, d'ailleurs, est encore celle du pays ? L'eau, l'argile et le charbon y sont à fleur de terre.

(1) Le texte en est ainsi conçu : « Ex auctoritate imp(eratoris) Cæs(aris) Trajani Hadriani Aug(usti) Nemini arandi, serendi pangendive jus est intra id spatium agri quod tutelæ ductus destinatum est. »

M. Chaverondier, l'éminent archiviste du département de la Loire, en a donné la traduction suivante : « Par ordre de l'empereur César Trajan Hadrien Auguste, personne n'a le droit de labourer, de semer ou de planter dans cet espace de champ qui est destiné à la protection de l'aqueduc. »

(2) *Histoire littéraire de Lyon*, t. I, page 44.

Le pays des Ségusiaves était aussi traversé par plusieurs voies romaines ; les plus importantes étaient celles qui allaient de Lyon en Auvergne et dans le Velay ; elles passaient toutes deux par Feurs, la principale ville du pays des Ségusiaves.

Plus tard, au Moyen-Age, il existait encore deux routes importantes remplissant le même but : la route de Lyon ou plutôt de Vienne en Auvergne et celle de Lyon au Puy ; elles étaient plus directes, Feurs ayant perdu toute son importance, il n'y avait plus de raison pour aller faire ce grand détour avant de franchir la Loire. C'est à Saint-Rambert qu'elles traversaient d'abord le fleuve, pouvant facilement se diriger de là sur Montbrison qui avait acquis une certaine importance.

Un peu plus tard, leur tracé devint plus direct encore ; la première vint passer au nord de Saint-Etienne, sur l'emplacement occupé aujourd'hui par la rue des Chappes, à un kilomètre environ au nord des anciens murs de la ville, elle franchissait ensuite la Loire à Saint-Victor. La seconde passait directement par Rive-de-Gier, les villages de la Palle, de la Mulatière et de la Caure, laissant Saint-Etienne au nord, à peu près à trois kilomètres ; elle traversait la Loire à Bas.

Comme l'a si judicieusement fait observer M. Testenoire-Lafayette, dans son remarquable ouvrage intitulé : *Saint-Etienne et ses Cantons*, si, à cette époque, la ville avait déjà eu quelque importance, ces deux routes y auraient franchement abouti ou l'auraient au moins traversée au lieu de rester en dehors de ses murs.

La domination romaine prit fin dans le pays des Ségusiaves, comme dans le reste des Gaules, battue en brèche par les grandes invasions des peuples barbares.

Un fait à constater, c'est que beaucoup de localités de ce

pays, assez prospères jusque vers l'an 265, paraissent avoir cessé d'exister à cette époque. La grande quantité de trésors monétaires et d'objets précieux enfouis à cette date, — et les dernières empreintes des monnaies sont là pour en témoigner, — indiquent sûrement qu'il y eut alors sur toute l'étendue de ce territoire une immense panique. Les populations épouvantées fuyaient devant l'invasion, cachant, dans l'espoir du retour, ce qu'elles avaient de plus précieux.

Des nombreuses recherches historiques, que j'ai faites à ce sujet (1), j'ai acquis la conviction que la première invasion des Vandales, qui eut lieu sous la conduite de Chrocus, a été, à cette époque, la cause de la ruine d'un grand nombre de localités situées dans la région qui nous occupe.

Les invasions qui suivirent celle-là eurent vite raison des rares cités restées debout et encore soumises à la puissance des empereurs.

---

(1) J'ai très longuement exposé le résultat de ces recherches dans une brochure déja citée, publiée en 1890, sous ce titre : *Stations gallo-romaines de Moingt et de Chazieux. — Leur destruction vers le milieu du IIIe siècle.* La Société archéologique de la Diana a reproduit ce travail tout au long dans son bulletin trimestriel (janvier-juin 1890, t. V, pages 38, 185 et 227).

CHAPITRE II

INTRODUCTION DU CHRISTIANISME DANS LES VALLÉES DU GIER ET DU FURAN. INVASION DES SARRAZINS, LEUR PASSAGE DANS LE FOREZ.

C'est à la fin du IIe siècle et au commencement du IIIe, que le christianisme paraît s'être introduit dans les pays qu'arrosent le Gier et le Furan.

Saint Ferréol et saint Julien sont les deux apôtres de la foi qui vinrent apporter l'Evangile dans le pays, après s'être enfuis de Vienne, pour échapper à la persécution de Crispin, préfet de la ville.

La légende écrite dans le *Breviarum sanctæ ecclesiæ Lugdunensis* nous apprend que saint Ferréol, s'étant évadé de sa prison, traversa le Rhône, arriva sain et sauf sur la rive opposée, puis, hâtant sa marche, gagna la route et s'enfuit en toute hâte vers le Gier (1).

(1) Voici le texte reproduit par Auguste Bernard dans sa *Description du pays des Ségusiaves*, p. 163 : « Armatus igitur fide, amnem ingreditur et in ulteriorem ripam securus exiit. Dehuic concito gradu ingressus agrem publicum usque ad Jarem fluvium concurrit. »

Breviarum sanctæ ecclesiæ Lugdunensis, pars autumnalis, p. 237 (édition de 1844).

La Mure, racontant la persécution contre saint Ferréol et saint Julien, s'exprime ainsi : « : Saint Ferréol qui, avec son sacré collègue saint Julien, de Vienne, se jetta jadis en ce païs de Forez et y prit la fuite pour éviter la persécution violente que leur faisoit, pour la cause de l'évangile, le cruel président Crispin, que l'impitoyable Diocletien tenoit à Vienne contre les chrétiens... (1) »

Le père Foderé, dans sa topographie des couvents de l'ordre de saint François, rapporte les mêmes faits avec plus de détails encore ; voici en quels termes : « Saint Julien étoit de Vienne en Dauphiné et saint Ferréol, citoyen de Rome, lequel étant tribun, c'est-à-dire capitaine de la garnison romaine à Vienne, et étant logé en la maison dudit saint Julien, fut fait chrétien par les persuasions de son hoste. Ce qu'étant parvenu aux oreilles de Crespin, gouverneur de Vienne, il les fit fustiger, et, en suite, les voyant constans, il les fit mettre en prison et enchaîner ; mais un ange, la nuit, ayant levé leurs chaînes et ouvert les portes de leur prison, ils sortent, passent le Rosne à la nage, et de là, traversans les plaines et montagnes du païs de Forez, passent encor à la nage les rivières de Loëre, du Jar et d'Allier, mais après, estant pris par les ennemis de la foy, ils furent menés à Brioude où ils furent décapités, saint Julien dans la ville et saint Ferréol auprès, à un quart de lieuë (2). »

Ces trois auteurs varient peu ; ils ne semblent pas cependant s'être copiés, chacun apportant successivement des détails nouveaux sur le fonds d'un même fait : le départ de

(1) La Mure, *Histoire universelle, civile et ecclésiastique du pays de Forez* ; Lyon, 1674, liv. IVe, p. 176.

(2) Tiré de la *Topographie des couvents de l'ordre de saint François, de la province de saint Bonaventure* ; rapporté par La Mure, dans son *Histoire ecclésiastique*, p. 175.

saint Ferréol, de la ville de Vienne pour aller porter la parole de Dieu dans les vallées du Gier et du Furan, et d'une façon plus générale dans le pays de Jarez.

D'autre part, cette région était trop rapprochée de Lyon pour que les premiers évêques de la Métropole n'aient pas envoyé, de bonne heure, quelques uns de leurs disciples pour y prêcher l'Evangile.

A partir de ce moment, l'histoire de ce pays retombe dans l'obscurité la plus complète ; et nulle part il n'en est question avant le commencement du Ve siècle.

L'histoire nous apprend que, vers l'an 406, les Bourguignons avaient conquis la Germanique supérieure, la Viennoise ainsi que la Lyonnaise, comprenant le pays qui nous occupe. Ils composèrent avec ces différentes provinces un royaume de Bourgogne, dont faisait ainsi partie le Forez.

Les empereurs ne tardèrent pas à reconnaître légalement ce royaume en récompense des grands services militaires rendus par les Bourguignons, qui avaient puissamment contribué à repousser Attila, le fléau de Dieu comme on l'appelait.

Plus tard, vers l'année 480, Gundebaud était resté seul possesseur de ce royaume, après avoir fait assassiner son frère Chilpéric dont Clovis épousa la fille. Ce dernier ne crut pas cependant le moment venu de venger ce meurtre ; la nécessité de repousser les Visigoths, lui fit au contraire rechercher l'appui du Bourguignon.

Quand les fils de Clovis eurent succédé à leur père, ils attaquèrent les enfants de Gundebaud ; ils en furent victorieux, et les firent mettre à mort pour se partager ensuite leurs terres.

Ainsi finit l'existence de ce premier royaume de Bourgogne. On n'est cependant pas très bien fixé sur le point de savoir : si c'est à ce moment que le Forez revint à la France, ou s'il n'avait pas été détaché auparavant du royaume de Bourgogne, soit comme dot de la reine Clotilde, soit pour payer l'alliance de Clovis lors de la guerre contre les Visigoths. Ce qui est certain, c'est que la province Lyonnaise, qui comprenait le Forez, eut à cette époque des comtes dont on connaît le nom, et que cette dernière province elle-même, ne fit plus partie du royaume de Bourgogne à partir de l'année 533.

Il est constaté, d'autre part, que le christianisme fit de grands progrès dans le pays à la fin du VIIe siècle et au commencement du VIIIe. C'est le temps où vivaient saint Aubrin, patron de Montbrison, et saint Ennemond dont on a fait saint Chamond, et qui fut martyrisé en 662.

Celui qui nous intéresse le plus est saint Priest, qui fit construire, en 672, l'église du village qui porte aujourd'hui ce nom.

Pendant longtemps, les habitants de Saint-Etienne ont été les sujets des seigneurs de Saint-Priest qui possédaient presque toutes les terres sur lesquelles s'éleva la ville; les terriers de Saint-Priest, dont nous aurons plus tard à parler longuement, sont là pour en faire foi.

En 712, lorsque les reliques de saint Bonnet, transportées de Lyon à Clermont, traversèrent le Forez, plusieurs villes se mirent sous le patronage de ce saint, et en prirent le nom.

Enfin, on compte plusieurs Foréziens au nombre des martyrs de Lyon.

Mais voici que les progrès du christianisme vont subir un moment d'arrêt fatal; tous ses bienfaits et ses conquêtes sur la barbarie sont menacés, un instant, d'être anéantis par l'invasion musulmane; et, dit Auguste Bernard, nous aurions peut-être aujourd'hui des esclaves et des harems, si ce même christianisme ne s'était fait guerrier pour défendre la religion du peuple et de la femme.

C'est vers l'an 727, que les Sarrazins firent irruption dans le midi de la France. Ils avançaient lentement par les bords de l'Océan pour pénétrer ensuite dans le fertile bassin de la Loire.

En longeant les bords de la mer, ils pouvaient recevoir des renforts d'Afrique par leur flotte qui restait ainsi à leur portée.

Cette invasion ne ressemblait pas à celle des autres barbares, traversant la région à la hâte pour la mettre au pillage et en tirer le plus possible. Les Sarrazins cherchaient, eux, à s'installer dans le pays ; c'est pour cela qu'ils mirent près de cinq ans pour arriver jusque dans les plaines de Poitiers.

En 732, lorsque Charles-Martel eut remporté sa fameuse victoire sur l'émir Abderam, entre Tours et Poitiers, leurs hordes refoulées s'écoulèrent lentement dans la direction du midi, en suivant cette fois l'intérieur des terres.

J'ai déjà eu occasion de faire remarquer à propos de l'invasion des Allamands, sous la conduite de Chrocus au IIIe siècle (1), que c'était une tactique adoptée par tous les Barbares, en cas de retraite, de ne pas repasser par le chemin qu'ils avaient suivi une première fois. Il faut en voir la raison, croyons-nous, soit dans la crainte qu'ils avaient de la vengeance des populations qui auraient été plus redoutables pour eux au retour, connaissant déjà leur manière de combattre ; soit enfin dans l'appréhension où ils étaient de ne plus pouvoir trouver leur vie dans des pays qu'ils avaient à moitié désolés à leur premier passage.

Le vainqueur ne les poursuivant pas de très près, leur retraite s'effectuait lentement, ils s'arrêtaient souvent, établissant des sortes de camps retranchés dans les pays qu'ils

(1) *Stations gallo-romaines de Moingt et de Chazieux. — Leur destruction vers le milieu du IIIe siècle*, page 19.

trouvaient sur leur route, comme s'ils avaient le regret de les quitter, ou l'espoir encore de s'y installer.

C'est vers 735, seulement, qu'ils firent leur apparition dans ce pays-ci, qui portait déjà le nom de Forez (1).

Belleforest, dans ses *Annales de l'histoire de France,* rapporte ainsi d'une façon générale l'invasion des Sarrazins : « Environ l'an 735, les Visigoths joints à une infinie multitude de Maures conduits par Athin, lieutenant de Miramolin en Espagne, des Arabes, des Sarrazins, saccagèrent, outre plusieurs autres pays, la Provence, le Dauphiné, le Forez, le Lyonnais et le Beaujolais. »

Si l'on veut suivre d'un coup d'œil rapide, dans les écrits des anciens historiens, la marche des Sarrazins se retirant vers le midi de la France, après la bataille de Poitiers, on voit qu'ils se dispersèrent dans tout le bassin de la Loire. On les trouve d'abord à Guéret, faisant irruption dans le monastère de Saint-Pardulfe (2). On les rencontre plus loin envahissant le Gévaudan et le Velay. Dans la ville du Monastier, près du Puy, ils égorgent l'abbé Théofrède (3).

Cette marche, dont les étapes sont ainsi marquées par

(1) C'est dans la légende de saint Porçaire, rapportée par la Mure, qu'on voit mentionné pour la première fois le Forez, comme formant une province distincte du Lyonnais.

(2) Extrait des *Actes SS. Ord. S. Bened., parte I, Sæc 3,* p. 477 et p. 573.
« Ex vita sancti Pardulfi abbatis Waractensis subœquali scripta-Ismaëlitarum gentes ad monasterium S. Pardulfi abbatis Waractensis (Guéret) pervenirent »

(3) Extrait des *Actes SS. Ord. S. Bened., parte I, Sæc 3.* p. 477.
« Ex vitâ S. Theofredi Abbatis Calmelliacensis Auctore anonymo qui vixit ante seculum XIe.
Et quoniam Ismaëlitarum exercitus copiosus et numerabilis fuerat usquaque discurrens totam provinciam conculcaverat adveniens que Gabalitanensem (Gévaudan) Vellavensem, (Velay) comitatum....... verberibus acribus contudere beatum virum Theofredum. »

Poitiers, Guéret, le Puy, comporte forcément le passage à travers le pays du Forez.

D'ailleurs, le nom même de *Sarrazin* se rencontre encore fréquemment dans le pays, tantôt comme appellation de certains lieux, tantôt pour désigner des ruines ; nous citerons seulement quelques unes des localités où ce nom se retrouve.

A Moingt, près de Montbrison, les ruines de l'ancien théâtre romain portent le nom de « Sarrazins ». Ces derniers s'y seraient-ils installés un instant ? Près du mont d'Usoure, on trouve une terre dite des « Sarrazins ».

Dans la commune de Colombier, il existe, dit P. Gras, un gros rocher appelé la « Sarrazinière ». A Saint-Julien-Molin-Molette, on trouve la « Roche Sarrazine », où la légende plaçait, au VIIIe siècle, les châteaux de Blair et de Malamort, habités par des hordes de Sarrazins.

Près de Sorbiers, on rencontre la grotte de la « Sarrazinière ». Dans un bois du mont Pilat, se trouve la grotte de la « Sarrazine ». Près de Ruthianges, une grotte, dont l'ouverture est sur la montagne d'Estival, porte le nom de grotte des « Sarrazins ». On citerait bien d'autres lieux encore. N'est-ce pas là une preuve quasi matérielle qui vient se joindre à l'interprétation des textes cités plus haut, pour nous convaincre que ces hordes de guerriers musulmans ont dû séjourner autrefois assez longtemps dans nos régions ?

CHAPITRE III

LES PREMIERS COMTES DE FOREZ. — COMTES AMOVIBLES.
HÉRÉDITÉ DU TITRE VERS LE COMMENCEMENT DU Xe SIÈCLE.

Je ne parlerai que pour mémoire de la deuxième grande victoire de Charles-Martel sur les Sarrazins en 737, près de Narbonne, et de leur expulsion définitive du sol français, sous son fils Pépin ; cela nous éloignerait trop de notre sujet. Après que ces hordes à demi barbares eurent évacué le Forez, ce pays tomba pour la seconde fois sous la domination des possesseurs d'un nouveau royaume de Bourgogne, qui venait de se former, au partage de la France, entre les enfants de Louis le Débonnaire.

Le Forez fut englobé dans un vaste gouvernement qui comprenait également le Dauphiné, le Lyonnais, le Beaujolais, etc. Le pays était administré par des comtes nommés par ces rois de Bourgogne. Ils étaient en quelque sorte amovibles. L'histoire nous a conservé leurs noms.

Pour ne pas trop nous écarter de notre sujet, nous ne citerons, avec la date de leur avènement, que les principaux actes de leur vie se rapportant au Forez, et surtout ce qui regarde ce pays-ci :

Gérard de Roussillon, qui eut des démêlés avec le roi Pépin, à l'autorité duquel il voulait résister, vers l'an 753.

Artaud, dont l'existence nous est révélée par une charte de 836.

Gérard de Roussillon, petit-fils du premier comte et portant le même nom que lui, a été qualifié de « Illustre comte », vers l'année 850 ; trois chartes de Lothaire, empereur et roi de Bourgogne, en font foi. Ce titre de comte mettait alors sous l'autorité de ceux qui le portaient : le Lyonnais, le Forez et le Beaujolais. Ayant voulu résister au roi de France Charles le Chauve, au sujet de la possession d'une partie de la ville de Lyon, il fut vaincu par lui au mois de décembre de l'année 870.

Willelme ou *Guillaume*, obtint le titre de comte à sa place ; remuant et ambitieux, ce nouveau maître du pays sût habilement profiter, quelque temps après, de l'avènement de l'usurpateur, Eudes, au trône de France, pour se faire accorder l'hérédité de son titre. Il ne tarda pas non plus à étendre ses droits réels sous le règne de Charles le Simple, dont le surnom indique assez la faiblesse d'esprit. En effet, dans une charte royale datée de l'an 913, au sujet d'une donation, sans importance d'ailleurs, faite à une église, il est expressément dit que ce Willelme Ier était « comte, propriétaire et héréditaire de Lyon, avec le pouvoir d'ériger dans l'étendue de son comté les sièges subalternes de haute justice qu'il lui plaisait. »

Avant de mourir, Guillaume Ier partagea son gouvernement entre ses enfants. L'aîné, du nom de Guillaume comme son père, eut le Lyonnais, Artaud eut le Forez et Bernard ou Gérard, la sirerie de Beaujolais.

Artaud, frère de Guillaume II, est le premier qui ait pris en 910 le titre de comte de Forez tout seul (Artaldus comes

Forensium). Cette province a toujours conservé depuis les mêmes limites : elle comprenait outre le Forez proprement dit, le Roannais et une partie du pays de Jarez.

Gérard Ier, son fils, lui succéda, mais ne conserva pas le pouvoir toute sa vie ; car avant sa mort qui arriva en l'an 990, il avait partagé ses possessions entre ses enfants, pour aller vivre ensuite dans la retraite avec sa femme. L'histoire ne dit pas le lieu où il se retira. Une charte se rapportant à la domination de ce comte, nous apprend l'existence des prieurés de Saint-Rambert et de Firminy, voisins de l'emplacement où s'est élevé plus tard Saint-Etienne.

Artaud II hérita des possessions de ses frères. Il existe une charte signée par lui en 993 au sujet des importantes donations qu'il fit à l'église de Saint-Irénée de Lyon.

Il mourut en 999. Sa femme conserva ses biens jusqu'à sa mort survenue en l'année 1011.

Artaud III, son fils, devint alors comte de Forez. Il paraît être mort peu de temps après son avènement puisqu'en 1017, son successeur Giraud, fait mention dans une charte du décès de sa mère et de son frère.

Giraud II, seul possesseur des biens qu'avait laissés son père, fit les plus grands efforts pour résister à la puissance temporelle de l'Archevêque de Lyon. A la mort de ce dernier, il voulait faire nommer son plus jeune fils, Girard, à la dignité archiépiscopale. Il trouva une très vive opposition de la part des Lyonnais ; car, à cette époque, Lyon seul ressortissait encore du royaume de Bourgogne et de l'Empire, tandis que le roi de France était suzerain pour le reste du comté. C'était, on le voit, une lutte secrète entre le roi de France et l'Empereur que ce premier n'osait pas attaquer ouvertement.

Artaud IV, son fils, lui succéda vers l'année 1038. Sous sa domination, vers 1046 environ, un particulier fit construire l'église de Saint-Galmier.

C'est sous lui que les comtes de Forez, dont l'autorité sur la ville de Lyon s'amoindrissait chaque jour, cessèrent complètement d'y résider pour se retirer dans leur comté de Forez.

C'est le château de Montbrison qui devint dès lors leur résidence habituelle.

Videlin ou *Gidelin,* lui succéda vers 1076. D'après une charte tirée du cartulaire de Savigny, nous apprenons qu'en 1078 : « Il fit satisfaction pour les grandes infestations et dégâts qu'il avait faits sur les terres de l'Eglise de Lyon. »

C'est sous ce comte, que le prieuré de Saint-Rambert, ainsi que la ville où il était construit, prirent ce nom en l'honneur des dépouilles de ce saint qui venaient d'y être solennellement transportées.

Artaud V, frère du précédent, lui succéda entre les années 1078 et 1079, puisque nous venons de parler d'une charte de Gidelin, datée de 1078, et qu'il en existe une autre de lui, Artaud V, datée de 1079. Il associa son fils Guillaume au gouvernement de son comté ; cela ressort clairement, dit Auguste Bernard (1), d'une donation qu'il fit à l'abbaye de Cluny « du consentement de Guillaume son fils. » Il mourut en 1086.

Guillaume III, son fils, surnommé l'Ancien, reste dès lors seul en possession du pouvoir.

On a de lui plusieurs actes importants, entre autres la charte de fondation de l'hôpital de Montbrison. Sous lui, les comtes de Forez avaient fait une paix sérieuse et définitive avec l'Archevêque de Lyon ; on en a la preuve dans un acte de

(1) Auguste Bernard, *Histoire du Forez*, t. I, chap. V, p. 128.

donation relatif à l'église de Moingt, daté de 1094. Il y traite l'archevêque de « prudent religieux, vénérable homme. »

Ce comte fut un des premiers à prendre part aux croisades. En 1096, il était au nombre des combattants qui s'acheminaient vers la Palestine par la Lombardie et la Dalmatie. Au mois de juin 1097, il se signala parmi les guerriers qui assiégeaient la ville de Nicée. Un de ses contemporains, Guillaume de Tyr, qui a écrit l'histoire de cette croisade, fait le plus brillant éloge de son courage : « Villelmus de Foreys omni virtute et potentia bellica præclarus. »

Au second assaut de la ville, il fut blessé mortellement de plusieurs coups de flèches.

Guillaume IV, son fils, surnommé le Jeune, pour le distinguer de son père, administra le pays en son absence, aidé de son frère Eustache. On possède deux chartes de ce temps signées « Guillaume et Eustache, comtes de Forez. » Le dernier acte qui prouve l'existence de Guillaume le Jeune est une charte de 1107, relative à une fondation pieuse qu'il fit dans la ville de Lyon.

On ne sait pas au juste comment il mourut. D'après le jurisconsulte Papon (1), il fut assassiné par le seigneur de Lavieu (2), son familier, dont il avait violé la femme, personne d'une beauté vraiment remarquable. C'est avec lui que finit, en 1107, la première race des comtes de Forez. Ils avaient dominé sur ce pays pendant près de deux cents ans.

Guy Ier, cousin de Guillaume le Jeune, lui succéda comme comte de Forez. Il descendait des Dauphins Viennois ; c'est ce qui explique pourquoi il introduisit le Dauphin dans les armes de Forez.

(1) Papon (Jean), né à Crozet, en 1500, lieutenant général au bailliage de Forez, en 1540, conseiller du roi, mort à Montbrison, le 6 novembre 1590.

(2) Lavieu est une petite localité à dix kilomètres au sud de Montbrison.

Les comtes de la seconde race, à leur résidence habituelle de Montbrison joignirent celle de Sury que, pour cette raison, on appela dès lors Sury-le-Comtal.

En 1115, Guy, autorisa et confirma la fondation du célèbre prieuré de Beaulieu en Roannais. Il mourut vers l'année 1130.

Guy II, son fils, encore en bas âge, lui succéda. Il avait été élevé à la cour et sous la tutelle du roi Louis VII, qui tint à l'armer chevalier de sa main, et lui montra toujours un très grand attachement. Il se montra fort charitable, fit des dons très importants à l'hôpital de Montbrison et fonda, vers 1150, les commanderies de Montbrison et de Chazelles, de l'ordre de Saint-Jean de Jérusalem. Il existe plusieurs chartes de lui, accordant de grands privilèges à ces établissements hospitaliers.

En 1184, Guy II alla se croiser dans l'abbaye de Citeaux et s'embarqua avec plusieurs seigneurs en compagnie de l'évêque d'Autun. Ce comte était attiré vers l'Orient non seulement par sa foi vive et sa piété, mais encore par certaines attaches de famille ; un de ses neveux, Guy de Lusignan, était roi de Jérusalem. Il revint dans le Forez en 1184.

Il convient de parler ici de la très puissante maison de Jarez qui avait sa première et principale terre en Forez ; on l'appelait Saint-Priest-en-Jarez (1).

Auguste Bernard attribue à cette famille de Jarez la fondation de Valbenoîte, à l'époque où fut fondé le prieuré de Beaulieu, c'est-à-dire vers 1115 (2). Le fait n'est rien moins que prouvé ; aussi ne nous occuperons-nous de cette abbaye, dont les origines présentent, pour l'histoire de Saint-Etienne,

(1) Ce nom de Jarez vient du mot latin *Jaresium* ou *Giaresium*, qui dérive lui-même de *Giarium* qui est le nom latin de la rivière du Gier.

(2) Auguste Bernard, *Histoire du Forez*, t. I, p. 167.

un très grand intérêt, qu'à partir de 1184, date où son existence est mentionnée pour la première fois dans un document authentique. Nous parlerons longuement, dans un autre chapitre, de cet acte par lequel Guy II et son fils approuvèrent la fondation de l'abbaye de Valbenoîte, en lui faisant don du maz des Gouttes et de différents privilèges dans tout le comté de Forez.

En 1195, Guy confirmait une donation faite par Willelma de Rossillon à Hugues, premier abbé de Valbenoîte. A cette date de 1195, commence l'histoire proprement dite de Saint-Etienne.

DEUXIÈME PARTIE

HISTOIRE DE LA VILLE DE SAINT-ÉTIENNE, DEPUIS SES ORIGINES JUSQU'A NOS JOURS

CHAPITRE PREMIER

PREMIERS DOCUMENTS HISTORIQUES CONNUS SUR SAINT-ÉTIENNE.
L'ABBAYE DE VALBENOITE. — GUERRE DES ANGLAIS.
INCENDIE DU COUVENT EN 1359. — SA RECONSTRUCTION EN 1373.
DESCRIPTION DE LA VIEILLE ÉGLISE.

Maintenant que nous avons esquissé rapidement, pendant les douze premiers siècles de notre ère, l'histoire générale du territoire sur lequel s'est élevé à une époque indéterminée le petit bourg qui va former Saint-Etienne, nous allons dire ce que l'on sait de positif sur cette ville elle-même.

Nous éviterons avec le plus grand soin de répéter sur son origine les hypothèses des anciens chroniqueurs. Ce sont des faits légendaires qu'ils racontent, des suppositions qu'ils font, sans appuyer jamais leurs dires sur la moindre preuve.

Le premier acte où il soit fait mention de Saint-Etienne de Furan, est la notification faite par Guy, comte de Forez, et Raynald, archevêque de Lyon, de différentes donations faites à Hugues, abbé de Valbenoîte, par Willelma de Rossillon. Il y est question d'un champ de l'Ulme « situé dans la paroisse de Saint-Etienne de Furan (1). »

(1) Vu son importance, nous croyons devoir reproduire en entier le texte de cet acte :

« Nos Guigo, comes Forensis et Raynaldus primæ ecclesiæ Lugdunensis archiepiscopus, notum facimus quod anno Domini 1195, quædam matrona nomine Villelma

D'autre part, un document antérieur à celui-là, une transaction passée en 1173, entre le comte de Forez et l'archevêque de Lyon contenait les noms de tous les bourgs et châteaux situés autour de Saint-Etienne. On y voit Saint-Chamond, Saint-Jean-de-Bonnes-Fonts, Sorbiers, La Tour-en-Jarez, Saint-Priest, Villard, Saint-Genest-Lerpt, Roche-la-Molière, Feugerolles, Rochetaillée; mais il n'est pas, le moins du monde, question de Saint-Etienne. Tout porte à croire que s'il avait existé alors, sur son emplacement, même un simple village, il aurait été mentionné comme ceux que nous venons de citer.

De ce qui précède, on peut conclure, avec une quasi certitude, que Saint-Etienne fut érigée en paroisse entre 1173 et 1195. Si, avant l'époque comprise entre ces deux dates, il existait déjà sur son emplacement quelques maisons, leurs habitants devaient dépendre du château de Saint-Priest ou de l'abbaye de Valbenoîte.

Valbenoîte, c'est un peu le berceau de Saint-Etienne, qui devait l'englober un jour dans son éxhubérante croissance.

C'est à cette place donc qu'il convient d'en rechercher les origines.

On a fait venir le nom de la célèbre abbaye du latin *valles benedicta*. M. de La Tour-Varan (1) pense qu'elle a été ainsi

de Rossillone, soror Jausserandi de Piseys et mater Baradæ uxoris Ramerii Albi de Chamas, dedit jure perpetuo, pro se, Deo et beatæ Mariæ et Hugoni, abbati Vallis benedictæ, quidquid habebat in campo de Ulmo qui est situs in parochia Sancti Stephani de Furanis, juxta grangiam de Beus, aqua de Furanis intermedia, ex unâ parte, et juxta montem Regalem et montem Ferratum, ex altera; dedit etiam quidquid habebat in mandamento Rupis scissæ Laudatum a dicto Ramerio et uxore Berandâ et a dicto Jausserando. » — *Gallia Christiana*, p. 23, et preuves de l'histoire ecclésiastique de Lyon, par de la Mure, p. 316.

(1) M. de La Tour-Varan, ancien bibliothécaire de la Ville, est l'auteur d'un ouvrage remarquable intitulé : *Etudes historiques sur le Forez. — Chronique des Châteaux et des Abbayes* (Saint-Etienne, imp. Montagny, 1854-57, in-8°, 3 vol.). Il se

nommée parce que la fondation en serait due à un seigneur de La Valette sur la prière de sa fille « Benoite »; d'autres enfin, veulent y voir une corruption de ces mots « Vallée des Bénédictins », parce qu'elle fut établie par des moines appartenant à cet ordre.

Tout cela est très ingénieusement trouvé, mais voilà certainement trop d'hypothèses pour quelque chose qui n'en vaut pas la peine, et, si nous en adoptons une, ce sera la première, parce que dans les actes anciens, cette abbaye est appelée *monasterium vallis benedictæ*.

Il serait bien plus intéressant de connaître la date sûre de la fondation. L'acte le plus important qui en fasse mention est une charte de 1184, donnée par Guy II, comte de Forez, qui « sur les prières de Hugues, abbé de Bonnevaux, et de Jean Maret, premier abbé de Valbenoîte, accepte de prendre sous sa garde et protection le monastère de Vallée Bénie (Valbenoîte), fondé sur l'alleu de Pons de Saint-Priest, et donne cinq cents sols forts pour y faire des constructions » (1).

On peut conclure deux choses de ce fragment de texte :

proposait d'écrire aussi une *Histoire de Saint-Étienne*; cet ouvrage n'a jamais paru, c'est à peine s'il eut le temps de jeter sur le papier quelques notes restées manuscrites.

On y trouve sur Saint-Étienne l'indication de documents historiques de première valeur malheureusement noyés au milieu de nombreuses considérations philanthropiques et de longues tirades philosophiques, le tout exprimé dans un style qui, souvent, ne manque ni de charme ni de poésie.

(1) Voici les principaux passages de cette charte, ceux qui nous intéressent le plus particulièrement : « In nomine Domini nostri Jesu Christi amen. Anno ab incarnatione ejusdem millesimo centesimo octuagesimo quarto. Notum sit omnibus hominibus tam præsentibus quam futuris quod Ego Guigo comes Forensis et Ego filius ejus..... precibus Hugonis abbatis Bonæ Vallis et Joannis Maret primi abbatis Vallis Benedictæ, et super precibus Briandi de Laviaco et Pontii Sancti Prœjecti, in cujus allodio fundatum est monasterium Vallis Benedictæ, recepimus idem monasterium in nostra custodia et protectione et donavimus ædificationem ipsius loci quingentos solidos fortium..... » — La Mure et Chantelauze, *Histoire des ducs de Bourbon*, t. III, preuves, n° 36.

la première c'est que la fondation de l'abbaye de Valbenoîte ne remonte pas beaucoup au-delà de l'année 1184, puisqu'à cette époque son premier abbé vivait encore; la seconde, c'est qu'à la même époque, une partie des constructions restaient encore à faire. L'église entre autre n'était pas encore bâtie, puisqu'il est dit dans une charte de 1222 que Guy IV, comte de Forez, après avoir procédé à la cérémonie « de la pose de la première pierre de l'église du monastère de Valbenoîte » s'engageait à garder et à défendre ledit monastère et ses biens à perpétuité (1).

A partir de ce moment, ce couvent alla en prospérant chaque jour; plusieurs des seigneurs de Saint-Priest y eurent leur sépulture en reconnaissance des fondations pieuses dont l'abbaye leur était redevable.

Malheureusement, quand les bandes anglaises, sous la conduite des deux terribles capitaines Alle de Buet et Win le poursuivant d'amour, envahirent le Forez et le couvrirent de « camps volants » l'abbaye de Valbenoîte fut incendiée au mois de juillet 1359.

Voici comment La Mure rapporte les faits : « Et il est bien certain que cette même année 1358 (2) qui fut la première de la domination du comte (Louis de Bourbon), ces Anglais brûlèrent et désolèrent entièrement l'abbaye de Valbenoîte, au dit pays de Forez; vu qu'on l'apprend d'un acte authentique passé quinze ans après sous la comtesse douairière Jeanne de Bourbon, comme il sera vu dans la suite » (3).

(1) Huillard-Bréholles, cartulaire du comté de Forez, 2KK1113fcccXXIII, imprimé dans la *Gallia Chistiana*, t. IV, preuves, page 27.

(2) M. Guigues, dans son *Histoire des Tard-Venus*, a prouvé, par une savante argumentation, que c'était en 1359 et non pas en 1358.

(3) La Mure et Chantelauze, liv. II, chap. LXV, p. 435.

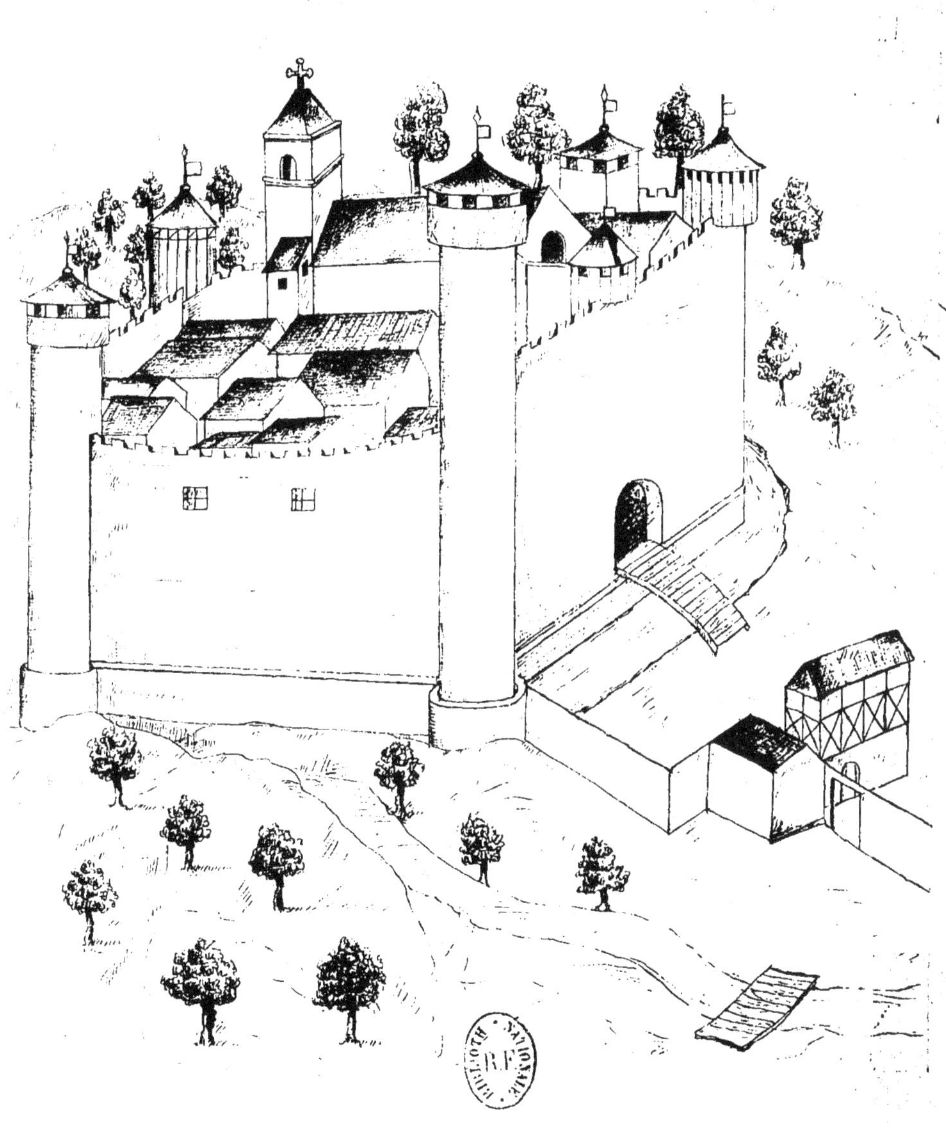

Phototypie *Bellotti*

L'ABBAYE DE VALBENOITE VERS 1450

Tiré de l'Armorial de Guillaume Revel.

Il ne resta plus dans l'abbaye ruinée que l'Abbé et quatre moines, de douze qu'ils étaient avant l'invasion et l'incendie. C'est alors qu'ils exposèrent leurs malheurs à la comtesse Jeanne de Bourbon qui y prit part; car, toujours d'après La Mure, « ce fut sur le rapport de son conseil qu'elle donna, en qualité de comtesse de Forez, en faveur de l'Abbé et couvent de Valbenoîte au dit pays, les lettres de concession pour la réédification et fortification de cette Abbaye dont les bâtiments avaient été détruits et démolis du temps des guerres des Anglais, afin qu'une communauté de douze religieux y put être remise et rétablie, comme elle y était avant le temps de la dite démolition. Elle data ses lettres du 24 juin 1373 » (1).

La construction de ces fortifications fut menée rapidement et l'abbaye eut bientôt l'apparence d'un véritable château fort. Guillaume Revel, dans son armorial du Forez en donne une vue en 1450.

L'église seule avait échappé à la destruction des Anglais. Elle subsiste encore de nos jours, presque telle que les comtes de Forez l'avaient fait élever en 1222.

Elle comprend trois nefs : celle du milieu est terminée par une abside dont l'intérieur présente un contour arrondi ; tandis que l'extérieur est de forme polygonale. Les nefs latérales prennent seulement à hauteur de la naissance de l'abside. Ces trois nefs sont séparées les unes des autres, par deux rangées de piliers carrés dont les chapiteaux sont à peine prononcés et ornés de sculptures, représentant des feuilles d'un travail très simple, qui par cela même ne manquent pas de grâce.

Les arcs appliqués des côtés latéraux sont à pleins cintres;

(1) La Mure et Chantelauze, liv. II, chap. LXXII.

leurs extrémités reposent sur des pilliers carrés dont les chapiteaux sont semblables à ceux des colonnes de la voûte, L'abside comme toutes celles de cette époque est voûtée en cul de four.

On voit encore à l'extérieur de cette abside une corniche avec des médaillons sculptés, qui, à en juger par ce qu'il en reste, ont dû être fort beaux.

Les voûtes des deux nefs latérales ont leurs berceaux de forme ogivale. La voûte primitive de la nef centrale a dû s'écrouler, probablement pour des causes analogues à celles que j'ai signalées comme ayant amené l'effondrement de la voûte de la chapelle de la commanderie de Saint-Jean-des-Prés, à Montbrison (1).

Elle a été remplacée par une voûte d'arêtes surbaissée, ne paraissant pas remonter au delà du XVIIIe siècle.

Le clocher carré et la façade de l'église de Valbenoîte sont modernes; il nous est impossible de dire ce qu'ils étaient primitivement.

L'une des nefs latérales contient le tombeau des de La Valette (2). Les inscriptions gravées sur les dales funéraires sont à moitié effacées. Dans la seconde nef, se trouvaient les tombeaux des Saint-Priest, qui malheureusement ont été moins respectés encore.

Un acte authentique pourrait nous faire croire que Valbenoîte était déjà érigé en paroisse en l'année 1386. Voici d'après Huillard-Bréholles, l'analyse de ce document dont

(1) Voir un ouvrage que j'ai publié en 1890, sous ce titre : *Monographie et Histoire de la Commanderie de Saint-Jean-des-Prés, à Montbrison*, pages 8 et 9.

(2) La puissante famille de La Valette avait son château situé à une lieue environ au sud de Saint-Etienne, en remontant la vallée du Furan, et de son petit affluent le Furet. C'est aujourd'hui une teinturerie. On voit encore, à l'angle du bâtiment principal, une grosse tour dont la porte est surmontée d'un écusson armorié.

l'original latin écrit sur parchemin existe aux archives nationales : « 1386 (31 août). Barthélemy de Lorme autrement dit de Lesigneu, Catherine sa femme et Artaud son fils, vendent à Robert de Chalus sir de Bouthéon, pour 650 deniers d'or appelés francs, 25 livres d'écus et rentes assises dans les *paroisses* de Rochetaillée, Feugerolles, Firminy, Saint-Jean-Bonnefond, Valbenoîte et Saint-Chamond (1).

Nous aurons à reparler de l'abbaye de Valbenoîte pendant les guerres de religion et à l'époque de la Révolution ; mais en attendant ramenons notre récit à l'histoire même de la ville de Saint-Etienne.

---

(1) Huillard-Bréholles, t. II, nº 3,669.

CHAPITRE II

ÉGLISE PAROISSIALE DE SAINT-ÉTIENNE, RECONSTRUITE AU XIVe SIÈCLE.
L'HÔPITAL DES PAUVRES, SA FONDATION.
CONSTRUCTION DES REMPARTS SOUS CHARLES VII.
MAISON COMMUNE.

Dans un document du XIIIe siècle, le Pouillé du diocèse de Lyon, publié par Auguste Bernard, il est fait mention de « l'Eglise de Saint-Etienne sur Furan, patronnée par le Seigneur de Saint-Priest (1) ».

A partir de ce moment, on est mieux guidé pour écrire l'histoire de Saint-Etienne, par l'existence de quelques documents. Ils sont bien rares, il est vrai, puisque les titres de l'église furent malheureusement détruits pendant les guerres de religion et que les anciens titres de franchises qui auraient été si intéressants à consulter étaient déjà perdus lors de l'établissement des fortifications de la ville sous Char-

(1) « Ecclesia S. Stephani Affurans Dominus S. Prœjecti patronus ». Le mot Affurans est évidemment formé ici de l'adverbe « ad » vers ou sur, et du nom de la rivière le Furan. — *Cartulaire de Savigny et d'Ainay*, t. II, p. 903.

les VII (1). Mais, si peu abondants que soient ces documents, ils peuvent cependant nous servir de points de repère pour indiquer les grandes lignes de l'histoire de cette merveilleuse cité dont la croissance a été si rapide.

Dans une sentence arbitrale du 28 février 1296, on voit que les habitants de Saint-Etienne jouissaient déjà d'une certaine liberté très rare ailleurs, à cette époque. Ils élisaient librement des syndics, discutaient leurs intérêts et nommaient des arbitres. Il y avait plus encore : les redevances au curé étaient considérées par eux, comme une contribution nécessaire à l'exercice du culte, et ils délibéraient sur l'emploi et la répartition des offrandes faites par les fidèles. C'est là, comme on le voit, un double hommage que l'histoire peut rendre à la sagesse des habitants de la ville et à l'esprit de modération de leur curé.

Il s'agirait dès maintenant de savoir, si avant de porter le nom du patron de son église, Saint-Etienne s'est appelé « Furania », ainsi que le prétendent certains auteurs. Papire Masson, dans son ouvrage intitulé : *Descriptio fluminum Galliæ,* et après lui, Auguste Bernard, dans son *Histoire du Forez,* l'affirment sans restriction, mais sans dire non plus à quelle source ils ont puisé ce renseignement. Ce dernier s'exprime ainsi : « Dans le Xe siècle Saint-Etienne portait encore le nom de Furania ».

Il serait curieux de savoir aussi pourquoi Bernard, cet écrivain ordinairement si véridique et si consciencieux, affirme là,

(1) In-8°, Paris, Quesnel, 1618, p. 9.

(2) Ces faits se trouvent consignés dans une transaction du 10 juillet 1486, entre Gabriel de Saint-Priest et les habitants de Saint-Etienne : « Ante fortificationem dictæ villæ Sancti Stephani plures tituli franchisiæ et liberationis communitatis prædictæ perditi fuerent ». Reproduit dans l'ouvrage de M. Testenoire-Lafayette : *Saint-Etienne et ses cantons,* p. 9.

Phototypie Bellotti

VUE DE LA GRAND'ÉGLISE

D'après une eau forte de Jacques Trouilleux.

sans preuves, deux faits aussi importants : celui de l'existence de la ville au Xe siècle, et celui de cette première appellation que rien n'est venu justifier, bien au contraire, puisque d'après ce que nous avons déjà vu, l'existence de Saint-Etienne, nous a été révélée pour la première fois, par un acte de 1195, contenant ces mots : « Situé dans la paroisse de Saint-Etienne de Furan ».

Au commencement du XIVe siècle, l'église paroissiale primitive fut démolie et remplacée par celle qui existe aujourd'hui et que l'on désigne sous le nom de Grand'Eglise. On a la preuve de cette reconstruction dans un legs fait en 1310, par Jocerand d'Urgel, seigneur de Saint-Priest, portant donation de cent sols de viennois pour « la construction de l'église de Saint-Etienne de Furan (1) ». D'autre part, une transaction de 1486, mentionne un terrain joignant le « nouveau chœur » de la même église.

Malgré sa dénomination, cette église est relativement petite de proportions ; elle est de style gothique, composée de trois nefs, comportant chacune cinq travées avec transept. Les piliers n'ont pas de chapiteaux ; ce sont des faisceaux de colonnettes qui s'épanouissent en nervures, fermant les différents arcs de la voûte. Le chœur est éclairé par cinq belles fenêtres. La façade est restée inachevée selon les uns, chose très possible si l'on songe que cette époque était voisine de celle où eut lieu l'invasion des troupes anglaises dans le Forez ; suivant les autres, elle aurait été découronnée par les troupes huguenotes. La porte principale semble être du XVe siècle par son style ; on remarque au sommet du portail des voussures ogivales de forme très élégante, et, au milieu du tympan, une niche destinée sans doute à recevoir la statue

(1) Archives de la Loire, armoire Adam, registre n° 45, f° 61.

du Saint, sous le patronage duquel a été placée l'église. Les deux portes latérales, beaucoup plus petites, paraîtraient de construction plus ancienne par la forme des lignes; cependant il est vraisemblable de croire qu'elles ont été faites à la même époque. Elles sont surmontées chacune d'une niche triangulaire, dont le sujet sculptural à disparu dans la pierre à moitié rongée par le temps.

Le clocher de forme carrée est fait en lourds moëllons de grès, chacun de ses angles est étayé par un contrefort droit. La partie supérieure complètement démolie a été recouverte d'un ouvrage en briques qui dépare complètement la belle façade du monument.

On ne sait pas au juste si cette église a été reconstruite sur l'emplacement de la première, où si elle a été élevée sur un terrain voisin. M. de la Tour-Varan a fait un travail, resté manuscrit, pour faire admettre cette dernière hypothèse ; comme les documents qu'il donne ne paraissent pas irréfutables, nous jugeons à propos de ne pas nous prononcer, le fait n'ayant pas d'ailleurs par lui-même une importance capitale.

Ce qui était bien autrement intéressant à savoir, c'est que la reconstruction a eu lieu au XIVe siècle ; ce fait-là est aujourd'hui certain.

Nous arrivons ainsi au milieu du XIVe siècle, à l'époque de l'invasion du Forez par les armées anglaises, puis par les bandes des Tard-Venus ou grandes Compagnies « gens sine capite, » bandes sans chefs, d'autant plus redoutables par cela même, dans leurs exactions après la victoire.

Il est très probable que les troupes anglaises qui incendièrent Valbenoîte, puis Montbrison en 1359, ne passèrent pas à Saint-Etienne, qui n'était pas encore fortifiée, sans causer à la ville de graves dommages.

La transaction du 10 juillet 1486 (1), qui mentionne la perte des anciens titres de franchises de la ville, avant la construction des fortifications, paraît se rapporter à ces incursions des troupes anglaises.

Mais chassons loin de nous ce souvenir de l'invasion étrangère si amer aux cœurs français, quel que soit le moment de notre histoire qui la rappelle, pour parler d'une institution humanitaire qui, surtout à cette époque, faisait le plus grand honneur à l'esprit de charité de ceux que la naissance ou la fortune avaient élevés au-dessus de leurs concitoyens.

Il existait depuis longtemps déjà, à Saint-Etienne, un hôpital des pauvres de la ville, car en 1310, nous voyons Guichard d'Urgel, frère de ce Jocerand, dont nous avons eu occasion de parler précédemment, léguer soixante sols de viennois pour l'acquisition d'une rente en faveur « des pauvres de l'hôpital de Furan (2) ».

Lors de sa fondation, ce premier établissement hospitalier n'avait pas été installé à la place où on le voit aujourd'hui ; son siège fut même transporté à deux endroits différents avant d'occuper l'emplacement actuel. Les terriers en font foi.

Dans un groupe de maisons limité par la place de l'église à l'ouest, la rue qui va de l'église à la porte de Furan au sud, le vingtain (3) de l'est et du nord, il est fait mention au terrier Paulat, de 1515, d'une maison *haute moyenne et basse*, appartenant à Claude Freycon, prêtre de Saint-Etienne et confinant à l'est « la maison des confrères de Saint-Etienne,

(1) Voir à la page 44, de ce volume.

(2) Archives de la Loire, armoire Adam, reg. n° 4, f°s 5-8.

(3) Les anciens habitants nommaient sous la tour du Seigneur, ou sous le vingtain, ce que l'on a nommé depuis la cité.

où était anciennement l'hôpital. » Une autre réponse du même terrier va nous indiquer le nouvel emplacement. Dans l'espace limité par les rives du Furan à l'ouest, le chemin de Saint-Etienne à Chavanel au nord, le chemin de Saint-Etienne à Valbenoîte, en passant par le pont de pierre à l'est et le chemin de la ville à Valbenoîte au sud, on rencontre une maison appartenant à Mariette Négron, veuve Pierre Poyard, sise au bourg d'Outre-Furan, joignant la rive de Furan à l'ouest et joignant au sud « la maison où se trouve l'hôpital des pauvres. »

Disons enfin, que c'est en 1645 seulement que fut construit dans la rue Violette le nouvel Hôtel-Dieu, celui qui existe encore sur les bords du ruisseau le Chavanelet.

Si nous avons insisté d'une manière aussi particulière sur la date de la fondation et les emplacements successifs de l'ancien hôpital, c'est que les anciens chroniqueurs et principalement l'abbé Chauve (1779), avaient dit à ce sujet des choses absolument erronées, oubliant même de parler de son transfert sur les bords du Furan, avant son installation sur les rives du Chavanelet.

On ignore quel emplacement occupait dans l'origine la Maison Commune de la ville. Lorsque l'hôpital fut déplacé pour la première fois, vers 1460, c'est-à-dire à l'époque où furent élevés les murs d'enceinte avec leurs fossés, le local qu'il occupait sur le chemin allant de l'église à la porte de Furan fut transformé en Maison Commune. Quelques temps après, comme cette construction menaçait ruine, la Municipalité acheta un immeuble situé en face de l'église et y tint ses séances jusqu'à l'époque de l'abolition des communautés religieuses. Elle s'installa, alors, dans un local dépendant du couvent des Minimes.

Plus tard, nous aurons à reparler longuement de la municipalité lorsqu'elle se sera affranchie de la domination des Seigneurs de Saint-Priest.

Les remparts de la ville, auxquels nous venons de faire allusion, avaient été élevés sous le règne de Charles VII.

Il a été malheureusement impossible de retrouver l'ordonnance du roi portant les clauses de leur construction, et à plus forte raison, la date exacte de l'achèvement du travail. On sait seulement, par une transaction du 17 décembre 1534, que les habitants avaient des « lettres expresses patentes du roy », leur donnant le gouvernement des murailles et des portes de la ville.

On peut dire que le règne de ces hautes murailles ne fut que passager. Quand les bourgeois virent qu'ils n'avaient plus rien à craindre de l'invasion anglaise, ils se lassèrent vite de faire entretenir à grands frais les murs, les fossés et les portes de la ville.

Vers 1485, c'est-à-dire vingt-cinq ans au plus, après leur construction, Jean, comte de Saint-Priest, qui en certaines occasions avait eu à se plaindre de l'arrogance des habitants de la cité, profita habilement de cet état d'indifférence des esprits pour proposer les abenevis (mise en adjudication), des murailles de la ville et de leurs fossés. Son offre fut acceptée avec empressement et l'on vit bientôt les fossés transformés en jardins, tandis que les murs donnaient appui à de nombreuses maisons et étaient percés à plusieurs endroits pour établir des communications entre ces maisons et les jardins.

Quelques années après, une quantité de constructions s'élevaient dans ces parages pour former la rue des Fossés, la rue du Mont-d'Or, la place des Ursules, la place Royale, etc.

Certainement les habitants s'étaient trop hâtés de laisser de côté ces fortifications qui leur avaient coûté tant de peine et d'argent, car, au moment des guerres de religion, les troupes huguenotes, ainsi que nous le verrons, n'eurent que la peine d'entrer dans la ville, à travers ces murailles ouvertes de toutes parts.

Avant d'arriver à l'époque où elles disparurent complètement, il serait bon peut-être d'en dire deux mots.

Les anciens terriers font mention de trois portes de la ville. La plus importante était la porte de Furan, située à l'est; elle était flanquée de deux tours qui s'élevaient à peu près dans le milieu de la rue Mercière actuelle. En 1529, une transaction passée entre le consul Jacques Neymet, d'une part, et deux habitants de la ville Jean Cozon et Claude Molin, d'autre part, nous apprend que ces derniers s'étaient engagés par marché à reculer les deux boulevards (1), jusqu'au coin de leur jardin situé sur l'emplacement des fossés de la ville, parce qu'ils étaient trop près des murailles d'enceinte et qu'il n'y avait plus de sécurité pour les passants depuis que celles-ci tombaient en ruine. Ils s'engageaient aussi à garnir chaque boulevard « d'une tour ronde à trois grandes canonnières au bas percées. » Enfin la porte, la muraille qui la couronnait et les deux tours à machicoulis devaient être en pierres de taille.

Tout cela à disparu de nos jours; il ne reste plus que l'une des tours que l'on voit encore sur la place du Peuple, à l'angle de la rue Mercière.

Nous ne nous expliquons pas au juste pourquoi eut lieu cette reconstruction de l'une des portes fortifiées de la ville, à une époque où le démantellement des remparts était commencé et se poursuivait chaque jour, après avoir été proposé par les seigneurs et accepté avec empressement par les habitants.

(1) Ce mot de *boulevard* est un terme de fortification ancienne désignant quelque chose comme ce qu'on appelle de nos jours *les glacis*.

A l'ouest, il existait une autre porte appelée porte de Roannel, elle était aussi flanquée de deux tours.

La troisième porte, située au midi, s'appelait la poterne ou porte des Gaux.

Le terrier Paulat contient dans une de ses réponses les expressions « Iter per quod introitur villæ per poterlam adjacentem et contiguam dictæ turris », ne laissant aucun doute sur le nom de poterne, donné alors à cette porte et sur l'existence de la tour qui en défendait l'entrée.

Quand la population crut que ces fortifications étaient devenues inutiles, ne cherchant que ses commodités, elle n'hésita pas à pratiquer dans les murailles de la ville des issues qui lui permirent de s'épancher au dehors.

On ouvrit d'abord dans les murs une large trouée du côté du nord. Quelques auteurs ont même pris cette brèche pour une quatrième porte. On ne la trouve mentionnée nulle part dans les terriers; cependant si elle avait existé, elle aurait bien servi, comme les trois autres, à limiter les possessions qui lui étaient adjacentes.

En résumé, les murs de l'ancienne cité ne furent jamais officiellement démolis; seulement, à partir du moment où les fossés avaient été comblés, on ne prit plus le soin de réparer les brèches qui s'y produisaient chaque jour, de sorte qu'ils tombèrent naturellement en ruine sauf à certains endroits où ceux qui avaient obtenu le droit d'*appuyage* les entretenaient pour éviter la chute des constructions qu'ils y avaient adossées.

CHAPITRE III

L'ANCIENNE VILLE D'APRÈS LES PREMIERS TERRIERS. — RAPIDE EXTENSION PENDANT LE XVIe SIÈCLE.
FORMATION DES PREMIERS FAUBOURGS EXTÉRIEURS.

Au temps où elle était entourée de murs et de fossés, la ville comprenait à peine quelques rues; mais on est frappé de ses accroissements successifs, en comparant à des intervalles d'un demi-siècle environ les terriers Vitalis de 1449, Paulat de 1515 et Seillon de 1581 (1).

(1) Le terrier Vitalis a été commencé en 1449 et clos en 1463. Il est écrit sur papier, en latin et en caractères très difficiles à déchiffrer; la bibliothèque de Saint-Etienne est en possession de ce précieux document. Il manque malheureusement à ce manuscrit les feuillets 1 à 21, 132 à 142, 151 et suivants.

Le terrier Paulat, qui est de 1515, a jeté une vive lumière sur l'état de la ville de Saint-Etienne à cette époque. Nous aurons souvent l'occasion d'en parler. Il est écrit sur papier et rédigé en latin par le notaire dont il porte le nom. Il faisait autrefois partie du chartrier de Saint-Priest où il était inscrit sous le no 2. Il est actuellement assez bien conservé quoique sa reliure primitive en parchemin ait été arrachée en même temps que plusieurs feuillets. Outre que le préambule manque, le verso du 210e et dernier feuillet existant se termine brusquement par le mot *item*, de sorte que l'on est en droit de supposer qu'il comprenait encore au moins toute la région située entre Saint-Etienne et Saint-Priest. Tel qu'il est, on y retrouve presque en entier l'ancienne ville de Saint-Etienne et ses faubourgs. Ce volume conservé aujourd'hui avec beaucoup de soin à la bibliothèque de la ville est un petit in-fo d'une écriture gothique très correcte. Chaque réponse

C'est surtout entre ces deux dernières dates que le nombre des habitants augmente dans une notable proportion; il faut croire que l'introduction dans la ville de la fabrication des armes à feu pour le compte de l'Etat n'y est pas demeurée étrangère, de même qu'entre 1450 et 1515, l'autorisation de bâtir sur l'emplacement des fossés avait déjà favorisé un premier mouvement d'extension.

En nous éclairant des documents contenus dans ces anciens terriers, nous avons pu reconstituer les rues qui séparaient les différents groupes de maisons compris dans la vieille enceinte (1); puis étudier l'envahissement des fossés, enfin découvrir les origines et suivre les accroissements successifs des faubourgs extérieurs, quand la ville, trop pleine d'une population laborieuse, débòrda pour ainsi dire au dehors.

On peut juger de ce qu'était l'ancienne ville en considérant quelques unes des rares maisons qui ont échappé à la pioche des démolisseurs, aux abords de la Grand'Eglise; ce

commence par une majuscule historiée; quelques-unes de ces lettres capitales sont exécutées avec une imagination rare et présentent un fini merveilleux dans l'exécution du dessin.

Le terrier Seillon contient la rente de Saint-Priest et de Saint-Etienne; il a été reçu et signé en 1581 par Seillon, notaire royal à Saint-Etienne. Ce terrier est rédigé en français et écrit sur papier avec beaucoup de soin. Chaque réponse commence par le nom à l'encre rouge; la première lettre de ce nom est une capitale historiée, dont le dessin est parfois très original. Il ne reste malheureusement plus qu'un seul des trois volumes qui formaient ce terrier. Le reste de chaque feuille porte un n° de 1066 à 1696; ce fait donne à présumer que le registre qui reste est le dernier des trois. C'est aussi le plus précieux pour nous car il contient la ville entière et ses faubourgs. Cet important document a été arraché, pour quelques pièces de monnaie, des mains d'un débitant de tabacs qui avait déjà dépecé inconsciemment les deux premiers. Aujourd'hui, il est en sécurité dans une armoire de la bibliothèque de la ville.

(1) La ville *intra muros* est presque toute entière contenue dans le terrier Paulat; s'il y manque une vingtaine de maisons au plus, elles sont justement mentionnées, par un très heureux hasard, dans ce qu'il reste du terrier Seillon.

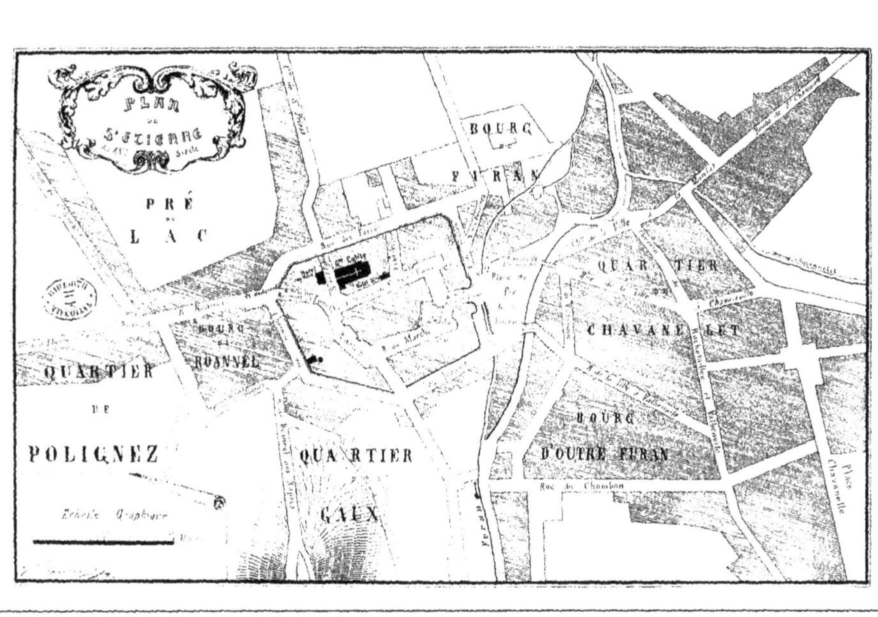

PLAN
DE
St ETIENNE
PRÉ
DU
LAC
BOURG
DU
FURAN
BOURG
DE
ROANNEL
QUARTIER
DE
POLIGNEZ
QUARTIER
DE
GAUX
QUARTIER
CHAVANELET
BOURG
D'OUTRE FURAN
Rue du Chambon
Place Chavanelle
Echelle Graphique

sont de petites habitations sombres et basses dont la masse était alors coupée par d'étroites rues.

Les anciens habitants désignaient ce qu'on a nommé plus tard la Cité, par l'une des deux expressions suivantes : « Sous la tour du Seigneur », ou « Sous le Vingtain de Soir ».

La rue Cité qui s'était longtemps appelée rue de la Roche, allait de la rue du Marché, ou de la tour du Seigneur, à l'église.

Les anciennes rue et place du Marché sont connues aujourd'hui sous le nom de rue Grenette.

La rue Mercière s'appelait, autrefois, rue de la porte de Furan ; elle s'arrêtait à la porte de ce nom.

La rue Basse Ville s'appelait d'abord rue des Proverbes.

La rue de la Ville est désignée dans les documents anciens sous le nom de chemin qui va de la porte de Furan à l'église.

La rue de la Madeleine n'était qu'une sorte d'impasse ; on y entrait par la rue de la Ville, en laissant à gauche la maison qui après avoir servi d'hôpital était devenue l'Hôtel de Ville ainsi que nous l'avons déjà vu.

La rue de l'Eglise n'était, elle aussi, qu'une sorte de cul-de-sac qui ouvrait sur la rue de la Ville et se terminait à la muraille d'enceinte ; elle ne présentait pas d'issue de ce côté-là, contrairement à ce qu'ont prétendu, sans pouvoir le prouver, quelques auteurs ou conteurs anciens ; elle passait à l'endroit où se trouve aujourd'hui la rue Marquise. Chose à remarquer, cette rue, sur laquelle donnait la façade de l'église, était cependant une des plus étroites de la ville.

La rue du Boulevard s'appelait primitivement chemin de la porte de Roannel à l'église : on faisait entrer quelquefois aussi dans son parcours la rue de la Ville, dont elle était en quelque sorte la continuation. On désignait alors l'ensemble des deux rues sous le nom de route de Roannel au Pré de la Foire.

La porte de la ville, située à l'extrémité de cette rue, du côté de l'ouest, s'appelait porte de Soir ; elle ouvrait à l'extérieur sur une place dite place du Boulevard (1).

Peu à peu, à mesure que le chiffre de la population locale augmenta et que les ouvriers arrivèrent en plus grand nombre des régions avoisinantes pour travailler à la fabrication des armes qui prenait chaque jour plus d'extension, des maisons s'élevèrent tout autour de la ville, pour former bientôt des quartiers nouveaux, auxquels on donna presque toujours les noms des plus riches propriétaires.

Tardy, la Badolière, le Vernai, Chavanel, etc., n'eurent pas d'autres origines, les terriers sont là pour en faire foi.

D'autre part, un pont jeté sur le Furan, à l'extrémité du Pré de la Foire, pour faire communiquer la ville avec la grande route de Saint-Chamond, contribua puissamment au développement des bourgs d'*Outre-Furan* et de *Chavanelet* qui devinrent bientôt très populeux.

Nous allons suivre le développement de ces différents quartiers extérieurs en commençant par les plus anciens.

Le bourg de Roannel, situé à l'ouest de Saint-Etienne, s'étendait au pied de la colline Sainte-Barbe. Il était délimité à l'est par un chemin bordant les fossés ; au sud et à l'ouest par le chemin de Saint-Rambert. Au nord, il englobait un terrain alors désigné sous le nom de Pré du Lac, et s'étendait de ce côté là jusqu'à la rue qui de nos jours s'appelle rue des Jardins.

Ce bourg était traversé, de l'est à l'ouest, par la rue de

(1) Le mot boulevard ne signifie pas ici promenade plantée d'arbres, mais bien terre-plein. On donnait souvent ce sens à ce mot en terme de fortification, ainsi que nous l'avons déjà dit.

Roannel, terminée d'un côté par la porte de Roannel et de l'autre par la place de même nom.

Le bourg de Polignez faisait suite en quelque sorte à celui de Roannel. Il était traversé, comme ce dernier, de l'est à l'ouest par une rue portant le même nom; à l'extrémité de cette rue était aussi la place Polignez.

Vers 1460, il n'y avait encore sur l'emplacement de ce bourg que des prés et des terres; dès l'année 1500, on y éleva quelques maisons; trois quarts de siècle après, ce quartier était devenu relativement populeux.

C'est qu'on y avait ouvert de nombreuses carrières de grès houiller. Le terrier Seillon, contient déjà en 1582, le nom de vingt-trois tailleurs de pierre, établis dans le bourg de Polignez et y possédant des terres. On peut dire, avec raison, qu'à partir du XVIe siècle, presque toute la pierre employée à la construction des maisons de la ville, est sortie de là.

Comme situation topographique, le bourg de Polignez s'élevait sur une petite hauteur, en contre bas des collines avoisinantes; cet emplacement est assez pittoresque.

Le bourg de Furan s'étendait au nord ouest du Pré de la Foire (aujourd'hui la place du Peuple). Il était limité à l'ouest par le chemin des Furettes, au sud-ouest par celui des Fossés; à l'est par la rivière de Furan ; au nord par des prés et des terres labourées.

D'après le terrier Paulat, les immeubles de ce bourg appartenaient presque tous à des artisans; c'est ainsi que sur les vingt-neuf propriétaires des maisons et jardins qui y étaient situés, nous trouvons sept cordonniers, six forgerons ou taillandiers, un chapelier, deux arbalestriers et un fabricant de fers de lances.

Le bourg d'Outre-Furan comprenait tout l'espace limité à l'ouest par les rives du Furan, depuis le chemin qui devint la rue des Chambons, jusqu'au chemin de la ville à la Monta; à l'est il était limité par le ruisseau de Chavanelet.

Ce bourg était traversé, de l'est à l'ouest, par le chemin de la ville à Chavanel et par celui de la ville à Valbenoîte, en obliquant vers le sud.

L'année 1500 environ, on avait construit un pont reliant les deux rives; on l'appela d'abord le pont de pierre tout simplement; en 1680, on le trouve désigné sous le nom de pont Faujat et sous celui de pont de la Mare. C'est le premier pont de pierre construit sur le Furan. Auparavant, le passage entre le Pré de la Foire et la place Chavanel, s'effectuait sur une passerelle de bois désignée sous le nom de pont Fraquamand; c'était le surnom que l'on donnait à une puissante famille de l'époque, celle des Neymet; nous avons déjà eu occasion de parler d'un de ses membres à propos de la reconstruction de l'une des tours de la porte de Furan.

La place Chavanel dont nous venons de parler, tire son nom de ce que les vastes terrains sur lesquels elle est sise appartenaient à la famille de ce nom.

En 1461, d'après le terrier Vitalis, le propriétaire de ces terrains était Jean de Chavanel.

Le bourg de Chavanelet qui tire son nom de ce petit affluent du Furan, était limité par le chemin de Saint-Etienne à Rochetaillée passant par le pont de la Mare à l'ouest; par le chemin de Saint-Etienne à la Monta au nord; des deux autres côtés étaient des terres cultivées.

Le bourg ou quartier des Gaux, était limité à l'est par le Furan, et le bief des moulins; au nord par le chemin qui entourait la ville; à l'ouest et au sud par des terres cultivées. Ce nom de Gaux vient très probablement du mot patois *Gau* qui aujourd'hui encore dans les campagnes avoisinantes signifie moulin.

Phototypie Bellotti

LA PLACE DU PEUPLE, ANCIENNEMENT LE PRÉ DE LA FOIRE, A SAINT-ÉTIENNE

D'après une aquarelle de Crapelet.

A ces grands faubourgs qui s'étaient d'abord étendus autour de l'enceinte de la ville, vinrent s'en ajouter d'autres moins rapprochés, quelques uns moins importants, quelques autres plus populeux encore, que ceux qui étaient voisins de l'enceinte.

Au nord, presque au pied de la montagne de Saint-Priest, on trouve le quartier de la Terrasse, qui tire son nom de l'ancienne maison forte de la Terrasse s'élevant autrefois sur les dépendances mêmes du quartier actuel de cavalerie.

Près de là, le quartier de l'Etivalière, où se trouve l'annexe de la manufacture d'armes, tire son nom de l'ancien château de l'Estivalière. A côté, le quartier de la Bérardière tire son nom de l'ancienne famille chevaleresque dont le château s'élevait dans ces parages.

A l'est de la ville se trouve le quartier de Monteil. On voit encore sur un coteau la demeure délabrée de l'ancienne famille de ce nom ; on écrivait alors Monteille. Ce quartier est aujourd'hui le siège de nombreuses exploitations houillères.

Au sud est, s'élevaient les deux manoirs de Villebœuf, dans l'ancienne langue *Villa beus*, hameau du Bois, qui ont donné leur nom à un quartier important de la ville.

Au sud, se trouvait le territoire de la Badolière, appartenant à l'ancienne famille des Badol. En 1340, Etienne Badol était chatelain de Valbenoîte ; c'est de là que tire son nom le quartier actuel de la Badouillère.

En allant au midi, on rencontre le quartier appelé Grand-Gonnet ; son nom lui vient d'un moulin qui appartenait au sieur Gonnet.

Enfin, plus au sud encore, le quartier de la Grange-de-l'Œuvre, où se trouvent de très vieilles maisons, tire son nom d'une ferme qui appartenait à l'Œuvre ; on dirait de nos jours à la fabrique de l'église de Saint-Etienne.

A l'ouest, c'est le quartier Beaubrun, tirant son nom primitif, Bobrun, de ce que le propriétaire possesseur du sol, à l'époque de la rédaction du terrier Paulat, s'appelait ainsi.

Tout à côté le château du Clapier, aujourd'hui démoli à la suite de l'effondrement d'une galerie de mine, à donné son nom au quartier où se trouve actuellement la gare du Clapier. Ce faubourg paraît, d'ailleurs, encore destiné à prendre une certaine extension.

Nous pourrions, dans le même sens, pousser plus loin nos investigations en recherchant, si nous voulions, l'origine locale des noms de certaines rues telles que celles des haut et bas Tardy; mais la liste en serait un peu longue et nous arrêterons là cette étude étymologique qui n'intéresserait peut-être qu'un certain nombre de lecteurs.

CHAPITRE IV

DÉVELOPPEMENT DES INDUSTRIES LOCALES.
GUERRES DE RELIGION ET DE LA LIGUE.

Nous venons de voir dans le précédent chapitre que depuis le commencement du XVIe siècle, l'extension de la ville et l'augmentation de la population avaient été considérables et spontanées. Il faut en voir la cause naturelle dans le choix que fit François Ier de cette localité pour y faire fabriquer les armes nécessaires aux troupes royales.

Non seulement ce fut la cause d'une importante production, dans cette partie de l'armurerie appelée l'arme de guerre, mais encore cette industrie spéciale devait attirer bientôt et grouper autour d'elle une branche similaire, non moins intéressante, celle qui a trait à la fabrication des armes de luxe.

Depuis le passage des bandes anglaises jusqu'à l'époque où les théories de Luther et de Calvin, vinrent bouleverser presque toutes les provinces du royaume de France, il y a peu de chose à dire sur l'histoire de la ville de Saint-Etienne, et c'est peut-être le cas de répéter ici que les peuples heureux n'ont pas d'histoire.

Cette laborieuse population vivait en paix sous la sage administration de ses premières municipalités, contre-balançant pour ainsi dire, les excès de pouvoir dont l'autorité seigneuriale se rendait si fréquemment coupable à cette époque.

Nous avons vu d'autre part, que le premier clergé stéphanois était animé d'un esprit particulièrement libéral et conciliant, puisque les habitants élisaient des syndics chargés d'accepter comme une contribution nécessaire les redevances attribuées au curé et de s'entendre avec lui sur la répartition des offrandes faites par les fidèles.

Nous citerons après M. Testenoire-Lafayette, deux transactions survenues entre les habitants de Saint-Etienne et les seigneurs de Saint-Priest, relativement à certaines redevances féodales. Elles offrent un réel intérêt, surtout parce qu'en les comparant on verra la tendance qu'avaient les habitants à s'affranchir des droits féodaux perçus par ces seigneurs. La première de 1479, fixait pour la dîme : « des gerbes non mesurées par les habitants, la douzième et des gerbes mesurése la onzième (1) ».

En 1544, c'est-à-dire environ un demi-siècle plus tard : « par transaction passée devant M. Desgouttes, notaire royal, entre Pierre de Saint-Priest et dix habitants d'Outre-Furan, cette quantité était réduite à la dix-neuvième gerbe (2). »

En somme, d'après les documents anciens arrivés jusqu'à nous, les seigneurs de Saint-Priest, ne parvinrent jamais à s'immiscer dans l'administration communale. D'un autre côté, les comtes de Forez, pas plus que l'autorité royale,

(1) Archives de la Loire, série A, n° 139, reg. n° 3.

(2) *Saint-Etienne et ses cantons*, par M. Testenoire-Lafayette, p. 11.

ne semblent avoir eu souci d'imposer leur volonté aux habitants ou de déranger la bonne harmonie qui régnait entre la municipalité et la population dans cette laborieuse cité, rappelant seule au milieu du royaume de France l'autonomie qu'avaient à cette époque certaines villes libres d'Allemagne, pendant que le reste de ce pays courbait la tête sous le joug despotique des empereurs.

Mais l'essort que prend alors cette vaillante cité, grâce au travail de ses habitants protégés par de libérales et sages institutions va s'arrêter subitement pendant quelque temps; les guerres de religion vont apporter leurs ravages dans ce coin béni, comme ailleurs.

Au début de ces guerres impies, tout de suite après le massacre de Vassy et la révolte de Valence, les protestants s'emparèrent de Lyon, et la ville fut occupée par une armée commandée par le baron des Adrets. On a prétendu que le besoin de se procurer des armes, avait attiré les troupes des religionnaires à Saint-Etienne (1). Il y a peut-être de cela, mais nous pensons que c'est surtout parce que cette localité se trouvait sur leur passage, lorsqu'ils se rendaient de Lyon, ou des villes du midi à Montbrison ou au Puy, deux centres religieux également peuplés de couvents (2).

Par une sorte de fatalité, les habitants de Saint-Etienne trop confiants dans un long état de paix, que rien ne semblait plus devoir troubler, furent pris au dépourvu par ces guerres d'un nouveau genre. Ils avaient négligé d'entretenir

(1) « Dans le mois de mars 1561, les habitants d'Annonay, qui étaient protestants, firent venir de Saint-Etienne, un grand nombre de hallebardes. » Auguste Bernard, *Histoire du Forez*. Note manuscrite.

(2) Nous avons parlé plus haut, des deux grandes routes qui, à cette époque, allaient de Lyon au Puy et de Vienne ou du midi en Auvergne, en passant à proximité de Saint-Etienne.

leurs murailles depuis que les Anglais avaient évacué le pays ; bien plus, comme elles étaient un obstacle au développement de la ville, à son extension dans tous les sens, nous avons vu aussi qu'en maints endroits, ils avaient pratiqué dans ces murs des brêches pour servir de passage, et pour faciliter la circulation entre les nouveaux quartiers extérieurs et le centre de la ville ; ils avaient également comblé les fossés. Dès lors, ne pouvant plus attendre aucune protection des murailles de la ville, à une époque où la noblesse catholique du pays, avait assez à faire de défendre ses châteaux forts, les malheureux Stéphanois furent livrés sans merci à la fureur des bandes huguenotes.

Lorsque le trop fameux baron des Adrets se rendit au mois de juillet 1562, de Lyon à Montbrison pour en faire le siège, il ne paraît pas s'être arrêté à Saint-Etienne. Après que son lieutenant Poncenat eut défait la noblesse forézienne qui était venue au-devant de lui sur la route de Feurs, Saint-Priest, qui commandait les forces catholiques, tomba aux mains des protestants. Le 3 juillet, le baron des Adrets commença le siège de Feurs et se dirigea sur Montbrison ; il arriva, le 13, sous les murs de la ville, s'en empara et y commit les atrocités que l'on sait.

D'après Jean Perrin, châtelain de Montbrison, qui a laissé des mémoires manuscrits, sur les événements dont il fut témoin à cette époque, le 15 au soir, des Adrets quitta Montbrison pour aller faire le siège de Montrond. « Il y mit M. de Quintel grand maître de son artillerie avec quelques soldats et se retira à Lyon avec son autre compagnie. »

Ce ne serait donc pas le baron des Adrets, ainsi que l'ont prétendu quelques historiens, entre autre Isidore Hedde, qui serait venu terroriser et piller Saint-Etienne. Un fait avéré au contraire, c'est qu'au mois d'octobre 1562, Sarraz qui était gouverneur d'Annonay, prétendant en avoir reçu commission du baron des Adrets, leva une troupe de cent-quarante artisans et laboureurs auxquels il fit distribuer des armes et vint surprendre Saint-Etienne. Il mit le feu aux portes de la ville (ce qui n'était guère nécessaire ainsi que nous l'avons vu plus haut), et emporta un assez riche butin composé surtout d'armes.

Dans sa marche pour retourner à Annonay, il fut battu par le seigneur de Saint-Chamond, qui se jeta sur lui avec une troupe de 1,500 hommes dont la moitié au moins étaient armés d'arquebuses. Des Adrets, qui s'était avancé pour venger cet échec, tomba à son tour dans une embuscade où il fut battu par les troupes de Saint-Chamond ; il rentra dès lors en toute hâte à Lyon.

Le calme revint pendant quelque temps dans le pays, et l'on n'entendit plus parler que de loin, dans tout le Forez, des luttes sanglantes qui avaient encore lieu ailleurs au nom de la religion.

Ce n'est qu'en 1569, après la bataille de Moncontour, que les bandes protestantes se jetèrent de nouveau dans nos régions.

Au mois de mai 1569, les armées protestantes des princes de Navarre et de Condé, ayant effectué leur jonction avec les forces de l'amiral de Coligny, celui-ci à la tête de toutes ces troupes traversa le Forez pour se rendre à la Charité-sur-Loire ; il se jeta en passant sur l'Abbaye de Valbenoîte qui fut mise au pillage; ses soldats essayèrent même de faire sauter l'église ; l'un des contreforts de l'abside, à moitié enlevé par un coup de mine, porte encore des traces de reconstruction (1).

(1) Une inscription latine, citée par M. Testenoire-Lafayette, constate que ces dégradations furent réparées par l'abbé Pierre Masse, en 1576. — *Saint-Etienne et ses cantons*, p. 22.

Arrivés à Saint-Etienne, les protestants firent des ravages plus grands encore ; ils saccagèrent l'église qui fut transformée en écurie pour leurs chevaux, ils pillèrent les reliques, dispersant les papiers et documents, qu'il aurait été si important de posséder pour l'histoire de la ville.

L'Amiral de Coligny logea pendant quelques jours à Saint-Etienne, à l'hôtel du Cheval blanc sur le Pré de la Foire, où il tomba très gravement malade ; ses troupes qui comptaient neuf ou dix mille reitres, sans parler des compagnies françaises, étaient établies sur un terrain situé entre l'étang de Patroa et les rives de l'Heurton.

Pour comble d'ironie, en 1572, Saint-Etienne dut payer un impôt extraordinaire, comme vingt-sept autres villes du Forez, sous prétexte, disait l'ordonnance du roi Charles IX, « d'acquitter nostre foy et promesses envers les reistres et Suisses du payement de ce que leur avons accordé lors de la pacification des troubles. » La contribution imposée à la ville fut de quinze cents livres, somme assez forte pour l'époque. Montbrison, la première ville du Forez, n'eut à payer que deux mille livres, tandis que Feurs en donnait douze cents.

Cela tendrait à prouver que Saint-Etienne était déjà considérée dans ce temps-là comme la seconde ville du Forez, sans doute à cause de l'importance que lui donnait depuis un demi-siècle l'industrie des armes.

Avant de quitter Saint-Etienne, Coligny avait établi dans la ville un prêche qui était situé en rue Violette. Le cimetière des protestants se trouvait aussi dans les mêmes parages. Mais peu nombreux, ces quelques réformés ne faisaient presque point d'adeptes au milieu de cette population laborieuse, déjà toute à ses affaires et se souciant alors aussi peu de discuter sur la religion que les descendants de ces mêmes Stéphanois n'eurent cure, plus tard, de faire de la politique. Cela est d'ailleurs resté le fond de leur caractère.

Le parti huguenot s'affaiblissait peu à peu, en butte, on peut le dire, à une malveillance incessante, puisqu'il n'était pas jusqu'aux enfants qui ne vinssent leur jeter des pierres au sortir du prêche ; ils finirent par évacuer la ville.

Entre le laps de temps assez court qui, à Saint-Etienne, sépara les derniers événements des guerres de religion et les premières manifestations de la ligue, nous avons à parler de deux terribles fléaux, la famine et la peste qui vinrent désoler la ville coup sur coup.

En 1584, il y eut un débordement du Furan suivi d'une disette épouvantable pendant laquelle le blé valut, au dire des contemporains, jusqu'à cinq livres le boisseau.

En 1586, une autre inondation de la Loire amena la peste dans plusieurs villes du Forez, principalement à Saint-Etienne, où le nombre des morts fut si considérable qu'ils ne purent être enterrés, selon l'usage, dans le cimetière de l'église ; on dut transporter les cadavres dans un champ situé à la Montat où, plus tard, en 1606, on construisit une chapelle appelée Notre-Dame de Consolation. Les chroniqueurs Stéphanois, comme pour une quantité de faits, donnent des dates différentes à cette épidémie ; l'un d'eux la place en 1589. On a trouvé un testament daté du 23 août 1586 (1), où il est fait mention du fléau. Un tel document, pour écrire l'histoire, vaut mieux à mon sens que toutes les chroniques du monde !

A partir de la formation de la ligue, les luttes religieuses changent complètement de caractère ; c'est la guerre civile couverte du masque de la religion.

(1) Auguste Bernard, *Histoire du Forez*, t. II, p. 211.

Dans les premiers temps, le Forez qui ne contenait plus que très peu de protestants, ne prit aucune part aux guerres de la ligue.

Ce ne fut qu'après les événements de Blois (assassinat du duc de Guise), lorsque Lyon se fut ouvertement déclaré pour la ligue, que la plupart des gentilshommes foréziens embrassèrent le même parti, sollicités par les ligueurs lyonnais, qui cherchaient à se faire des partisans dans les provinces voisines.

Une des principales adhésions fut celle du bailli Anne d'Urfé. Le duc de Nemours, à qui Henri III avait précédemment donné le titre de gouverneur du Lyonnais, Beaujolais et Forez le nomma aussitôt lieutenant général du Forez.

D'autre part, quelques seigneurs et quelques villes du Forez, étant restés fidèles au parti du roi, la guerre civile ne pouvait moins faire que de recommencer dans ce pays.

Dès le début, les habitants de Saint-Etienne avaient dû ouvrir leurs portes aux religionnaires Chambaud et Saintres.

Ce ne fut que pour quelques jours, car ces derniers ne tardèrent pas à diriger leurs troupes sur Montbrison dont ils avaient résolu de faire le siège; leurs efforts restèrent vains.

Par principe, et par goût, les Stéphanois appartenaient au parti des politiques et avaient une tendance à se ranger du côté de l'Hôpital, capitaine du comte de Saint-Priest, qui était resté fidèle au parti royaliste (1).

Les Lyonnais envoyèrent alors à Saint-Etienne le capitaine Moulceau, avec mission de soumettre la ville au parti de la ligue. François de Meuillon, seigneur de Rochetaillée, demeuré également fidèle au roi, fut assiégé dans son château

(1) Une lettre d'Anne d'Urfé, faisant allusion à l'opposition que ceux-ci faisaient à la ligue, contient le passage suivant : « En attendant la résolution d'aller attaquer l'ennemi qui était lors à Saint-Etienne. »

fort, au mois de juin 1589, par Anne d'Urfé et Chevrières; il dut capituler après dix-neuf jours de siège et encore les ligueurs avaient-ils avec eux des canons qu'ils avaient fait venir de Lyon (1).

A la même époque, le château de Feugerolles fut aussi occupé par les ligueurs. La municipalité lyonnaise en avait prescrit la démolition et cet ordre reçut même un commencement d'exécution. Il y avait, en effet, dans la partie sud un donjon très élevé dont on ne voit plus aujourd'hui que les fondations (2).

En 1590, Pierre de l'Hôpital, dont le père était seigneur du château de Villebœuf, situé aux portes de Saint-Etienne, entra dans cette ville et s'en déclara gouverneur au nom du roi Henri IV; c'était aller un peu vite en besogne, car ce n'est que deux ans plus tard, après l'assemblée des Etats de Paris, que le Béarnais aura des chances sérieuses d'arriver au trône. Ce gouverneur prématuré dut donc se retirer à l'approche du capitaine ligueur Honoré d'Urfé qui s'empara de la ville, où il s'établit (3), pour résister au religionnaire Vantadour qui tenait la campagne dans le voisinage après avoir été renforcé par Saint-Just, un des lieutenant de Chevrières, qui lui amenait quatre-vingts arquebusiers à cheval et trente cuirassiers.

Pierre de l'Hôpital, dans sa retraite, rencontra ce parti huguenot, près du cimetière de Saint-Jean-de-Bonnefonds,

(1) Dans une lettre datée de Firminy, le même Anne d'Urfé, parle aux Lyonnais de leur ramener les pièces qu'ils avaient mises à sa disposition.

(2) Nous devons ces renseignements très précis à l'obligeance de M. le comte de Charpin-Feugerolles, le propriétaire actuel de ce magnifique château fort, un des seuls qui soient encore debout dans la région.

(3) Ce qui prouve que ce dernier s'était réellement établi à Saint-Etienne à cette époque, c'est une lettre qu'il écrivit de cette ville aux consuls de Lyon et où il est question de cuirasses qu'il y avait commandées pour armer sa compagnie.

à quelques kilomètres de Saint-Etienne et fut tué dans le combat.

Vantadour fut repoussé au mois de juin, après avoir commis de grands ravages dans toute la région.

A partir de ce moment, le pays redevint à peu près tranquille ; en 1591, on vit bien passer au pont de Saint-Rambert, des renforts envoyés par les Lyonnais à Anne d'Urfé qui les attendait pour aller porter secours aux ligueurs du Puy ; mais ces troupes traversèrent la région, sans s'arrêter nulle part et sans avoir à combattre.

La guerre civile ne pouvait pas toujours durer, et les Etats généraux n'ayant rien décidé, le parti du roi de Navarre, depuis que celui-ci avait promis d'abdiquer le protestantisme, gagnait tous les jours du terrain ; tandis que les Nemouristes, comme on les appelait alors, car tout le monde voyait bien que le duc de Nemours n'avait servi que son ambition personnelle, durent bientôt renoncer à tout espoir.

Voyant que les Lyonnais eux-mêmes s'étaient révoltés contre Nemours, Anne d'Urfé n'hésita pas à abandonner le parti de la ligue. Il est vrai de dire aussi que Henri IV lui avait fait des avances assez sérieuses pour le décider à cette petite trahison ; c'est ainsi qu'il lui avait causé la gracieuse surprise de le nommer, par lettre du 27 janvier 1593, « son lieutenant général en Forez. »

Son frère, Honoré d'Urfé, montra plus de dignité ; une de ses lettres se termine ainsi : « Je suis trop engagé au combat, il faut que nous sachions à qui le champ de bataille demeurera ; mais à cette heure ce serait fuite et non pas retraite. » Je ne suis pas étonné qu'un capitaine, doublé d'un écrivain comme lui, ait eu de ces délicatesses-là, même en présence des faveurs dont Henri IV ne demandait qu'à le combler comme son frère.

L'an 1505. les huguenots ayant profané une des Croix de la Ville de St Etienne en forest on en fit élever à leurs frais une autre sur les ruines de la première. Cette nouvelle Croix qui passait pour une des plus belles du Royaume étant en partie tombée depuis plus de cinquante ans fut réparée l'an 1711. par les libéralités des habitants de St Etienne et par les soins des R.R. P.P. Jesuites qui firent cette année une Mission dans cette Ville là.

En 1595, le connétable de Montmorency, accompagné de ses deux filles, avait séjourné quelque temps à Saint-Etienne. Il se rendit au château de Saint-Chamond appartenant au comte de Myolance, auquel il apportait pour prix de sa soumission le titre de Gouverneur du Velay.

En janvier 1596, le roi donna son édit de pacification qui mit heureusement fin à ces luttes criminelles ; chaque jour la ligue ou plutôt le parti Nemouriste perdait du terrain. Par une mesure très habile, car il est toujours dangereux de laisser sans emploi ceux dont le métier est de faire la guerre, Henri IV prit à sa solde toutes les garnisons des places fortes du Forez qui étaient encore au pouvoir de Saint-Sorlin, frère et successeur de Nemours, auquel il les racheta pour une somme qui dépassait, dit Sully dans ses mémoires, 400,000 livres.

Quand aux protestants, ils étaient en très petit nombre dans le Forez. Saint-Etienne était à peu près la seule ville où ils fussent tolérés. De La Mure nous apprend à ce sujet, qu'un jeune protestant eut l'audace de renverser une croix de bois qui ornait la place du Pré de la Foire. Il fut seulement arrêté et conduit en prison. On peut voir là une preuve réelle de l'esprit tolérant des habitants de la ville, à une époque encore troublée par les passions religieuses ; nul doute qu'en d'autres endroits ce jeune imprudent aurait couru le risque d'être massacré par les foules. Le même historien ajoute que le père du jeune homme, Jean Nesme, honorable marchand de la ville obtint sa grâce en faisant élever à la même place une croix de pierre « la plus belle qu'on pourrait trouver. Elle fut tirée des carrières de Riom et passait pour la plus belle de France. »

CHAPITRE V

SAINT-ÉTIENNE AU XVIIe ET AU XVIIIe SIÈCLES, DEPUIS LA MORT DE HENRI IV JUSQU'A LA RÉVOLUTION.

Avec le XVIIe siècle, on vit apparaître à Saint-Etienne comme ailleurs, cette foule de maisons religieuses qui pullulèrent bientôt dans certaines villes du Forez ; nous emprunterons à ce sujet de très intéressants renseignements à M. Testenoire-Lafayette.

De 1608 à 1635, on vit se fonder à Saint-Etienne, pour s'y maintenir jusqu'à la Révolution, deux nouvelles communautés d'hommes et trois de femmes.

Vers l'année 1611, les Minimes vinrent fonder dans la ville un collège pour l'éducation de la jeunesse. On fit une souscription publique pour aider à leur installation ; on a retrouvé les feuilles de souscription. C'est l'église Saint-Louis qui servait de chapelle à leur couvent. Il est bon de dire que la façade en a été refaite vers 1824; le style en est peu remarquable.

Les Capucins s'installèrent dans la ville en 1619, sous les auspices de Michel de la Veuhe et de Léonard Besset, Seigneur de La Valette. Une partie de leur couvent, situé rue de la Paix, subsiste encore et est occupée aujourd'hui par une providence de jeunes orphelines.

En 1615, ce furent les dames Saint-Charles qui vinrent fonder une communauté qu'elles établirent à quelque distance du Pré de la Foire, vers le moulin des Gaux; vers 1635, elles abandonnèrent ce premier emplacement pour le céder aux Ursulines et firent construire un établissement plus important à l'endroit où se trouvent actuellement les rues de Foy et de la Comédie, pour servir de pensionnat aux jeunes filles des familles riches de la ville. Cet établissement a subsisté jusqu'à la Révolution. Les Ursulines tenaient aussi une école à l'usage des jeunes filles dont les parents étaient moins fortunés.

En 1620, une dame Catherine Mollin, fit construire un couvent pour des religieuses de la Visitation. Le chœur de leur église forme maintenant une des chapelles de l'église paroissiale de Sainte-Marie.

Saint-Etienne profita, comme le reste de la France, des bienfaits du nouveau règne ; avec le calme, on reprit les idées de travail, et l'industrie reçut de nouveaux développements.

C'est vers cette époque que l'on commença à s'occuper à Saint-Etienne du travail de la soie ; cette industrie y fit de rapides progrès ; en 1605, les ouvriers ou tixotiers de soie y étaient déjà assez nombreux pour établir la corporation des rubaniers stéphanois. Au mois de novembre 1608, ils établissaient aussi entre eux une confrérie de Notre-Dame.

C'est un peu plus tard, en 1619, sous le règne de Louis XIII, que fut établie à Saint-Etienne la première manufacture de rubans (1). Cette industrie va bientôt devenir la plus importante de la ville.

(1) Alex. Mazas, *Cours d'histoire de France.*

Malheureusement les deux grands fléaux qui l'avaient déjà désolée, la famine et la peste, vinrent encore s'abattre sur elle à quelques années de là, et entraver ce nouvel essor et cet élan industriel. En 1627, le blé renchérit à un tel point qu'il y eut dans la ville une émeute populaire, la foule croyant à un accaparement.

Au mois d'août 1628 et l'année suivante, la peste éclata et y fit, disent les contemporains, de sept à huit mille victimes.

Le stéphanois Chapelon a retracé en vers patois, ne manquant pas d'une certaine poésie, les malheurs qui accablèrent à cette époque son malheureux pays.

Il existe encore dans la Grand'Eglise de Saint-Etienne un ancien tableau attribué au peintre forézien Staron, qui représente le vœu fait par les consuls pendant cette terrible peste. On y voit le curé de la paroisse agenouillé au premier plan ; d'un côté les capucins qui soignaient alors les malades (1), de l'autre les consuls dont le peintre aurait fait, dit-on, la figure ressemblante ; ils offrent leur vœu devant une image de la Présentation de la Sainte Vierge au Temple.

Le terrible fléau devait encore reparaître dans le pays, moins de vingt ans après, en 1643. Le digne curé de la paroisse de Saint-Etienne, Jacques Toizac, mourut victime de son dévouement, en soignant les malades pendant cette épidémie.

En 1644, l'hôpital dont nous avons longuement parlé dans un chapitre précédent, fut transféré sur l'emplacement qu'il occupe actuellement, et reçut en 1667, par lettres patentes du roi, quatre sœurs garde-malades de l'ordre des Augustines.

(1) Nous avons vu que les Capucins n'étaient établis à Saint-Etienne que depuis 1619.

Enfin, heureusement préservée pour longtemps de ces fléaux terribles, la ville va rentrer dans une nouvelle voie de prospérité. Sentant l'industrie donner chaque jour plus d'importance à leur cité, les habitants de Saint-Etienne s'adressèrent directement à l'autorité royale, que Richelieu avait laissée vraiment forte. Ils demandèrent et obtinrent, en septembre 1645, un édit créant à Saint-Etienne *une sénéchaussée et siège royal*, pour y connaître, en première instance, de toutes causes civiles et criminelles. Il est vrai de dire que deux mois après, à la suite d'agissements secrets de la part des officiers du bailliage de Montbrison, un arrêt du conseil de la reine, transférait le siège de cette sénéchaussée dans cette dernière ville; et ce ne fut qu'après des instances réitérées, pendant plus de vingt ans, que les Stéphanois obtinrent, en septembre 1667, que leur sénéchaussée fonctionnerait dans leur propre ville; d'autres déclarations royales vinrent confirmer celle-là en 1668, en 1671 et enfin en 1684.

La justice de la sénéchaussée devait définitivement être exercée à Saint-Etienne par neuf officiers, magistrats du bailliage de Montbrison et par un avocat du roi, tenus de résider à Saint-Etienne pendant six mois de l'année.

Dès 1684, plusieurs de ces conseillers, natifs de Saint-Etienne, obtinrent de résider toujours dans cette ville. On comprend cela; car à cette époque vivre six mois de l'année dans un endroit et six mois dans un autre était chose moins commode qu'aujourd'hui, à cause de la difficulté de transports.

Au milieu du XVIIe siècle, l'organisation judiciaire comportait en somme à Saint-Etienne :

La justice haute, moyenne et basse appartenant au Seigneur de Saint-Priest;

La sénéchaussée royale d'où ressortissaient les appellations des sentences et jugements de la justice seigneuriale;

L'élection, tribunal institué pour la perception de certains deniers.

Les officiers du grenier à sel (vers 1572, il y avait eu une réunion des députés à l'effet d'apporter une réforme au grenier de Lyon dont dépendait Saint-Etienne).

Enfin, la ville avait une maréchaussée.

C'est vers le milieu du XVIIe siècle que l'extraction de la houille commença à prendre un sérieux développement; il ne paraît pas, jusque-là, qu'on eût employé le charbon de pierre autrement que sur place et pour les besoins domestiques des habitants, plus encore que pour l'industrie.

M. le sénateur Brossard, dans ses remarquables études sur les mines de houille du département de la Loire, reproduit en entier deux documents qui sont de nature à nous fixer absolument sur ce point. Le premier est une transaction passée au mois de mars 1653, entre le marquis de Saint-Priest et quelques exploitants de la seigneurie, au sujet d'une redevance de six deniers tournois qu'il prélevait sur eux par sac de charbon tiré des carrières de Saint-Etienne. Il donnait, pour appuyer ses droits à la perception de cette dîme, les raisons suivantes : « Que les détempteurs desdites terres, au lieu de les tenir en estat de labourer à l'effet de porter des grains, aiment mieux les employer à commercer dudit charbon de pierre, duquel ledit produit est sans proportion bien plus grand que celui qui proviendrait desdits grains. »

Le second de ces documents est une plainte que fit au roi, en 1669, un marchand de Lyon le sieur Daniel Grisalou.

Il expose dans sa requête la concurrence qui lui est faite par douze ou quinze bateliers achetant du charbon de provenance stéphanoise dans plusieurs ports du Rhône où l'apportaient des muletiers; ils le transportaient ensuite, en descendant le courant du fleuve, jusqu'à Marseille et à Toulon.

Voici donc établi par des documents irréfutables qu'à cette époque l'extraction de la houille avait déjà pris un très grand développement, et que l'emploi du charbon commençait à se répandre au loin, tandis que jusqu'alors on ne s'en était servi que sur place dans les seuls pays de production.

Bientôt l'exploitation des mines va prendre dans la région une extension telle qu'il faudra leur chercher de nouveaux débouchés en améliorant la navigation de la Loire.

Nous traiterons beaucoup plus longuement toutes ces questions dans la troisième partie de notre livre spécialement consacrée à l'histoire des industries stéphanoises.

A mesure que l'activité et le génie industriel des habitants donnent plus d'importance à la ville, les institutions humanitaires se multiplient, on peut le dire, en raison de l'accroissement de la fortune publique.

Nous avons vu que, depuis 1644, l'hôpital avait été transporté sur les bords du Chavanelet et considérablement agrandi. En 1667, des sœurs garde-malades y furent régulièrement attachées.

En 1682, sous les auspices d'un curé véritablement populaire, le vénérable Guy Colombet, on créa à Saint-Etienne une maison de charité pour les orphelins et les vieillards.

C'est à lui aussi que l'on doit la fondation de plusieurs écoles pour les enfants du peuple.

Il contribua, en 1669, à l'érection de l'église Notre-Dame.

Ce digne homme occupa la cure de l'Eglise de Saint-Etienne pendant quarante-quatre ans, de 1664 à 1708.

Il a laissé dans cette ville une réputation d'homme de bien vraiment méritée. Au moment de sa mort, il avait une grande idée, la suppression de la mendicité, qui n'a été réalisée, en partie du moins, que longtemps après, par les institutions philantropiques de notre siècle.

Honneur donc à cet homme de bien; nous aimons à rendre hommage aux gens vertueux, quelles que soient leurs opinions, mesurant seulement notre estime au bien qu'ils laissent après eux.

Veut-on maintenant se faire une idée de l'importance de la ville à cette époque. Des documents, remontant à l'année 1669, nous apprennent que la paroisse de Saint-Etienne comprenant Valbenoîte, Outre-Furan, Montaud, la Ricamarie, Furet, la Valette, Planfoy et la Métare, comptait déjà 28,000 habitants, parmi lesquels 300 couteliers, 50 canonniers, 600 armuriers, 40 marchands quincaillers, 30 fabricants de rubans dont quelques-uns occupaient jusqu'à 700 métiers fonctionnant dans la ville ou chez les habitants des campagnes voisines; on comptait aussi 20 mouliniers, 4 teinturiers, 3 cylindreurs, etc.

On le voit, c'était pour l'époque une des villes importantes du royaume.

Saint-Etienne obtint le privilège d'avoir un maire perpétuel et des échevins, en 1692, au moment où fut créée cette organisation (1).

L'armurerie de luxe et surtout la fabrication des fusils de chasse qu'on décorait alors très richement devinrent, à la fin du XVIIe siècle, une des branches les plus importantes de notre industrie.

En 1703, des lettres patentes furent rendues, concernant les améliorations à apporter dans la navigation de la Loire en vue de favoriser le transport des houilles; cependant, à côté de cela, des arrêts venaient entraver, d'une façon regrettable,

(1) Aug. Bernard, *Histoire du Forez*, t. II, p. 310.

l'exportation du charbon provenant de Firminy, de Roche-la-Molière, du Chambon et autres localités se trouvant situées dans un périmètre de deux lieues communes autour de Saint-Etienne. Le charbon extrait dans cette zône devait être exclusivement réservé à l'usage des habitants de la ville et à l'alimentation de sa manufacture.

Ce n'est que beaucoup plus tard, lors de la promulgation des ordonnances de concession, que cette restriction fut levée.

Pendant le siècle de Louis XIV, le développement des industries de la ville avait considérablement accru sa prospérité ; cependant sur la fin du règne, on se ressentit à Saint-Etienne comme ailleurs, de la misère amenée par les dernières guerres qui avaient véritablement épuisé la France. La région ne fut pas épargnée non plus par le rude hiver et la disette de 1709.

Aussi, lorsque tout ce qui était capable de prendre les armes dans le pays se leva pour marcher à la frontière sous les ordres du maréchal de Villars, « les ouvriers de la manufacture d'armes de Saint-Etienne s'échappèrent avec des armes fabriquées de leurs mains et se firent remarquer à l'attaque des retranchements de Denain (1) ».

Depuis cette époque jusqu'à la Révolution, c'est-à-dire pendant les trois quarts du dix-huitième siècle, il y aura peu de chose à dire sur l'histoire de la ville. En 1717, on créa à la manufacture d'armes le contrôle; plus tard encore, en 1764, M. de Montbelliard donna à ce bel établissement qui prit le nom de manufacture royale, une organisation qu'elle a en partie conservée de nos jours; il introduisit surtout cette réforme de grouper les ouvriers par classes, l'isole-

(1) Alexandre Mazas, *Cours d'Histoire de France*. — *Saint-Etienne ancien et moderne*, par Isidore Hedde (*Revue du Lyonnais*, 1840, t. XI, p. 454).

ment ayant jusqu'alors nui beaucoup à la perfection du travail.

Le luxe qui caractérisa pour ainsi dire, avec la corruption des mœurs, l'époque de la Régence, contribua à donner un très grand développement à la rubanerie de Saint-Etienne. Malheureusement l'agiotage et la chute du système Lawe vinrent porter à cette époque un coup sensible à la fortune commerciale de cette riche cité.

En 1750, l'administration communale reçut encore une modification importante. Par lettres patentes, les charges de conseiller du roi, maire, secrétaire, assesseur, etc., furent réunies au consulat.

Ce n'est qu'en 1754, après bien des tiraillements, malgré que la densité de la population eût rendu la chose nécessaire depuis longtemps, qu'on se décida à former une seconde paroisse avec l'église Notre-Dame, commencée, ainsi que nous l'avons déjà dit, du vivant du vénérable curé Guy Colombet.

L'année précédente, M. de Navarre, Vicaire général, avait demandé à l'Archevêque de Lyon la création de deux nouvelles paroisses pour Saint-Etienne, celle de la Ricamarie et celle de Valbenoîte. Pour cette dernière, on aurait désaffecté la chapelle du monastère pour en faire une église paroissiale ; malgré toutes les bonnes raisons qu'il put donner, ses démarches n'aboutirent pas.

Nous signalerons deux faits qui, dans la seconde moitié du XVIIe siècle, vinrent accroître encore la prospérité commerciale de Saint-Etienne.

La guerre maritime qui éclata sous Louis XVI, pour favoriser contre l'Angleterre l'émancipation des colonies d'Amérique, donna un nouvel essort à la manufacture d'armes. A cette époque, on y fabriqua annuellement jusqu'à

20,000 fusils, alors que la fabrication s'élevait en temps ordinaire à 3,000 au plus.

Au même moment, grâce aux efforts intelligents et persévérants des Dugas, des Lacour, on voyait apparaître à Saint-Etienne les premiers métiers dits à la zurichoise, permettant à un seul ouvrier de fabriquer jusqu'à trente pièces de rubans à la fois.

Il n'est pas besoin de dire quelle extension cela donna, pour quelque temps du moins, à l'industrie rubanière qui, malheureurement, ne tardera pas à chômer, parce qu'il faudra bientôt tout laisser pour ne songer qu'à la fabrication des armes pendant la période révolutionnaire dont nous approchons à grands pas.

Avant la Révolution il existait, à Saint-Etienne, plusieurs écoles tenues par des maîtres laïques; toutefois, ces établissements étaient sous la haute direction du clergé et inspectés par lui, ainsi qu'il ressort de plusieurs rapports faisant partie des Archives départementales.

Nous ne terminerons pas ce chapitre sans dire un mot touchant les vieilles coutumes populaires condamnées à disparaître bientôt avec l'ancien régime. Divers jeux publics existaient dans la ville ; c'est ainsi que dans le terrier Paulat, il est question de deux maisons possédant chacune un *ludum stephi*. Jeu de quoi ? On ne l'a pas encore trouvé. On a beaucoup parlé aussi du jeu de l'arc, très apprécié par les habitants de la ville qui organisaient souvent des fêtes en l'honneur des dames. Longtemps on cita les triomphes remportés par un certain Stéphanois dans un grand concours ouvert à Lyon. On compte encore dans la ville plusieurs sociétés cultivant ce jeu avec autant d'ardeur et de succès que dans certaines villes du nord.

Enfin, nous signalerons ce fait à nos lecteurs : qu'avant la Révolution, Saint-Etienne avait déjà un théâtre (1), une société musicale, une académie des sciences, belles-lettres et beaux-arts, un bureau d'agriculture (2), une bibliothèque dite cléricale, etc.

Plusieurs services de diligences mettaient la ville en communication avec Lyon, Roanne et Montbrison, c'est-à-dire avec les principaux centres compris dans un rayon assez étendu.

---

(1) Ce théâtre en planches était installé au milieu de la place Chavanelle, et l'on n'hésitait pas à y représenter les chefs-d'œuvre des grands maitres Corneille, Racine, Molière.

(2) L'existence de ce bureau d'agriculture, qui n'était en somme qu'une dépendance du bureau général établi à Lyon, est prouvée par le compte-rendu d'une délibération portant la date du 28 mai 1764.

L'académie des sciences, beaux-arts et belles-lettres de Saint-Etienne avait été fondée en 1760. Le fait est prouvé par une lettre de cette époque où le marquis de Rochebaron (Rochefoucauld) approuve cette fondation.

CHAPITRE VI

PRINCIPAUX ÉVÉNEMENTS DONT SAINT-ÉTIENNE FUT LE THÉATRE PENDANT LA RÉVOLUTION.

Au moment où le souffle puissant de la Révolution passa sur Saint-Etienne comme sur le reste de la France, cette ville paraissait préparée de longue date déjà, par son organisation quasi démocratique, à accueillir favorablement les principes nouveaux et la forme du gouvernement républicain. Aussi y eut-il, relativement, peu d'excès commis au début. Il faut en excepter, toutefois, le pillage et l'incendie, au mois de juillet 1790, des magasins du marquis d'Osmond, concessionnaire des mines de Firminy et de Roche-la-Molière, ainsi que la destruction complète, au mois de septembre, de l'établissement du sieur Sauvade, inventeur d'un nouveau procédé mécanique pour la fabrication des fourchettes à bon marché. Une foule exaspérée, dans laquelle les femmes se trouvaient en grand nombre, envahit les ateliers et mit tout au pillage ; il n'y eut cependant pas effusion de sang, comme cela arrivera malheureusement plus tard.

On pourrait dire avec quelque justesse, ce nous semble,

que Saint-Etienne avait déjà fait sa révolution avant le reste de la France, lentement, à mesure que s'était accrue sa richesse industrielle.

N'avait-on pas vu les habitants se plaindre directement à l'autorité royale du préjudice que leur avait causé Gilbert de Chalus, seigneur de Saint-Priest, et obtenir sa condamnation à mort par un arrêt du parlement rendu le 30 avril 1667. Si partout ailleurs les choses avaient pu se passer ainsi, que d'innocents on eut arrachés à la vengeance aveugle du peuple, en lui sacrifiant quelques rares seigneurs coupables de tyrannie. Et une simple renonciation aux privilèges les plus abusifs eût été plus que n'en demandait ce même peuple au commencement de la Révolution.

Grâce à ces dispositions d'esprit, il y eut au début, je le répète, moins d'excès à signaler à Saint-Etienne que partout ailleurs. Ensuite, l'irritation populaire y était moindre parce que la misère n'était pour ainsi dire pas, dans cette cité laborieuse où, grâce à la variété des industries et à l'abondante production, tout homme pouvait facilement gagner sa vie; souvent même la femme et les enfants parvenaient, par un petit labeur productif, à augmenter le bien être de la maisonnée.

Les impôts eux-mêmes n'étaient pas excessifs, la municipalité avait souvent pu en alléger le poids aux habitants. C'est ainsi que nous l'avons vu obtenir, à la suite d'une entente, une réduction de la dîme prélevée par les seigneurs de Saint-Priest.

Plus tard, c'est contre l'autorité royale elle-même que les consuls cherchent à revendiquer des droits; pour ne citer qu'un fait, en 1661, le sieur de La Vrillière, conseiller du roi, avait obtenu, par lettres patentes du 19 novembre, le droit du dixième à prélever sur le produit des mines de

Saint-Etienne ; les consuls firent résistance ; mais la cour du Parlement de Paris les condamna aux dépens. Voir perdre un tel procès sous le règne de Louis XIV n'est pas chose qui doive nous surprendre beaucoup ; mais, résistant ainsi à la volonté du grand roi, les consuls faisaient preuve d'un esprit d'indépendance alors peu commun. Il y a toujours de la vraie grandeur à réclamer son bon droit, ou même à élever une simple protestation surtout avec un maître capable, comme celui-là, d'écraser sans pitié, comme sans scrupules, tout ce qui pouvait porter ombrage à sa souveraineté.

C'est pour toutes ces raisons que les débuts de la Révolution furent relativement calmes à Saint-Etienne.

Lorsque la Constituante partagea la France en départements, par décret du 3 février 1790, elle forma, avec le Lyonnais, le Beaujolais et le Forez, un seul département, celui de Rhône-et-Loire, dont le chef-lieu était Lyon. C'est là que résidait l'administration départementale.

Les départements étaient divisés en districts ; le district de Saint-Etienne, créé le 25 février 1790, comprenait soixante et une agglomérations d'habitants, villes ou villages (1).

(1) Voici la liste exacte des localités formant le district de Saint-Etienne, comprenant toute la partie sud-ouest du département de Rhône-et-Loire : Rochetaillée, Saint-Etienne et ses parcelles, Saint-Ferréol, Saint-Paul-en-Cornillon, Firminy, Saint-Sauveur, Versanne, Ruthiange, Argental, Saint-Julien-Molin-Molette, Saint-Pierre-en-Colombaret, Burdigne, Bourg-Argental, Saint-Julien-en-Jarrêt, Saint-Martin-en-Coailleux, Izieux, Saint-Andéol, La Valla, Saint-Jean-Bonnefonds, Saint-Chamond, Saint-Genest-Lerpt, Saint-Victor-sur-Loire, Le Chambon, Riotord, Jonzieux, Marlhes, Chuyer, La Chapelle, Saint-Michel-sous-Condrieu, Pélussin, Farney, Doizieu, Pavezin et Jurieu, Saint-Paul-en-Jarrêt, Villars, Saint-Priest, Latour-en-Jarrêt, Saint-Héand, La Fouillouse, Tarentaise-en-Praroué, Saint-Romain-les-Atheux, Saint-Genest-Malifaux, Chavanay, Malleval, Lupé, Saint-Pierre-de-Bœuf, Châteauneuf-d'Argoire, Argoire, Tartaras, Saint-Genis-Terrenoire, Saint-Martin-la-Plaine, Rive-de-Gier, Fontanès, Saint-Romain-en-Jarrêt, Notre-Dame-de-Sorbiers, Chagnon, Cellieu, Saint-Christô, Saint-Appolinard, Véranne, Bessey, Roizey, Maclas.

Au-dessous de l'administration départementale se trouvait une administration locale correspondant à celle de l'arrondissement; on l'appelait la direction de district. Un homme de grand mérite, Praire-Royer, fut le premier élu président de cette assemblée.

A partir de ce moment aussi, les maires furent nommés à l'élection. Le premier qui, à Saint-Etienne, ait obtenu la majorité des suffrages est Antoine Neyron (1).

Les anciennes juridictions seigneuriales furent remplacées à la même époque par un tribunal de district; M. A. Fromage en fut nommé président.

Enfin, comme dans les autres villes de France, on forma une garde bourgeoise à Saint-Etienne : elle comptait environ un millier d'hommes répartis en huit compagnies (2).

La modération qu'on avait montrée au début ne devait malheureusement pas durer longtemps; on vit bientôt se produire des désordres plus graves que les précédents, puisqu'ils firent des victimes. Le 4 août 1790, un malheureux employé aux aides fut massacré par la populace; les quatre principaux meneurs furent pendus.

Le 11 novembre, il y eut une véritable émeute populaire. Une foule menaçante envahit un corps de garde et désarma

(1) C'est pendant l'administration d'Antoine Neyron et à son instigation que fut établie la première imprimerie que l'on vit fonctionner à Saint-Etienne. Nous relevons le fait dans le compte-rendu de la séance municipale du 17 juin 1790 : « M. le Maire a dit que n'y ayant point d'imprimerie à Saint-Etienne, il est obligé d'avoir recours à Lyon, ce qui retarde beaucoup la publicité et autres inconvénients. Il a proposé d'accepter les offres du sieur Boyer, imprimeur à Lyon, qui demande à établir une imprimerie à Saint-Etienne, à condition que la ville lui fournirait un logement et que la municipalité lui donnerait à imprimer tous ses ouvrages..... Ce qui a été accepté. Boyer fut installé dans la rue Tarantaise, maison Vial. »

(2) Il existait déjà à Saint-Etienne une milice longtemps avant la Révolution; j'ai retrouvé, dans le terrier Dupont de 1706, le nom suivant : sieur Jean-Louis Carrier, marchand et colonel de la milice.

les hommes du poste. Il est vrai que dans cette occasion, le commandant des dragons de la garde nationale n'avait peut-être pas fait tout ce qu'il aurait dû : sous prétexte, disait-il, d'apaiser la foule, il avait fait retirer ses cavaliers. C'était une faute car, pour réprimer les émeutes, c'est un avis que l'on peut émettre sûrement aujourd'hui, il n'y a que les troupes à cheval. C'est malheureusement l'expérience qui l'a démontré depuis lors (1).

On eut à déplorer en cette circonstance la mort du baron de Rochetaillée, commandant de la garde bourgeoise. L'émotion fut si vive qu'on dût proclamer la loi martiale.

Il faut bien reconnaître que ces excès sanglants n'étaient dus qu'à quelques meneurs; la majorité de la population était animée de sentiments beaucoup plus calmes; ce qui le prouve bien, c'est qu'elle envoya siéger à la Législative le député Jovin Molle, qui jouissait de la réputation d'homme sage et modéré.

Le clergé stéphanois, de son côté, adhéra en partie à la constitution, et presque tous les prêtres de la localité prêtèrent, sans faire de difficultés, le serment qui leur était imposé. Une partie d'entre eux appartenait à l'école Janséniste qui comptait de nombreux adeptes dans les environs de Saint-Etienne, à l'époque de la Révolution. Le chef de cette Eglise était l'abbé Jacquemont, curé de Saint-Médard, petite paroisse voisine de Saint-Galmier. C'était un homme d'une vertu austère, ennemi déclaré des Jésuites et de leur morale, qu'il trouvait trop indulgente (2). A Saint-Etienne, nous citerons

(1) Nous répéterons à ce propos le mot trop fameux : « Ces jours-là les fusils partent tout seuls », qui est la condamnation absolue de l'emploi de l'infanterie pour réprimer les émeutes.

(2) Tout ce qu'on pourrait reprocher à ce digne homme, ce serait d'avoir donné un peu trop facilement dans les histoires des convulsionnaires.

comme Janséniste l'abbé Blache, natif de cette ville, et l'ancien dominicain Faure, également Stéphanois (1).

A cette époque, nous devons rendre hommage aussi au patriotisme des bons citoyens. Un bataillon de six cents hommes se forma à Saint-Etienne avant même que la patrie eût été déclarée en danger et partit résolument pour la frontière (2).

En 1792, M. Antoine Duvernay fut le second élu aux fonctions de maire. Son administration fut moins calme que celle de son prédécesseur.

Il fut heureusement remplacé au bout de quelques temps par Praire-Royet, un des plus grands fabricants de rubans de la ville, le même dont nous avons déjà eu l'occasion de parler comme ayant été le premier président du directoire de district. Les habitants de Saint-Etienne le tenaient en haute estime à cause de son grand esprit de modération et de sa fermeté de caractère.

C'est à l'époque de sa nomination que l'Hôtel-de-Ville fut transporté dans les bâtiments du couvent des Minimes et que les séances de la municipalité devinrent publiques.

Le 9 décembre 1792 eut lieu en grande pompe, dans l'église des *ci-devant Minimes*, l'installation du corps municipal, du conseil général et des tribunaux de la ville et district de Saint-Etienne, département de Rhône-et-Loire.

(1) Voir, pour l'histoire du Jansénisme dans nos pays, l'ouvrage remarquable de M. Léon Séché qui s'est inspiré du manuscrit Taveau, prêtre attaché, vers 1845, à l'établissement des sourds-muets de Saint-Etienne ; ce très intéressant manuscrit est déposé à la bibliothèque de la ville qui hérita, aussi en 1868, de tous les livres de la petite église Port-royaliste de la Loire. Don de M. Buisson.

(2) Quelques auteurs, entre autres Isidore Hedde, font partir ces courageux volontaires au chant de la *Marseillaise*. Nous pensons que c'est là une manière de parler, car Rouget de l'Isle ne composa son hymne patriotique qu'à la fin de 1792, alors que nous ne sommes qu'en 1791.

Sur la demande des habitants, à la suite d'un arrêté du conseil général pris le 10 décembre, on fit imprimer le détail de ce qui s'était passé, ainsi que les discours prononcés en cette occasion. Nous ne croyons pas hors de propos de reproduire quelques-uns des passages de ce curieux document :

« A dix heures, les officiers municipaux remplacés se sont rendus dans l'église des Minimes ; la nouvelle municipalité s'y est aussi rendue, et le citoyen Dagier, procureur de la Commune, a dit : « Chers concitoyens, nous nous sommes félicités que les suffrages des habitants de cette ville vous aient choisis pour remplir les glorieuses fonctions de magistrats envers vos égaux. »

« Le citoyen Desverneys l'aîné, maire, a parlé ainsi : « Citoyens, mes frères et amis, vous m'avez honoré de votre confiance ; j'en conserverai un éternel souvenir ; j'ai fait tout ce qui dépendoit de moi pour la mériter. En faisant exécuter les décrets, j'ai rempli mes devoirs, j'ai maintenu la paix et la tranquillité dans cette ville, et je n'ai pu faire mieux, je le jure... »

« Immédiatement après la prononciation de ce discours, les nouveaux officiers municipaux, le Procureur de la Commune, son substitut et les membres composant le conseil général s'approchèrent du bureau et le citoyen Praire-Royet, nouveau maire, a prononcé la formule du serment à prêter, en ces termes : « Nous jurons d'être fidèles à la Nation et à la Loi, de maintenir la liberté et l'égalité, la sûreté des personnes et des propriétés, et de bien remplir les fonctions qui nous sont confiées. »

« Tous les membres de la nouvelle municipalité et du conseil général ont prononcé le mot *je le jure,* les spectateurs ont vivement applaudi et les tambours ont battu l'air : *Ça ira.*

Le citoyen Praire-Royet prend la parole ; son discours est de beaucoup le plus intéressant ; nous en reproduisons les premières phrases : « Chers concitoyens, frères et amis, lorsqu'en nous honorant de vos suffrages, vous avez confié à nos soins la conduite de vos communs intérêts, vous avez eu moins égard aux qualités qui constituent le bon magistrat, qu'au zèle que vous avez supposé que nous mettrions à concourir à la prospérité de cette cité intéressante et à cultiver en vous l'amour des lois, sans lequel il n'y a point de bonheur ni de liberté. Citoyens, nous ne négligerons rien pour répondre dignement à votre confiance. Au serment que nous venons de prêter, nous ajoutons l'engagement de remplir, selon la mesure de nos forces, la tâche importante que votre choix nous impose... »

J'ajouterai qu'un tel langage est digne de la plus haute admiration dans la bouche d'un homme qui devait payer un jour de sa vie son attachement à la cause qu'il jurait ainsi de servir.

Si l'on a quelquefois une tendance à sourire aux longues tirades dites en belles phrases par des candidats ou des élus exposant leur programme politique, il faut s'incliner respectueusement devant l'homme qui, après avoir promis de faire ce qu'il pourrait pour remplir son mandat, va jusqu'au sacrifice de sa vie plutôt que de renoncer à ses principes de justice et de modération.

Le jour où les habitants de Saint-Etienne voudront élever sur leurs places publiques des statues aux plus dignes de leurs concitoyens, il en est deux par lesquels ils pourront commencer sans hésiter, le vénérable prêtre Guy Colombet et le maire grand citoyen Praire-Royet.

Revenons à l'administration du nouveau maire :

Le parti jacobin avec ses théories impossibles, loi agraire, partage général des biens, etc., eut à compter avec lui; il déclara hautement que, tant qu'il serait à la tête de la municipalité, il se ferait un devoir de veiller à la sûreté des personnes et au respect de la propriété.

D'autre part, les Stéphanois venaient de nommer comme députés à la Convention : Beraud, graveur-ciseleur de mérite, homme d'une grande modération, au dire de ses contemporains, et Noël Pointe, simple ouvrier armurier, que sa vive intelligence avait désigné au choix de ses concitoyens.

On attendait beaucoup de la Convention, beaucoup plus qu'elle ne fit, hélas! Au début, cependant, on lui dut quelques sages lois; une des plus importantes fut l'enlèvement des registres de l'état-civil aux églises. A Saint-Etienne, l'opération se fit le 2 novembre 1792; on procéda avec la plus grande régularité : l'officier municipal Jacod, le Procureur de la Commune et le citoyen Chaumat, secrétaire de la municipalité, se transportèrent à la maison curiale de la paroisse de Saint-Etienne, où le citoyen Raphaël Sonyer-Dulac, prêtre-curé de ladite paroisse, leur remit sans difficulté tous les registres de baptêmes, mariages et décès qu'il avait eus en sa possession, et l'on en dressa un inventaire minutieux qui se trouve aux archives de la ville.

Le lendemain, on fit la même opération pour la paroisse de l'église Notre-Dame.

Au moment de la proclamation de la République, à la mort de Louis XVI, on sait que Lyon s'était bruyamment séparé du parti Montagnard et que plus de soixante départements menaçaient d'en faire autant.

Le 17 juin, les sections réunies envoyèrent quatre commissaires à Saint-Etienne, pour remercier les habitants de la sympathie qu'ils avaient témoignée aux Lyonnais en cette occasion; ces envoyés exprimèrent aussi leur désir de voir les Stéphanois se déclarer ouvertement pour le fédéralisme.

Les Jacobins n'entendaient pas les choses ainsi ; craignant une réaction girondine, ils cherchèrent de leur côté à soulever Saint-Etienne.

Les dragons de Lorraine, aidés de la garde nationale, eurent beaucoup de peine à rétablir l'ordre.

En présence de tels événements, l'administration départementale prescrivit l'occupation militaire de Saint-Etienne dans le but de protéger la manufacture d'armes.

Le 12 juillet, 1.200 hommes et 4 pièces de campagne furent dirigés de Lyon sur Saint-Etienne.

La garde nationale et la municipalité reçurent cette armée d'occupation avec enthousiasme.

Camille Jordan, avec cette éloquence naissante qui en fera bientôt un grand orateur, avait déclaré devant les Stéphanois que les Lyonnais n'avaient pris les armes que pour la défense de la liberté, écartant bien loin l'accusation de royalisme qu'on avait portée contre eux. Saint-Etienne se déclara franchement pour la cause des Lyonnais ; bien plus, on envoya de Saint-Etienne à Lyon cent dix hommes pour concourir au service de la garde nationale.

Deux commissions, nommées par le gouvernement et par l'autorité départementale, s'entendirent pour activer la fabrication des fusils et des sabres dont les armées de la République avaient un si grand besoin.

La reprise du travail et le calme des esprits semblaient devoir assurer pour longtemps la tranquillité à Saint-Etienne, malheureusement il n'en fut rien.

On apprenait, quelques jours plus tard, que la ville de Lyon, cernée par les troupes régulières, avait dû se rendre après un combat assez meurtrier.

Les troupes précédemment envoyées de Lyon pour occuper Saint-Etienne durent quitter la ville, car des groupes d'ouvriers menaçants s'étaient rassemblés sur la montagne de Sainte-Barbe et des barricades commençaient à s'élever sur plusieurs points.

Le maire, Praire-Royet, voulut interposer son autorité, mais les esprits étaient trop surexcités ; il ne fut pas écouté et se démit de ses fonctions, malgré les marques de haute estime que lui donnèrent, en cette occasion, les membres du Conseil général de la Commune qui, tout d'abord, ne voulaient même pas accepter cette démission (1).

Comprenant qu'il ne pouvait rester plus longtemps dans cette situation qui menaçait de s'aggraver, le chef des forces lyonnaises se mit à la tête d'une fraction de ses troupes et simula une pointe sur la rue des Fossés, afin d'occuper les émeutiers. Il fit alors filer le gros de sa troupe sur la route de Montbrison, après une fusillade de quelques instants dans les quartiers de La Pouille et des Capucins. Les Lyonnais, dont la retraite était protégée par les canons qu'ils avaient à leur suite, purent ainsi gagner le large.

Quelques-uns des principaux citoyens de la ville, parmi lesquels l'ex-maire Praire-Royet, l'Entrepreneur de la manufacture d'armes, le Commandant de la garde nationale, d'autres encore profitèrent de cette occasion pour quitter la ville, ne prévoyant que trop ce qui devait fatalement arriver : le règne de la Terreur.

Le lendemain, 29 août, un corps de plus de 3,000 hommes fit son entrée à Saint-Etienne et y répandit l'épouvante en tirant sans motif sur la foule réunie au milieu de la grande place.

(1) Dans sa séance du 8 juillet 1793, le Conseil général arrête « qu'il ne veut ni ne peut accepter la démission du citoyen Praire-Royet qui a toute sa confiance ».

Le but dans lequel était venue cette armée, c'était de se mettre à la poursuite des Lyonnais. Ceux-ci manœuvraient habilement. Ils furent d'abord victorieux à Salvizinet, près de Feurs, mais cet avantage ne leur servit pas à grand chose; après avoir évacué le château de Montrond, qu'une partie des leurs occupait (1), ils se décidèrent à rentrer à Lyon, accompagnés d'un grand nombre de familles foréziennes qui s'étaient mises sous leur protection.

Aussitôt après le départ du maire et des notables de la ville, Saint-Etienne fut révolutionné par les meneurs; on brûla tous les titres féodaux, ainsi que les archives de la ville. Quel besoin de destruction ont parfois les hommes!

Tous les citoyens valides furent requis de marcher contre Lyon, qui se rendit le 13 octobre. Le parti jacobin célébra une fête à cette occasion, avec grand renfort de discours incendiaires prononcés dans l'ancien local des Pénitents, transformé en club. Pour être complet, on planta, comme cela s'était fait ailleurs, un arbre de la liberté sur la grande place (2).

C'est à cette époque que le conventionnel Claude Javogues, avocat à Montbrison, qui s'était fait remarquer par l'exagération de ses opinions, vint se mêler aux affaires de Saint-Etienne. Il procéda, selon l'expression du temps, à l'épuration des différentes administrations, c'est-à-dire qu'il fit dresser l'échafaud et mit Saint-Etienne sous le régime de la Terreur. Il nomma un maire à sa dévotion, le citoyen Johannot, auquel ses excès ont valu une triste célébrité.

Mais tout cela n'allait guère aux Stéphanois, et Javogues dut bientôt faire transporter la sinistre machine à Feurs.

(1) C'est à cette époque que les bandes républicaines envahirent et incendièrent le château fort de Montrond, dont on voit encore les imposantes ruines.

(2) La grande place était celle que l'on désignait plus communément sous le nom de Pré de la Foire.

C'est là que furent désormais envoyées les victimes, au nombre desquelles on cite : MM. Detours, Vincent-Soleymieux, l'abbé Bourdely, Ravarin, Dalgabio, architecte de la ville, etc.

Saint-Etienne prit à cette époque les noms d'Armeville et de Commune-d'Armes, qu'elle conserva quelque temps; plusieurs de ses rues furent aussi temporairement débaptisées pour recevoir des noms plus démocratiques, tels que : rue des Spartiates, rue des Sans-Culottes, place Brutus, place de la Liberté (1).

Un décret du 22 brumaire an II (12 novembre 1793) avait prescrit le démembrement du département de Rhône-et-Loire dont on forma deux départements, celui du Rhône et celui de la Loire. Ce dernier eut un instant la ville de Feurs pour chef-lieu. Cette ville avait été choisie, non à cause de son importance, mais pour sa position centrale. On y installa donc l'administration du département, sans oublier le tribunal révolutionnaire.

Le représentant du peuple Javogues, fut délégué dans le département de la Loire par la Convention. Comme cette dernière avait autorisé, par un décret, la destruction des châteaux appartenant aux ci-devant seigneurs, Javogues prit à son tour un long arrêté, en date du 1er nivôse an II; le premier paragraphe suffira, je l'espère, à éclairer la religion des lecteurs sur la manière dont ce singulier personnage entendait servir la cause de la liberté :

« Article 1er. — Tous les châteaux forts situés dans le département de la Loire, tous les châteaux de luxe qui existent dans ce département et dont la splendeur annonce la super-

(1) Dans sa séance du 7 février 1793, le conseil municipal avait pris la décision suivante : « Considérant que tout lieu où repose l'Arbre de la Liberté doit porter ce nom précieux, arrête que la grande place, connue jusqu'à présent sous le nom de Près de la Foire, portera, à l'avenir, le nom de place de la Liberté. »

fétation et l'inutilité seront démolis ; on ne laissera subsister dans ces édifices que le simple nécessaire..... »

Les autorités du district, que Javogues avait *épurées*, voulurent naturellement surenchérir ; voici l'arrêté qu'elles prirent le 8 nivôse an II ; dans le genre, c'est une perle : « Considérant que le luxe des jardins où l'art étouffe la nature, proscrit les produits utiles et précieux pour couvrir de fleurs stériles une terre qui prodigue à regret ses sucs nourriciers.... il est enjoint à tous ceux qui sont propriétaires de parterres, de jardins, etc., d'y semer du blé de maïs. »

Il va sans dire que le papier monnaie eut à Saint-Etienne un cours forcé comme ailleurs. La taxe des riches y fut établie et rapporta même d'assez gros bénéfices.

Les églises furent désaffectées ; Notre-Dame devint le temple de la déesse Raison ; tandis que la Grand'Eglise fut transformée en atelier d'armurerie.

La célébration du dimanche républicain ou décadi ne paraissant pas prendre beaucoup à Saint-Etienne, les autorités firent connaître un jour par voie d'affiches, aux citoyens de Saint-Etienne, que l'on devrait être réuni à deux heures précises dans le lieu des séances de la Société populaire où un officier municipal devait faire la lecture des lois arrivées dans la décade ; la proclamation se terminait ainsi : « Les citoyens sont prévenus que la fête sera terminée par des danses patriotiques qui seront prolongées jusqu'à onze heures ou minuit dans le Temple de la Liberté, et les personnes aisées sont invitées à y apporter quelques bouteilles de vin pour égayer les danseurs sans-culottes ; 20 pluviôse an II. »

Comme sérieux, cela peut aller de pair avec les fêtes de la déesse Raison et les pasquinades que Javogues, de retour de ce qu'il appelait sa tournée patriotique, imagina pour célébrer le triomphe de la Montagne. On vit une procession d'ânes, revêtus d'ornements sacerdotaux, la parodie du supplice des rois, etc. Mais hélas ! cette comédie portait d'autant moins à rire que, pendant ce temps, le sang français coulait à flots.

Au nombre des victimes dont on eut à déplorer la mort pendant la Terreur, Saint-Etienne pouvait compter plus de trente de ses citoyens les plus recommandables, contentons-nous de citer l'ancien maire Praire-Royet (1), son frère Praire-Mézieux, chef de bataillon de la garde nationale, M. Détours, etc.

Mais les excès ne peuvent durer longtemps ; ils portent en eux leur remède ; c'est que le moment vient vite où tout le monde en est las. Le 27 juillet (9 thermidor) 1794, on apprenait la chute de Robespierre qui opprimait la France en s'abritant derrière son patriotisme qui n'existait que de nom, et l'austérité feinte de ses mœurs ; ses complices Couthon, Saint-Just et la plupart des membres du tribunal révolutionnaire tombèrent avec lui.

On n'avait pas attendu ce moment à Saint-Etienne pour rentrer dans un état de choses plus modéré.

Le 1er mars 1794, le représentant Meaule était venu épurer la municipalité de la ville ; dans une séance publique de la Société populaire, on avait procédé à son renouvellement : M. Just Fromage, opposé aux terroristes, avait été élu maire ; il sut faire triompher des idées moins exaltées et imposer sa volonté à ceux qui voulaient lui résister. C'est ainsi que l'officier municipal Fauriel, dont nous aurons à reparler comme écrivain et dont les opinions passaient pour très exaltées, dut se défaire de son écharpe ; le citoyen Pégnon, un des plus chauds républicains d'alors, dont les excès avaient dépassé la mesure, fut même poursuivi par voie juridique.

(1) Il était au nombre des 209 malheureux qui furent si impitoyablement canonnés aux Brotteaux, à Lyon.

A la même époque, le président du district était M. Royet-Chapelon, homme d'une grande modération que tous les partis estimaient.

Le 4 décembre 1794, M. Maurice Prandière fut nommé maire de la ville. Ce ne fut que pour quelques jours; car le 13 janvier 1795, M. Peyret-Boucharlat était nommé à sa place; mais il n'accepta pas ces fonctions si délicates à une époque où la réconciliation entre les partis extrêmes était loin d'être complète.

La France respirait depuis la chute des tyrans; mais les passions politiques n'étaient pas calmées pour cela.

Le 1er ventôse an III (19 février 1795), le conseil municipal fut renouvelé, M. Chovet-Lachance fut élu maire. On entra dès lors résolument dans une nouvelle voie politique tout à fait opposée à celle qu'on avait suivie sous la Terreur.

Les portes des prisons avaient été ouvertes à un grand nombre de détenus qui vinrent au conseil municipal où on leur fit une ovation. Mais où l'on alla trop loin et où l'on fit de la mauvaise politique, ce fut en incarcérant à leur tour les terroristes les plus exaltés.

Quelques jours après, on décida de célébrer une fête funéraire à la mémoire de toutes les victimes de l'anarchie.

Le 3 messidor an III, la garde nationale, ayant à sa tête le représentant Bonnet en mission dans le département, se rendit à la salle des séances où se trouvaient déjà l'administration du district, la municipalité, le tribunal civil, le tribunal de commerce, les juges de paix et un grand nombre de citoyens. La musique de la garde nationale exécuta plusieurs morceaux et le citoyen Chovet prononça l'éloge funèbre du citoyen Praire, ci-devant maire, et des autres citoyens victimes de la Terreur.

On plaça au-dessus de la tribune une couronne civique avec cette inscription :

LA COMMUNE DE SAINT-ÉTIENNE RECONNAISSANTE
AU MAIRE PRAIRE ET AUX AUTRES CITOYENS
« MORTS COMME LUI VICTIMES DE LEUR DÉVOUEMENT. »

Malheureusement la réaction va bientôt se faire sentir ; à côté d'actes de justice tels que l'exécution de Javogues (le Néron du Forez), guillotiné à Paris, et la mort tragique de l'ancien maire Johannot (1), il y eut des excès sanglants, et la justice aveugle du peuple frappa des innocents.

Dans la nuit du 4 juin, une foule en fureur envahit le couvent de Sainte-Marie, alors transformé en prison ; elle délivra quelques uns des prisonniers, tandis que les autres, au nombre de douze ou quinze, furent attachés et mis en route pour Feurs ; mais, arrivés dans le quartier du Treuil, l'escorte se mit à les massacrer impitoyablement.

Cela tendrait à prouver que la réaction, qui fut la conséquence fatale de la Révolution, aurait été au moins aussi redoutable qu'elle, si elle n'avait été arrêtée à temps ; car on n'y aurait pas même vu apparaître l'équivalent du tribunal révolutionnaire rendant des arrêts au moins pour la forme, c'eût été l'assouvissement de la colère, le massacre sans phrases.

L'émotion fut grande en ville quand, le lendemain, on apprit ces tristes événements ; la crainte de voir se renouveler de semblables représailles rendit les esprits inquiets. Les représentants du peuple, Bonnet et Patrin, donnèrent l'ordre de poursuivre les auteurs ; mais l'instruction de ce procès dura

(1) Arrêté à Saint-Etienne, il fut tué d'un coup de pistolet parti de la foule pendant qu'on le conduisait en prison.

jusqu'au mois de juillet 1799, époque à laquelle le tribunal de Privas, devant lequel l'affaire avait été portée, acquitta tous les prévenus.

Le calme ne tarda pas à revenir; la constitution de l'an III avait été proclamée avec ses deux assemblées, le conseil des Cinq Cents et celui des Anciens.

Les électeurs choisis dans les assemblées primaires élurent, pour les représenter, MM. Chovet-Lachance et Beraud. Selon l'expression consacrée, les mœurs commençaient à s'adoucir à Saint-Etienne, comme dans le reste de la France.

Le conseil municipal de la ville, sur la demande des habitants, rendit l'église au culte après avoir fait enlever les forges qu'on y avait installées.

L'administration municipale reçut, au mois de février 1796, une nouvelle forme, M. Sauvage en devint président en remplacement du maire Chovet-Lachance. En 1797, deux autres présidents se succédèrent coup sur coup, MM. Misson et Neyron.

Les deux partis prenaient tour à tour le dessus, suivant les nouvelles qui arrivaient de Paris, jusqu'au 18 fructidor où les royalistes durent céder définitivement la place aux républicains.

Au mois de novembre 1797, l'administration reçut M. Bonnand comme président, MM. Serre, Brunon, Chazotte furent nommés conseillers municipaux et le médecin Ricateau, agent national.

Si nous citons le nom des membres de cette nouvelle administration, c'est pour dire qu'elle fut loin d'être populaire; il y eut même quelques troubles à Saint-Etienne qui fut déclaré en état de siège au mois de mars 1798.

Au mois de septembre de la même année, M. Serre fut nommé président et après lui, MM. Jannin et Lardon. Cela nous mène jusqu'au 18 brumaire an VIII (9 novembre 1799), époque à laquelle Bonaparte, en mettant la main sur la République, va changer les destinées de la France.

Pendant la période révolutionnaire, toutes les industries, sauf la fabrication des armes, furent à peu près suspendues à Saint-Etienne. Les représentants que la Convention y avait envoyés, pour activer la production des armes si nécessaires alors à nos armées en détresse, avaient enrolé tous les ouvriers valides, sans distinction de profession, pour pourvoir à cette fabrication pressante. On adopta même un modèle de fusil plus facile à établir, on l'appela le n° premier. Ce qu'il fallait avant tout dans un pareil moment, c'était la quantité.

Dans l'espace de dix-huit mois on expédia de Saint-Etienne, pour armer nos soldats à la frontière, 170,858 fusils, 13,219 paires de pistolets et une quantité proportionnelle d'armes blanches de toutes sortes.

Nous devons dire, avant de finir ce chapitre, que cette période de la Révolution ne fut pas favorable au développement de la population dans la ville de Saint-Etienne. Le recensement, fait en 1790, donna seulement 27,209 habitants, un peu moins qu'en 1669; pendant l'année 1792 et les suivantes, cette population décrût assez sensiblement encore; ce n'est qu'en 1704 que ce chiffre remonta à peu près à ce qu'il était en 1669.

CHAPITRE VII

HISTOIRE GÉNÉRALE DE LA VILLE PENDANT LA PREMIÈRE MOITIÉ DU XIXe SIÈCLE

L'histoire de Saint-Etienne pendant le siècle où nous vivons est sans contredit beaucoup plus difficile à présenter au lecteur que tout ce qui précède.

Pour être sûr de rester impartial, nous éviterons d'émettre un avis personnel toutes les fois qu'il s'agira d'événements politiques touchant encore à notre époque.

Nous exposerons aussi simplement que possible les faits appartenant à l'histoire, laissant à chacun le soin de les apprécier et d'en tirer tels enseignements qu'il convient, étant de ceux qui restent persuadés qu'il est inutile de chercher à faire l'opinion des autres en pareille matière et qu'il est encore plus vain de prétendre leur imposer sa manière de voir.

Au commencement du siècle, le commerce et l'industrie avaient été paralysés par les guerres étrangères autant que par les luttes et les massacres intérieurs qui avaient marqué la période révolutionnaire. Bonaparte qu'on a appelé quelquefois l'homme providentiel, à l'encontre de ce souverain qui le qualifiait irrévérencieusement, il y a quelques jours seulement, de parvenu corse, Bonaparte va prendre d'une main ferme les rênes du gouvernement.

En dominant tous les partis, il les apaisera tous et fera renaître le calme et la confiance, si nécessaires à la prospérité d'un grand peuple.

Les traités de paix avec les puissances étrangères, qui sont peut-être, après la création des codes, ce qu'il a fait de plus grand dans sa vie, donnèrent au commerce, et surtout à l'industrie, une extension considérable.

Saint-Etienne fut une des villes où l'on se ressentit le plus de ce réveil de la Nation. La préparation des grandes armées, avec lesquelles le nouveau maître rêvait déjà de conquérir le monde, fut cause que la fabrication des armes de guerre se maintint pendant longtemps à un chiffre très élevé ; les autres industries, surtout celle des rubans, reprirent en même temps, pour le dépasser bientôt, le degré d'importance qu'elles avaient eu avant la Révolution.

A la création de l'administration préfectorale, M. Imbert, ancien membre du conseil des Cinq cents avait été nommé préfet de la Loire, le 11 ventôse an III, et installé à Montbrison, alors chef-lieu de ce département (1). On aménagea, pour en faire les appartements et les bureaux, l'ancien couvent de l'Oratoire ; c'est encore là que se trouve la sous-préfecture actuelle.

(1) On doit à M. Imbert d'avoir fait publier des tables de comparaison entre les anciennes mesures en usage dans le département de la Loire et les nouvelles mesures du système métrique. Ce travail, qui n'avait pas tout d'abord été fait avec une grande perfection, fut repris plus tard par M. Godefin, géomètre en chef du cadastre. On doit également à M. Godefin, qui dans la suite devint agent voyer, la publication d'une carte du département de la Loire, assez bonne pour l'époque, mais n'ayant plus la moindre valeur à côté de ce qui s'est fait depuis.

M. de Sauzéa, également un des Cinq cents, fut nommé à la sous-préfecture de Saint-Etienne. Un décret avait, à la même époque, rétabli le tribunal civil de l'arrondissement.

Lorsque Bonaparte se fit proclamer Empereur, Saint-Etienne accueillit la nouvelle avec enthousiasme. M. Jourjon-Robert, commandant de la garde nationale, fut délégué par la Ville pour assister au couronnement.

M. Fyard, ancien officier d'artillerie, très sympathique à la population, fut nommé maire de Saint-Etienne. Il remplit ces délicates fonctions avec beaucoup de tact et de dévouement, et entreprit de mettre un peu d'ordre dans les finances de la ville. Il y en avait besoin, car elles n'étaient pas très brillantes à cette époque. Il résulte, en effet, d'une statistique faite en 1803, que les revenus de la ville, y compris la perception des droits d'octroi, s'élevaient à 48,202 fr., les dépenses avaient été de 53,000 fr., ce qui faisait un déficit de 4,798 fr.

Nous pouvons mettre en regard de ces chiffres le budget de la ville du 15 septembre 1789, jusqu'au 17 septembre 1791, c'est-à-dire pendant une période de deux ans et deux mois. Les recettes s'étaient élevées, en y comprenant toujours l'octroi, à 57,076^{l} 15^{s} 11^{d}, tandis que les dépenses avaient été de 56,613^{l} 8^{s} 1^{d}. En chiffres ronds, ces revenus et ces dépenses avaient doublé en l'espace de dix ans.

Quant aux recettes provenant uniquement de l'octroi, et comprises dans les chiffres précédents, elles s'élevaient, en 1803, à la somme de 27,675 fr., tandis que, dans la période de deux années plus deux mois, dont nous avons précédemment parlé, elles s'étaient élevées au chiffre de 41,446^{l} 18^{s} 5^{d}. L'augmentation est encore approximativement du double.

Le chiffre de la population, qui avait naturellement décru pendant la Révolution, s'était relevé depuis et était remonté à peu près au même point qu'en 1789.

Au commencement du siècle, on avait créé les paroisses de Saint-Ennemond et de Sainte-Marie, à cause de l'acroissement de la ville. A cette même époque, les Frères des Ecoles chrétiennes ouvraient plusieurs écoles, et la fondation d'un collège communal était autorisée par décret du 23 mai 1806. L'année précédente, en 1805, on avait créé à Saint-Etienne une chambre consultative des manufactures, dont les attributions étaient d'éclairer le gouvernement sur les intérêts industriels de la localité. C'est le rôle de la Chambre de commerce actuelle.

Le maire Fyard fit construire tout un réseau d'égouts, ce qui ne contribua pas peu à assainir les anciens quartiers; Saint-Etienne est, avec Paris, une des premières villes de France qui aient joui de cet avantage.

Par sa bonne et sage administration, ce maire, tout dévoué aux intérêts de la ville, a laissé des traces sérieuses de son passage à la tête de la municipalité. Il mourut le 25 février 1807, et les hommages publics qui furent rendus à sa mémoire, prouvent à quel point il était sympathique à la population et combien il fut regretté de tous.

Son successeur fut M. François Jourjon-Robert, qui devint aussi très populaire comme maire.

En 1808, il fit transférer la mairie dans une maison de la rue de Roanne, qui appartenait à la ville et où se trouvaient déjà installés les bureaux de la sous-préfecture.

L'administration de ce maire fut, comme celle de son prédécesseur, très favorable au développement de la ville; on lui doit la création du service de la voirie et l'organisation de la compagnie des sapeurs-pompiers (gardes-pompiers). Il fit établir la canalisation souterraine du Furan sur plusieurs points.

C'est sous son administration que l'on fit construire une

salle de spectacle à Saint Etienne; jusqu'alors, il n'y avait eu que le malheureux théâtre en planches, déjà mentionné au cours de cet ouvrage.

Le premier journal stéphanois date de cette époque : c'était une assez pauvre publication hebdomadaire, dirigée par l'avocat Berger. Ce premier publiciste ne fit pas ses affaires; sa feuille tomba et l'imprimeur, patronné par le maire, le sieur Boyer, dont nous avons déjà parlé, prit sa suite en publiant simplement une feuille d'annonces sous le titre de *Journal de l'arrondissement de Saint-Etienne.*

C'est vers la même époque que le préfet de la Loire, M. Ducolombier fit publier, à Montbrison, l'*Annuaire du département de la Loire*, qui paraît encore de nos jours et a seulement changé de format depuis 1857, tout en contenant, comme par le passé, de précieux renseignements sur la statistique commerciale et industrielle de Saint-Etienne.

En 1810, M. Antoine Neyron, fut appelé de *nouveau* à remplir les fonctions de maire; c'est sous son administration que fut organisé le conseil des Prud'hommes.

Au mois d'août 1813, M. Antoine Pascal fut nommé maire de la ville. Il montra beaucoup de zèle dans son administration; mais il arrivait dans un très mauvais moment. A la suite des désastres de l'Empire, toutes les industries étaient tombées en détresse et Saint-Etienne était redevenu une grande fabrique d'armes; cette année fut marquée par une affreuse misère et la cherté des vivres devint extrême.

Nous arrivons à l'année 1814; le sol français est foulé par les armées étrangères; Saint-Etienne n'échappe pas à l'invasion. Un corps de 5,000 hommes, sous les ordres du prince Ferdinand de Saxe-Cobourg, fut détaché de l'armée autrichienne qui occupait Lyon. Son objectif principal était la manufacture d'armes dont les envahisseurs voulaient arrêter le fonctionnement.

Les troupes qui occupaient la ville à ce moment comprenaient un corps de l'armée des Alpes, quelques officiers d'artillerie, employés à la manufacture, et les gendarmes. Voyant qu'il était impossible de résister dans une ville complètement ouverte; car il y avait beau temps, que les anciens murs avaient disparu, il fut décidé qu'on se replierait sur la Haute-Loire et le Puy-de-Dôme.

Le 21 mars 1814, les alliés firent leur entrée dans la ville silencieuse. Le général autrichien s'était fait précéder d'une proclamation promettant de faire respecter les personnes et les propriétés, sous la condition expresse que les habitants resteraient calmes. Dans les circonstances où l'on se trouvait, les Stéphanois n'avaient pas autre chose à faire. La garde nationale dut déposer les armes. Il n'y eut d'exception que pour la compagnie des grenadiers.

Le prince déclara hautement que c'était pour rendre hommage au bon esprit de cette troupe qu'il lui laissait ses armes. Je pense bien plutôt que c'était pour la charger de maintenir l'ordre, si la chose devenait nécessaire, avec une population ouvrière inoccupée pour le moment, mais qui, sans aucun doute, serait devenue héroïque au cas où une lutte se serait engagée avec des soldats étrangers, quand bien même ceux-ci auraient déclaré ne vouloir que le maintien de l'ordre. Cette simple compagnie de gardes nationaux armés pouvait, le cas échéant, maintenir la tranquillité dans la ville bien mieux que plusieurs milliers de soldats autrichiens.

Ce n'était donc là qu'une mesure très habile dissimulée sous un acte de générosité courtoise.

Le 27 mars, à la nouvelle qu'un corps de troupes françaises s'avançait sur Saint-Etienne, après avoir passé le Rhône, à

Annonay, le prince de Saxe-Cobourg, donna l'ordre d'évacuer sur Lyon (1) les approvisionnements de la manufacture en canons de fusils et en pièces d'armes de toutes sortes; les bois de fusils furent brûlés sur place. A part cet acte, qu'on peut admettre parmi les rigueurs nécessaires que comporte la guerre, on n'eut pas à se plaindre du prince, qui sut faire respecter les personnes et la propriété et empêcher toute espèce d'abus de la part de ses soldats, qu'il maintint par une discipline sévère.

Le 8 avril, à l'entrée des troupes alliées à Paris, on rappelait en France l'ancienne dynastie des Bourbons; Saint-Etienne, comme le reste de la France, salua par des fêtes le retour de la paix et la fin du régime impérial qui, après avoir élevé si haut le nom français, avait amené pour le pays tant de calamités.

Les Autrichiens évacuèrent la ville le 20 avril.

Dès lors, toutes les industries reprirent avec une activité d'autant plus grande que leur essort avait été arrêté plus brusquement par les malheureux événements dont nous venons de parler.

La rubanerie surtout prit, à cette époque, un très grand développement.

A l'avènement de Louis XVIII, le préfet, comte Rambuteau, qui venait de succéder à M. Holvoët, fut maintenu en fonctions. M. Chovet-Lachance demeura aussi représentant du peuple au Corps législatif, où il avait été nommé depuis 1805.

Le 23 septembre, Charles X vint visiter Saint-Etienne. Les habitants lui firent une réception magnifique; on cite la dépense de 27,000 fr. qu'occasionnèrent la décoration de la ville et toutes les fêtes données à cette occasion.

(1) Lyon était un des centres importants occupés par les armées alliées. Le prince de Schwartzember et le maréchal Bubna y avaient leurs portions principales.

On semblait rentré dans une nouvelle voie de prospérité quand le retour de Napoléon de l'île d'Elbe vint brusquement changer la face des choses ; c'est la guerre qui recommence ; il faut encore une fois abandonner, à Saint-Etienne, toutes les autres industries, pour ne plus fabriquer que des armes. Bientôt après, ce sera Waterloo, suivi de la seconde invasion.

La ville de Saint-Etienne eut à payer plusieurs contributions de guerre et resta en état de siège pendant tout un mois (1).

Aux élections du 17 août 1815, c'est M. Dugas de Varenne qui fut désigné pour aller siéger à la chambre introuvable. M. Pascal avait repris les fonctions de maire, dont il s'était fort bien acquitté ; c'était un homme modéré qui sut retenir les esprits sur la pente de la réaction, et l'on n'eut pas à craindre ici la terreur blanche, comme en d'autres endroits.

Les diverses industries avaient repris une nouvelle activité, comme cela arrive après toute crise d'une certaine gravité.

L'année suivante, 1816, vit la création de l'Ecole des Mineurs de Saint-Etienne, destinée à remplacer les deux *Ecoles pratiques des Mines* établies par un arrêté du 3 pluviôse an X, à Geislautern (Bavière Rhénane) et à Pesey (Savoie). Les traités de 1815 nous ayant enlevé ces parties de notre territoire, aucune autre ville de France ne convenait mieux à cette fondation que Saint-Etienne, situé au centre du riche bassin houiller de la Loire.

Quatre mois après cette création, le 4 décembre 1816, une ordonnance royale rétablissait bien à Paris, l'Ecole royale des Mines, qui avait été primitivement instituée en 1783 et supprimée à l'époque de la tourmente révolutionnaire, mais

(1) Du 31 juillet au 31 août 1815.

cette école théorique, comme on l'appelait, était loin d'être pratique; elle ne devait pas vivre davantage la seconde fois que la première. C'est seulement le 9 février 1818, après deux ans de tatonnements, que fonctionna définitivement l'Ecole de Saint-Etienne. Le célèbre ingénieur Baunier en fut, le premier, nommé directeur. On ne tarda pas à obtenir de brillants résultats sous cette habile direction. Cette école avait été créée, au début, pour former de bons maîtres mineurs; il en sortit des ingénieurs remarquables et même des savants; on cite, comme élèves des premières années, le chimiste Boussingaut, Fourneyron, l'inventeur des turbines, et tant d'autres ingénieurs qui ont laissé un nom. Au début, on n'exigeait cependant, pour l'admission, que « les connaissances qu'on acquiert dans les écoles primaires, » ainsi qu'il est dit dans le règlement établi lors de l'organisation. Depuis, les choses ont bien changé; les programmes d'admission sont devenus de plus en plus étendus, et aujourd'hui, il faut avoir fait de fortes études pour être reçu à l'Ecole des mines. Disons encore qu'au début, l'installation eut lieu dans une simple maison louée par l'administration; ce n'est que plus tard, comme nous le verrons, que les collections furent transportées dans le vaste château de Chantegrillet, où l'on put commodément les installer.

Au mois de janvier 1817, M. Salichon avait succédé, comme maire, à M. Pascal. C'est lui qui entama les pourparlers avec la Chancellerie pour obtenir la reconnaissance définitive des armoiries de la ville. Sous l'Empire, en 1813, on avait proposé un blason aux armes parlantes, où il entrait deux fusils. Nous reproduisons dans notre gravure les deux modèles n° 1 et n° 2 qui accompagnaient ce projet, qui fut heureusement rejeté. On laissa à la ville ses véritables armoiries.

Cependant, en 1817, la Chancellerie voulait lui attribuer un blason formé d'un chevron d'argent et d'une billette de sinople sur fond noir, dont on aurait retrouvé, paraît-il, le titre de concession daté de 1696. Il y eut de nouveaux pourparlers en 1821 ; à cette époque, il était toujours question, à la Chancellerie, de ne reconnaître que le chevron d'argent, et il ne fallut rien moins que la force de l'habitude, lassé que l'on était de part et d'autre de ne pouvoir s'entendre, pour que la ville pût conserver les armoiries qu'elle possède actuellement et qui doivent être les vraies, puisque trois documents anciens les consacrent avec quelques modifications dans le détail.

D'abord la grande croix élevée sur la place du Peuple, en 1590, et rétablie par les Jésuites, en 1711 ; à la base se trouve un cartouche sur lequel étaient sculptées les armes de la ville ; la couronne fermée, les palmes et les petites croix se distinguent parfaitement. On peut le voir sur le dessin que nous avons reproduit de cette belle croix.

Vient ensuite le tableau du vœu fait pendant la peste de 1629 et placé actuellement dans la Grand'Eglise. Il avait été peint en 1640 et restauré en 1737, à l'occasion du renouvellement du vœu par les Echevins. Ce tableau porte, dans un coin, les armoiries de la ville, celles qu'elle possédait sûrement à l'une des deux dates, 1640 ou 1737 ; quoiqu'il en soit, ce sont toujours les trois petites croix, les palmes et la couronne fermée.

En troisième lieu, nous citerons le texte de Beneyton, qui est formel : « Le fond bleu ou d'azur, trois croix d'argent, deux palmes posées en sautoir et la couronne d'or. » Il ajoute pour la couronne « entourée du collier de saint Jacques ». Ce collier est certainement un effet d'imagination de l'auteur, une allusion au pélerinage de saint Jacques de Compostelle,

ARMOIRIES

Attribuées par erreur à la ville de Saint-Étienne, dans l'*Armorial général* (édit. de 1696).

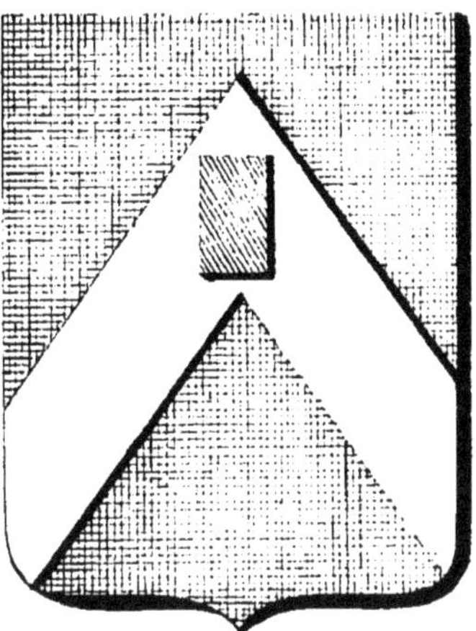

De sable à un chevron d'argent, chargé d'une billette de Sinople.

ANCIENNES ARMOIRIES DE LA VILLE

Définitivement adoptées après 1821.

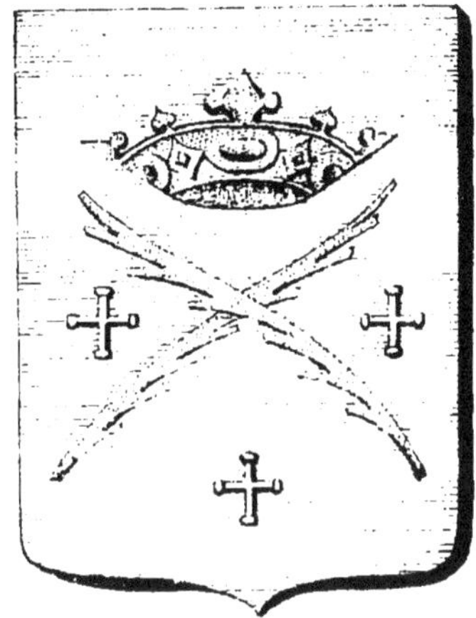

D'azur à deux palmes d'or en sautoir cantonnées d'une couronne royale du même en chef et de trois croix d'argent, une à dextre, une à senestre, et la troisième en pointe.

ARMOIRIES PROPOSÉES EN 1813

(Projet n° 1).

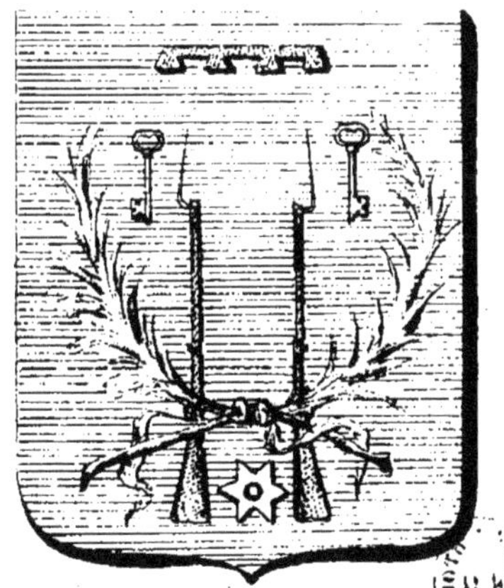

D'azur à deux fusils d'or adossés en pal, accosté de deux clefs d'argent aussi adossées, surmontés d'un lambel d'or à quatre pendants soutenus d'une molette d'argent aux deux palmes du même en sautoir, brochant sur le tout.

ARMOIRIES PROPOSÉES EN 1813

(Projet n° 2).

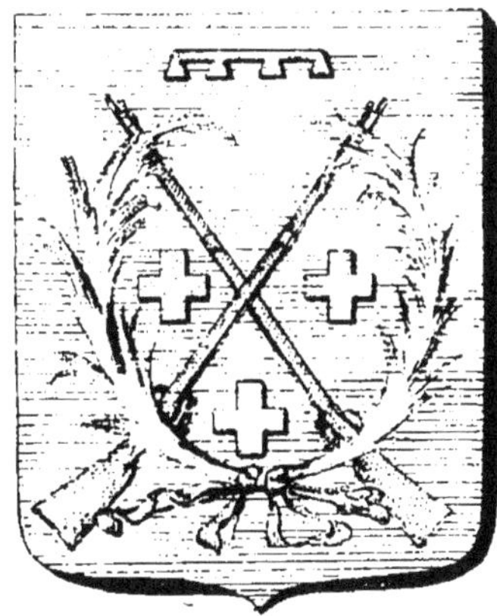

D'azur à deux fusils d'or en sautoir, accompagnés d'un lambel à quatre pendants en chef et de trois croix du même, aux deux palmes d'argent feuillées d'or, liées de gueules et brochant sur le tout.

Phototypie *Bellotti*

ARMES DE LA VILLE DE SAINT-ÉTIENNE

A DIFFÉRENTES ÉPOQUES

si couru à l'époque. Il existait d'ailleurs, dans la ville, une confrérie de Saint-Jacques.

En 1818, on fit la grande artère qui forme, dans l'intérieur de la ville, la route de Roanne au Rhône. Cette percée était projetée depuis longtemps, puisqu'une loi du 12 mai 1806 prescrivait l'exécution des travaux nécessaires pour arriver à la création de cette grande voie.

Le 1er novembre 1819, M. Hippolyte Royet fut nommé maire. Le préfet du département de la Loire était, à la même époque, M. Tassin de Nonneville.

Nous sommes arrivés à une époque remarquable de l'histoire de Saint-Etienne; toutes ses industries acquièrent à la fois un développement considérable, toutes font subitement des progrès hors de pair avec ceux qu'elles avaient réalisés jusqu'alors (1).

L'extraction de la houille avait pris, vers 1820, un immense développement, et chaque jour la production augmentait encore. Ces faits ressortent très nettement d'un travail de statistique publié en 1891, par la Chambre de commerce (2); on y trouve que la production atteignait, en 1812, le chiffre de 105,026 tonnes pour le bassin de Saint-Etienne; en 1830, elle arrivait au chiffre de 221,000 tonnes, un peu plus du double, comme on le voit.

(1) On pourra voir tous ces faits en détail dans les derniers chapitres de ce livre, uniquement consacré aux industries stéphanoises, nous ne parlerons donc à cette place, qu'à grands traits, de l'extension que prirent subitement, à cette époque, toutes les industries de la région.

(2) Ce travail forme un petit volume de 168 pages intitulé : *La Chambre de commerce de Saint-Etienne et les industries de sa circonscription.* Cet ouvrage a été rédigé par M. Lucien Thiollier, dans un style net et concis ; il renferme un grand nombre de renseignements précieux pour l'histoire des industries; nous y avons puisé quelques documents absolument sûrs et nous remercions l'Auteur de les avoir présentés d'une manière si compréhensible et si claire; il a ainsi singulièrement facilité notre travail.

Des hommes éminents, qui pourront compter au nombre des gloires industrielles de la France, les Jakson, les de Gallois, les Thiollière et d'autres encore, faisaient faire, vers la même époque, d'immenses progrès à la fabrication du fer et des aciers que l'on commença à traiter en France par les procédés anglais.

C'est l'époque où la vapeur reçoit, d'une manière efficace, ses premières applications industrielles, en France comme ailleurs, à la suite des perfectionnements considérables apportés à la construction des machines par l'ingénieur anglais James Watt. C'est aussi le moment de l'établissement des premiers chemins de fer.

Saint-Etienne est la première ville de France qui ait commencé la construction d'une voie ferrée. Tout s'enchaîne dans les faits qui sont la conséquence du développement de l'activité humaine ; c'est le besoin de déverser au dehors le trop plein des produits de son extraction houillère qui fit entreprendre à Saint-Etienne la construction de ce premier chemin de fer, dont M. Beaunier avait eu l'idée, depuis 1816. M. de Gallois publiait, en 1817, dans les *Annales des Mines*, un mémoire où il exposait tous les avantages que l'on pouvait tirer de ce nouveau moyen de transport. Le premier chemin de fer devait aller de Saint-Etienne à la Loire, au pont d'Andrézieux ; mais, dans ce temps, il y avait loin de la conception à la réalisation. La concession, demandée en 1820, avait été accordée en 1823 ; et ce ne fut qu'à la fin de l'année 1827 que la ligne fut ouverte à la circulation, pour le transport des marchandises seulement.

Nous étudierons, dans un chapitre spécial, les développements successifs de l'admirable réseau qui dessert aujourd'hui la ville de Saint-Etienne.

Vers 1820, date remarquable, je le répète, pour l'histoire

de Saint-Etienne, la fabrication des rubans s'accrut aussi dans une énorme proportion; l'Amérique et l'Allemagne firent des commandes considérables de ces articles dans notre ville.

En 1827, on construisit à Saint-Etienne, sur l'emplacement de l'ancienne église des Pénitents, un vaste bâtiment pour la Bourse de commerce, créée en 1802, et pour la Condition unique des soies, créée par décret du 15 janvier 1808 (1).

Cette période de prospérité durait toujours, lorsque survinrent les événements de 1830. Il y eut un moment d'anxiété dans la ville à la nouvelle de la publication des Ordonnances; mais les esprits n'étaient pas à la révolution dans cette cité laborieuse. On signale cependant l'opposition faite par le journal *Le Mercure Ségusien*; bien qu'un arrêté du préfet en eût interdit la publication, son propriétaire fit barricader les portes de l'imprimerie et continua le tirage, dont il fit distribuer plus de 10,000 exemplaires en trois jours (2). Mais les Stéphanois, qui n'aimaient par les émeutes par tempérament, s'abstinrent de toute manifestation bruyante.

La garde nationale se forma spontanément : 2,000 citoyens reçurent des armes et vinrent se mettre sous les ordres du

(1) Le bureau de la condition des soies est régi, à Saint-Etienne, sous la surveillance de la Chambre de commerce, par un directeur nommé par elle.

(2) Il faut considérer ce chiffre comme énorme pour l'époque, bien qu'il ne soit plus en rapport avec celui des tirages que font les feuilles politiques de nos jours. Mais alors on se passait un journal de main en main. N'est-ce pas ainsi que quelques années auparavant les pamphlets de Paul-Louis Courier avaient fait leur chemin dans la France entière, un chemin immense, semblable à celui qu'Henri Rochefort fera faire aux idées républicaines, à la fin du Second Empire, avec sa *Lanterne*.

Je ne doute pas que ce soit à la suite de ces leçons de l'histoire qu'on ait reconnu en France la nécessité d'accorder la liberté de la presse. C'est le torrent que l'on veut endiguer ; quel que soit l'obstacle qu'on entasse devant ses flots, il le surmonte pour suivre son cours, plus violent et plus impétueux que jamais.

général Waldec-Boudinhon, décidés qu'ils étaient à maintenir l'ordre, si quelques meneurs cherchaient à troubler la paix publique.

A la nouvelle des événements survenus à Paris dans les journées des 27, 28 et 29 juillet, les Stéphanois adhérèrent franchement au nouvel ordre de choses. Le drapeau tricolore présenté au peuple au balcon de l'Hôtel-de-Ville, le 31 juillet, fut acclamé par la foule.

Le 15 août, on fêta, à Saint-Etienne, l'avènement au trône de Louis-Philippe; on était trop heureux, de reprendre les affaires que les événements politiques avaient suspendues un moment.

La rubanerie seule chôma quelque temps; on dut même occuper les ouvriers dont c'était la partie, et qui n'avaient pu trouver à s'occuper dans les autres industries, à des travaux de terrassement. Heureusement que cette crise ne fut pas de longue durée.

Nous devons signaler une catastrophe qui se produisit, le 2 février 1832, dans la houillère du Bois-Monzil, à la suite de l'inondation d'une galerie. Il n'y eut que huit victimes; les autres ouvriers furent retirés encore vivants, grâce au dévouement de leurs camarades qui travaillèrent au sauvetage pendant 136 heures de suite, dit M. Eugène Bonnefous dans son *Histoire de Saint-Etienne*, publiée en 1851.

Le 3 mars 1832 eut lieu un commencement d'émeute, à la suite de l'installation, au quartier des Rives, d'une usine à vapeur pour la confection des canons de fusils au laminoir. L'ordre fut heureusement vite rétabli.

Cette même année 1832, M. Peyret-Lallier succéda, comme maire, à M. Hippolyte Royet. La ville dut à son nouveau maire de nombreux embellissements, ainsi que la création de plusieurs établissements utiles.

En 1833, on installa, dans un local de l'Hôtel de Ville, la Bibliothèque (1) et le Musée.

Les origines de l'importante Bibliothèque de la ville sont fort modestes. Son premier fonds provenait des livres enlevés aux couvents, pendant la Révolution, et devenus propriétés communales. Quelques ouvrages portent encore des *ex libris* manuscrits qui décèlent cette première origine; les uns proviennent du couvent des Minimes, les autres de celui des Capucins. Quelques autres encore proviennent de l'ancienne bibliothèque de la Société des Prêtres de Saint-Etienne.

Les origines du Musée sont tout aussi modestes : la Ville fit, le 16 août 1833, l'acquisition d'une collection de minéraux, de coquillages, de médailles et objets d'art, formée par M. Edouard Eyssautier. Nous suivrons les développements successifs de ces deux beaux établissements publics, dont la ville peut être fière, dans le dernier chapitre de cet ouvrage spécialement consacré aux Sciences, aux Lettres et aux Arts.

Cette même année 1833, par ordonnances royales du 10 mars et du 1er avril, fut créée la Chambre de Commerce de Saint-Etienne, destinée à remplacer la Chambre des Arts et Manufactures, instituée par arrêté du 12 germinal an XII. Les débuts de cette nouvelle institution, qui a pris tant d'importance aujourd'hui, ont été modestes aussi; ses réunions avaient lieu dans un bureau de la mairie, dont

(1) M. J.-B. Galley, ancien conservateur de la Bibliothèque de la Ville, qui a laissé trace de son passage à la direction de cet établissement par la publication du premier volume du Catalogue, donne, dans l'introduction de cet ouvrage, publié en 1885, la date précise du 29 décembre 1831, à laquelle on peut considérer la Bibliothèque comme fonctionnant définitivement au moins pour les savants, puisqu'un décret de ce jour investissait M. Brun, libraire de la Ville, du titre de bibliothécaire. Ce ne fut, cependant, que le 1er janvier 1843 que la Bibliothèque de la Ville fut ouverte pour la première fois au public.

le secrétaire remplissait les mêmes fonctions à la Chambre de Commerce.

L'année 1834 fut marquée par quelques désordres, les ouvriers menacèrent les patrons de faire des grèves; mais l'entente se fit bientôt. Dans cette même année 1834, les produits de l'industrie stéphanoise obtinrent un légitime succès, à l'Exposition industrielle qui eut lieu à Paris.

Signalons aussi l'ouverture de la première salle d'asile, création si nécessaire dans une ville où la population ouvrière forme la majorité des habitants. Il y eut, malheureusement, cette même année, un nouveau débordement du Furan qui causa des ravages considérables dans certains quartiers.

Vers la même époque, un conseiller municipal, M. Jovin-Bouchard, entrepreneur de la Manufacture d'armes, fit à la Ville un legs de 500.000 francs, et M. Jules Renaud, habile ingénieur, fit les travaux d'aménagement nécessaires pour l'éclairage au gaz de la ville de Saint-Etienne.

En 1836, la population s'élevait à 61.114 habitants, et les droits d'octroi rapportaient 461.039 francs à la ville. Il y a loin de ces chiffres à ceux que nous avons donnés pour le commencement du siècle. Ils permettront au lecteur de juger de l'importance que Saint-Etienne prenait de jour en jour. C'est à cette époque qu'on y créa une succursale de la Banque de France; dès l'année suivante, 1837, le chiffre de ses affaires s'élevaient à 11.099.161 fr., 05.

M. Deprandière fut nommé maire en 1837; sous son administration, la ville continua à s'embellir et à prospérer.

Au mois de septembre 1838, on fit, à Saint-Etienne, une exposition de tableaux de peintres stéphanois qui fut remarquable.

En septembre 1839, une de ces explosions de grisou qui,

malheureusement, devinrent si fréquentes dans la suite, coûta la vie à 25 mineurs.

Saint-Etienne n'avait eu, jusqu'alors, qu'un Collège Communal; en 1840, il fut érigé en Collège Royal; en même temps, de nouvelles salles d'asile étaient ouvertes dans différents quartiers de la ville.

A partir de là, rien de bien remarquable dans l'histoire de Saint-Etienne jusqu'en 1845, où a lieu la fusion des deux grandes associations houillères, la Compagnie des mines de la Loire et la Société des mines réunies de Saint-Etienne. Ce monopole fit subitement augmenter le prix des charbons; cela ouvrit les yeux aux industriels de la région qui cherchaient à se mettre en garde contre les gains exagérés, au profit des actionnaires, que pouvait entraîner cette puissante association. Le Conseil général de la Loire, le Conseil municipal et la Chambre de commerce de Saint-Etienne prirent des délibérations en ce sens; mais ce n'est que bien plus tard, en 1854, que les vœux émis alors devaient aboutir au groupement, en quatre sociétés anonymes, des différentes concessions du bassin houiller de la Loire.

Ce monopole eut alors une autre triste conséquence : les ouvriers mineurs se mirent en grève en 1846, et deux autres fois encore, très peu de temps après, en 1849 et en 1852.

Au mois de mars 1846, le sang coula; la troupe, chargée de maintenir l'ordre, fut assaillie à coups de pierres et dut faire usage de ses armes. Il y eut plusieurs victimes. Au commencement de ce même mois de mars, un grave accident était arrivé sur la ligne de Saint-Etienne à Lyon, qui avait déjà mis en deuil plusieurs familles de la ville. Au mois d'octobre, c'était une nouvelle inondation du Furan.

L'année 1847 se passa sans faits bien marquants; mais les

commencements de l'année suivante virent le renversement de la Monarchie de Juillet.

C'est au milieu du plus grand calme qu'on apprenait, à Saint-Etienne, par dépêche du 24 février 1848, l'abdication du Roi; une autre dépêche annonçait que le gouvernement républicain était constitué, et que la nation allait être appelée à lui donner sa sanction.

Le maire était alors M. Vignat-Chovet qui, par une sage proclamation, exhorta la foule au maintien de l'ordre et au respect des lois. Le drapeau rouge fut arboré à l'Hôtel-de-Ville, et la garde nationale immédiatement organisée.

Le 28 février, le maréchal de camp Siméon, commandant les forces militaires du département de la Loire, prêtait solennellement serment à la République sur les marches du perron de l'Hôtel de Ville et terminait sa prestation de serment par le cri de : Vive la République ! (1).

Naturellement l'industrie, qui était, comme de nos jours, la vie de Saint-Etienne, fut entravée par ces événements politiques; on en a la preuve dans ce fait qu'un arrêté du Tribunal et de la Chambre de commerce de Saint-Etienne suspendait toutes les échéances du 29 février au 15 mars.

A la suite d'une mauvaise interprétation, par les ouvriers, du droit que l'autorité avait concédé aux couvents de prendre du travail pour améliorer le sort des orphelins et des vieillards pauvres, ces ouvriers, ne voyant que la concurrence qui leur était faite, se livrèrent, dans les journées des 13, 14 et 15 avril, à des scènes de violence déplorables. Le couvent de la Reine fut dévasté par la foule qui se porta ensuite au Refuge où elle força les portes et incendia les métiers et les meubles. Une collision eut lieu entre la garde nationale et les émeutiers, plusieurs gardes nationaux furent grièvement blessés.

(1) Voir le *Mémorial judiciaire de la Loire* du 1er mars 1848.

Une tentative d'incendie eut également lieu à l'établissement de la Providence ; enfin, le sang coula aussi rue de l'Isle.

Le 9 avril, un arbre de la liberté fut planté sur la place Marengo.

Les élections, dont nous avons parlé plus haut, eurent lieu à Saint-Etienne au milieu du plus grand calme, le dimanche 22 avril. Le département de la Loire envoyait, pour sa part, 11 représentants à l'Assemblée nationale appartenant tous, sauf trois noms, au parti modéré.

Le 9 juin 1848, il y eut quelques tentatives de désordre à Saint-Etienne ; des rassemblements se formèrent, composés en grande partie d'ouvriers mineurs qui envahirent même plusieurs puits pour y empêcher le travail. La garde nationale et les dragons parvinrent cependant à maintenir l'ordre.

Une proclamation énergique du préfet, M. Sain, disait l'intention arrêtée où il était de faire respecter la liberté du travail ; plusieurs meneurs furent arrêtés et les esprits se calmèrent aussitôt.

La garde nationale qui avait été dissoute par arrêté du 23 mai, à la suite des funestes journées d'avril où on l'accusait de n'avoir pas fait tout le possible, fut réorganisée à la suite de sa belle conduite, pendant ces derniers événements. Un décret de la commission du Pouvoir exécutif, en date du 16 juin 1848, rapporta le premier arrêté prescrivant le licenciement.

Le 23 juin, Saint-Etienne resta calme en apprenant l'insurrection qui ensanglantait Paris. Le 26, à la nouvelle que le Pouvoir était maître de l'émeute, le Conseil municipal vota une adresse de félicitations à l'Assemblée nationale et à l'armée de Paris, pour le rétablissement de l'ordre. Tout le monde aspirait à la reprise des affaires, on attendait avec impatience les élections, pour la nomination du Président de la République. Je ne sais si les Stéphanois avaient un enthousiasme bien grand pour la candidature de Louis Bonaparte ; mais je lis dans l'*Avenir Républicain*, du 10 décembre 1848, un article de fond commençant ainsi : « Quelles sont les qualités de M. Louis Bonaparte ? La France n'en sait rien. Elle ne connaît de lui que ses prodigalités, ses extravagances, ses fautes ; nous parlons ici avec indulgence. »

Cependant, le jour des élections, Louis Napoléon eut 8,911 voix à Saint-Etienne, Cavaignac 4,079, Ledru-Rollin 2,709.

Plus tard, en 1852, au plébiscite du 21 novembre, lorsque la France fut consultée un peu pour la forme, à l'effet de savoir si l'Empire serait rétabli en faveur de Louis Bonaparte, Saint-Etienne se prononça par 10,595 oui et 705 non seulement.

Le 5 décembre, M. Quantin, alors maire de Saint-Etienne, annonçait par affiches l'avènement de l'Empereur Napoléon III, et fixait en même temps le programme des fêtes qui devaient avoir lieu dans la ville pour célébrer cet avènement : messe, cortège, proclamation solennelle de l'Empire, revue, salves d'artillerie, illuminations, rien ne devait manquer à la fête.

C'est par ces moyens qu'on crée l'enthousiasme dans les foules quand il n'existe pas.

CHAPITRE VIII

SUITE DES ÉVÉNEMENTS SURVENUS A SAINT-ÉTIENNE DEPUIS LE COMMENCEMENT DU SECOND EMPIRE JUSQU'A NOS JOURS

Nous entrons maintenant dans une période de tranquillité absolue qui va durer près de 20 ans. Il faut en convenir, c'est un peu le calme plat des jours trop chauds d'été où des mouvements d'orage passent dans l'air sans pouvoir éclater; mais la fin sera terrible, ce sera presque un cataclisme pour la France qui ne devra de se survivre qu'à sa puissante vitalité.

Depuis le coup d'Etat, jusqu'en 1869, l'histoire de Saint-Etienne est toute entière dans l'épanouissement de ses différentes industries, dans les accroissements de la ville et dans ses embellissements de toute sorte.

En 1852, le Conseil municipal avait décidé la construction d'un nouveau théâtre, plus en rapport avec le chiffre de la population. Lors de l'inauguration, il fut appelé Théâtre provisoire; mais comme rien ne dure en France comme le provisoire, il existe encore!

On peut juger du développement que prirent les différentes industries de Saint-Etienne durant ces vingt années, par les chiffres officiels que nous allons donner ; l'extraction de la houille doublait sa production ; en 1854, cette dernière était de 1,309,727 tonnes ; en 1870, elle s'élevait à 2,308,000 tonnes.

Un seul chiffre nous fera juger de l'importance que prend la rubanerie : en 1860, l'exportation des rubans en tous genres de fabrication stéphanoise s'éleva à 30,000,000 de francs.

L'armurerie de guerre devait naturellement recevoir un développement en rapport avec les besoins nécessités par les premières et brillantes campagnes qui illustrèrent les débuts du Second Empire.

La production annuelle était, en 1848, de 94,406 ; elle augmenta progressivement jusqu'en 1869, où elle atteignit le chiffre de 169,749.

En 1864, les anciennes installations des Rives et de la place Chavanelle, étant devenues insuffisantes, on décida la construction de la belle manufacture que nous possédons aujourd'hui, dans le quartier du Treuil. L'inauguration en eut lieu le 22 avril 1866.

Pendant le Second Empire, Saint-Etienne a eu successivement pour Maires : M. Quantin, de 1853 à 1855 ; M. Faure-Bellon, de 1855 à 1866 ; M. Buisson, de 1866 à 1867 ; enfin M. Charvet, de 1867 jusqu'en 1870.

La préfecture du département de la Loire, dont le siège était à Montbrison, fut transférée, en 1856, à Saint-Etienne. Quand cette translation eut lieu, elle était préparée et attendue depuis longtemps déjà. Je vois dans les journaux de l'époque, qu'il en était question dès le lendemain du Coup d'Etat. Les fonctionnaires qui ont occupé le poste de Préfet dans notre chef-lieu, sous le Second Empire, sont : M. Thuilier, du 22 mars 1856 au 14 décembre 1860 ; M. Mouzard-Sencier, du 14 décembre 1860 au 22 février 1866 ; M. Levert, du

22 février 1866 au 30 décembre de la même année; M. Castaing, du 30 décembre 1866 au 4 septembre 1870.

La question des eaux, si importante pour les grandes villes, fut résolue à cette époque et avec un plein succès pour Saint-Etienne. La construction d'un aqueduc, procura à la ville des eaux saines, fraîches et limpides; cet aqueduc allait chercher les eaux des montagnes, et les réunissait ensuite dans de vastes réservoirs souterrains, d'où elles étaient distribuées à la ville, pour remplacer les eaux des puits souvent rendues malsaines par le voisinage des mines. On fit mieux encore que de construire cet aqueduc : en 1856, M. Graëff, ingénieur en chef des ponts et chaussées, secondé par MM. Conte-Grandchamp et de Montgolfier, fit construire un énorme barrage sur le cours du Furan, au lieu dit le Gouffre-d'Enfer, à 2 kilomètres environ de Rochetaillée. Profitant d'un endroit où la rivière coule entre deux parois de rochers presque verticales, il fit établir une digue mesurant 56 mètres de hauteur sur 46 mètres de largeur à la base. On eut ainsi un immense réservoir pouvant contenir, dans les meilleures conditions hygiéniques, 1,600,000 mètres cubes d'eau. Plus tard, on établit au-dessus de ce dernier un autre réservoir appelé Pas-du-Riot et dont la contenance est de 1,300,000 mètres cubes.

L'inauguration du barrage de Rochetaillée eut lieu le 28 octobre 1866; ce fut une fête exceptionnelle. Le général Montauban, comte de Palikao, vint de Lyon pour présider à cette solennité; on lui fit une véritable ovation.

Une inscription relevée sur une des guirlandes qui ornaient le chemin le long de son passage, dans le trajet de la gare à l'Hôtel de Ville, portait ces mots :

AU VAINQUEUR DE LA CHINE
LA VILLE DE SAINT-ÉTIENNE.

Sur une autre on lisait :

LA CHINE OUVERTE PAR LE GÉNÉRAL COMTE DE PALIKAO
AU COMMERCE STÉPHANOIS.

Le général, au dire des témoins du fait, se montra très ému à ce touchant souvenir.

En 1867, lors de la grande Exposition, cet instant éphémère de gloire pacifique, qui aurait pu faire croire à la grandeur et à la stabilité du régime impérial, on vit les produits industriels de Saint-Etienne figurer en bonne place à côté des merveilles que la France et le monde entassèrent au Champ de Mars. Plusieurs grands prix furent décernés à des Stéphanois, pour la rubanerie, l'armurerie et la métallurgie.

L'année 1869, qui fut une année de malaise pour la France entière, vit s'accomplir à Saint-Etienne d'assez tristes événements.

Au commencement de juin, on apprenait dans la ville que des troubles avaient éclaté à Paris, à propos des élections législatives. Ils avaient été vite réprimés. Les premiers désordres avaient commencé le dimanche 6 juin, à l'occasion du second tour de scrutin; le 13, tout était rentré dans l'ordre.

Pendant que le calme se rétablissait dans la capitale, une grève générale des ouvriers mineurs éclatait à Saint-Etienne ; dès le 10 juin, les ouvriers quittaient en masse le travail des puits et le nombre des grévistes s'élevait bientôt à 15,000. Un journal de l'époque donnait une idée de l'importance de cette grève en calculant qu'après vingt jours, la perte de salaire pour l'ensemble des ouvriers devait s'élever à 1,200,000 fr. (1).

Nous allons exposer, dans l'ordre des faits, la suite des

(1) *Mémorial de la Loire* du jeudi 1er juillet 1869.

tristes événements qui se produisirent à Saint-Etienne pendant cette grande grève.

Des bandes de mineurs tentèrent d'empêcher la descente dans les puits des rares ouvriers qui avaient consenti à la continuation du travail, pour l'entretien des boisages et le fonctionnement des pompes d'épuisement. M. Castaing, préfet de la Loire, fit afficher dans la ville un arrêté du 13 juin, portant entre autres articles celui-ci : « Les plâtres des puits de mines seront incontinent préservés de toutes violences par la force armée. »

Des postes d'infanterie étaient établis en permanence à l'entrée des puits les plus importants.

Le 16 juin, une collision sanglante avait lieu, entre la troupe et les grévistes, aux portes mêmes de Saint-Etienne. Voici les faits reproduits aussi exactement que possible.

Trois compagnies du 4e de ligne, alors en garnison à Saint-Etienne, gardaient le puits de l'Ondaine, à la Ricamarie; elles rentraient en ville, après avoir été relevées par trois compagnies du 17e, venant directement de Vienne. Les trois compagnies du 4e de ligne, commandées par le capitaine Gausserand, ramenaient avec elles environ quarante mineurs que cet officier avait fait arrêter à cause de leur attitude provocante.

Pour éviter de traverser la ville dans cet appareil, le capitaine commandant le détachement avait résolu de passer par un chemin allant de la Ricamarie à Saint-Etienne, par la Béraudière, en coupant à travers champs. A hauteur du Brûlé, c'est-à-dire à peine sorti de la Ricamarie, le détachement est attaqué par une bande de grévistes, précédée par des femmes et des enfants. On jette des pierres à la troupe, les émeutiers tirent même des coups de pistolet; plusieurs soldats sont atteints. La troupe indignée fait feu sans même en avoir reçu l'ordre, et tente de se précipiter sur la foule à la baïonnette ; heureusement, le capitaine a conservé tout son sang froid ; il ordonne la sonnerie de *cessez le feu* et fait reprendre la marche à sa colonne.

Parmi les émeutiers, il y avait eu 11 morts et un certain nombre de blessés ; 15 soldats avaient reçu des blessures plus ou moins graves.

Naturellement, la manière de faire du capitaine Gausserand fut diversement interprétée. Le Conseil municipal voulait adresser au gouvernement une protestation contre la conduite des officiers et des soldats engagés dans l'affaire ; mais le maire, M. Charvet, eut le bon sens de s'y opposer et refusa énergiquement de signer un pareil acte.

L'exaspération fut grande pendant les quelques jours qui suivirent ces événements ; on envoya encore des troupes de renfort, un bataillon de Montbrison, deux de Lyon. Il y eut, dans la ville, jusqu'à neuf bataillons d'infanterie, chargés de maintenir l'ordre ; on leur adjoignit enfin une centaine de cavaliers que le préfet avait réclamés depuis longtemps.

Malgré cela, quelques désordres se produisirent encore au puits de Villebœuf, le 30 juin ; les émeutiers cherchèrent à éteindre les feux ; mais à l'apparition de la troupe, les perturbateurs s'éloignèrent dans différentes directions, et l'attroupement des curieux qui stationnaient devant le puits fut vivement dispersé.

Mais les grèves ne peuvent durer toujours. Dès le 6 juillet, un certain nombre d'ouvriers du bassin de Saint-Etienne reprenaient le travail des mines ; les jours suivants, la reprise s'accentuait, et devint bientôt générale.

Nous arrivons aux événements de 1870. Au plébiscite du 8 mai, la ville de Saint-Etienne avait répondu par 3,933 *oui* seulement contre 13,303 *non*. C'est dire que le régime impérial n'y était plus très en faveur.

La déclaration de guerre arrête naturellement toutes les industries, sauf celle de la fabrication des armes qui se poursuit avec une activité fébrile, en rapport avec les premiers événements.

Nous éviterons de retracer, même à grands traits, nos premiers désastres, si terribles et si imprévus; il faut bien l'avouer, leur souvenir nous fait encore baisser la tête et saigner le cœur. Aujourd'hui l'espérance est revenue; mais nous n'avons pas encore le droit d'être consolés.

Chassons ce cauchemar loin de nous, et revenons aux événements politiques qui vont se dérouler à Saint-Etienne. La nouvelle de la proclamation de la République arriva dans la ville le 4 septembre, vers 3 heures de l'après midi; à 6 heures, le Conseil municipal se transportait en corps à l'Hôtel de Ville et demandait un entretien au préfet et au général commandant la subdivision.

Un des conseillers, M. Tiblier-Verne, exposa au nom de ses collègues que c'était le devoir du Conseil municipal, produit direct de l'élection populaire, de veiller au maintien de l'ordre public et au respect des intérêts sociaux; en conséquence, les conseillers priaient le préfet et le général de les autoriser à siéger, en permanence, dans la salle ordinaire des délibérations, s'engageant à unir leurs efforts, à ceux de l'autorité administrative et de l'autorité militaire, pour sauvegarder la tranquillité de la ville.

Le maire, M. Charvet, ne tarda pas à être invité par le gouvernement à résilier ses fonctions, ce qu'il fit immédiatement sans la moindre objection.

Il emportait, d'ailleurs, l'estime de beaucoup de gens;

mais, nommé par l'Empereur, il n'était plus possible avec le nouvel ordre de choses.

M. Tiblier-Verne donna alors lecture à la foule, sur les marches du perron de l'Hôtel de Ville, de la proclamation de la République ; cette proclamation, signée des membres du Conseil municipal, fut, en outre, affichée sur les murs de la ville.

Le 6, M. César Bertholon fut nommé préfet de la Loire, en remplacement de M. Castaing, tandis que le Conseil municipal nommait M. Tiblier-Verne, maire provisoire.

En somme, aucun trouble ne se produisit à Saint-Etienne, à l'occasion de ce grave événement ; d'ailleurs, des mesures d'ordre avaient été prises par le général commandant la subdivision, et des postes de troupe avaient été établis au Collège Saint-Michel, à la Manufacture d'armes et à la Banque de France.

Toutes les industries avaient à peu près arrêté leurs travaux, sauf celle de la fabrication des armes de guerre, dont il avait fallu un si grand nombre, surtout après nos premiers désastres, pour la réorganisation des armées de la Loire, du Nord et de l'Est. Les chiffres vont nous fixer à ce sujet : en 1863, la fabrication des armes de guerre à Saint-Etienne avait été, comme nous l'avons dit, de 169,749; en 1870, ce chiffre s'élevait à 294,877 ; enfin en 1871, il atteignit 538,543. C'est presque le double et le triple de la fabrication des années précédentes.

Les événements nous entraînent ; nous arrivons à l'année terrible.

Comme partout en France, c'est au milieu d'une morne tristesse qu'on accueillit à Saint-Etienne la nouvelle de la capitulation de Paris, suivie bientôt de celle qui faisait connaître les conditions désastreuses que nous imposait l'Allemagne.

L'exaspération s'était emparée de bien des esprits, lorsque le 24 mars 1871, on apprit ici l'insurrection de Paris.

Le Conseil municipal veut aussitôt donner sa démission, motivée par ce fait : « Que s'inspirant de la gravité des événements et voulant maintenir l'ordre, il juge à propos de déposer son mandat. » Toutefois il déclare qu'il restera à son poste, en permanence, jusqu'à ce qu'il soit légalement remplacé.

L'agitation devenait extrême à mesure que l'on recevait les dépêches de Paris.

Le nouveau préfet, M. de l'Espée, qui venait d'être nommé par le gouvernement de la Défense nationale, arriva à Saint-Etienne, dans la nuit du 24 au 25 mars. Il trouva l'Hôtel de Ville occupé par des meneurs et le fit immédiatement évacuer, sous la protection des troupes d'infanterie et de deux escadrons de hussards qui prirent position sur la place, devant l'Hôtel de Ville.

Le 25, à 5 heures du soir, les gardes nationaux qui s'étaient massés depuis le matin sur la place, s'emparèrent de l'Hôtel de Ville après avoir tiré de nombreux coups de fusil qui, heureusement, n'atteignirent que deux ou trois personnes.

La Commune fut aussitôt proclamée et l'on s'empara de la personne de M. de l'Espée, qui fut enfermé dans une des chambres de l'Hôtel de Ville, sous la surveillance de deux gardiens.

Pendant la nuit, de 10 heures à 11 heures, plusieurs détonations se firent entendre; le nouveau préfet venait d'être fusillé à bout portant.

Deux versions, dont il a été impossible de contrôler la véracité, ont été faites à l'époque sur ce sinistre événement. Les uns disaient qu'il avait cherché à se débarrasser, avec son revolver, de ses gardiens, les nommés Fillon et Girodel trouvés, le lendemain matin, mourants aux côtés du malheureux préfet ; d'autres prétendaient que ces gardiens se seraient eux-mêmes blessés mortellement, en commettant leur crime. L'ivresse n'a peut-être pas été étrangère à cette scène (1).

Le dimanche matin 26 mars, de 6 à 8 heures, des mitrailleuses et deux pièces de canon étaient disposées en batterie, sur le perron de l'Hôtel de Ville, par les insurgés qui se bornèrent heureusement à cette simple démonstration.

Le 27 mars, le général Lavoye adressait aux habitants de Saint-Etienne une proclamation, déclarant nettement qu'il allait faire cesser immédiatement cette sinistre comédie qui n'avait que trop duré ; et entre autres choses, il sommait le Conseil municipal de rentrer en fonctions.

La grande majorité des gardes nationaux, qui avaient prêté leur concours à cette manifestation, sans en prévoir les tristes conséquences, crurent le moment favorable pour se retirer.

Le 28, les Stéphanois apprenaient avec joie que M. de Montgolfier était envoyé à Saint-Etienne par le gouvernement de Versailles, muni des pleins pouvoirs civils et militaires. C'était l'homme de la situation, tout le monde ici connaissait sa fermeté et en même temps sa modération et sa sagesse.

(1) *Le Mémorial* du 27 mars 1871 affirme que M. de l'Espée avait été fouillé à trois reprises ; il ne pouvait donc pas avoir de revolver ; en outre, la même feuille mentionne que des témoins avaient constaté que les blessures, faites aux deux gardiens, provenaient de coups de baïonnettes et de balles de fusil. Une enquête officielle n'ayant pas été ordonnée immédiatement, il est probable que la lumière ne sera jamais complètement faite sur ce point.

L'Eclaireur, de la même date, donne la première de ces deux versions seulement et émet le vœu « d'une enquête sur cet *épisode* de la journée ».

Il y avait encore vers cette époque un troisième journal à Saint-Etienne, *La Commune*. Il nous est impossible de citer, même à titre de spécimen, le moindre passage de cette prose incandescente.

Le général, qui avait hâte d'en finir avec l'émeute, n'attendit pas son arrivée pour agir; le même jour, 28 mars, les troupes quittaient la caserne sur son ordre, pour aller cerner l'Hôtel de Ville.

Cependant, afin d'éviter une effusion de sang inutile, le général fit une dernière tentative pacifique. Il envoya un capitaine adjudant major sommer, de sa part, les insurgés de déposer les armes et de se rendre.

M. Vital de Rochetaillée, qui avait fait la campagne en qualité de capitaine dans les mobiles de la Loire, demanda au général de le laisser accompagner l'officier parlementaire, certain d'être persuasif avec des compatriotes.

Après quelques paroles pleines de cœur, il décida ces gens égarés par je ne sais quelles passions politiques malsaines, à mettre bas les armes.

Une proclamation laconique, adressée par le général Lavoye aux habitants de Saint-Etienne, leur apprend enfin que l'ordre est rétabli.

« Habitants de Saint-Etienne, l'émeute est dissipée, l'ordre est rétabli; soyez calmes, reprenez vos affaires : Vive la France! Vive la République! Vive l'Assemblée nationale. »

A la fin de l'année 1871, Saint-Etienne fut encore attristé par une catastrophe, une de ces terribles explosions de grisou que, malheureusement, nous verrons se reproduire plusieurs fois dans la suite.

Le mercredi 8 novembre, vers huit heures du soir, on entendit dans le quartier Saint-François une sourde détonation; c'était un coup de grisou qui venait de se produire au puits Jabin. Il coûta la vie à 72 ouvriers.

La ville de Saint-Etienne, après les déplorables événements de 1871, va s'adonner toute entière au libre développement de ses différentes industries, avec d'autant plus d'ardeur que la suspension du travail avait duré plus longtemps. Je pourrai donc répéter, avec plus d'à-propos peut-être, ce que j'ai dit plus haut, que pendant les temps heureux, les villes n'ont pas d'autre histoire que celle du développement régulier de leur prospérité commerciale et industrielle ; aussi à partir de 1871, n'aurons-nous guère à citer que les nombreux embellissements de la ville, ses agrandissements de toutes sortes et l'extension prodigieuse donnée aux différentes industries.

Immédiatement après les événements de 1871, Saint-Etienne reçut comme préfet, en remplacement de l'infortuné M. de l'Espée, M. Ducros. A la même époque, M. Desjoyaux était nommé maire de la ville.

Nous citerons, au mois de février 1876, une deuxième explosion de grisou au puits Jabin ; elle fut plus terrible que la première. Sur 216 ouvriers descendus dans la mine, une vingtaine à peine furent épargnés. La catastrophe aurait pu avoir, paraît-il, des proportions plus considérables encore, si, heureusement pour eux, un certain nombre de jeunes gens, employés dans la mine, n'avaient pas laissé le travail, dès le matin, afin d'assister au tirage au sort qui avait lieu ce jour-là à Saint-Etienne.

De 1874 à 1891, on vit se succéder à la tête de la municipalité et nommés au titre des différentes lois, de 1871, 1874, 1876 et de 1884 (1), les maires dont les noms suivent :

(1) Nous rappelons sommairement ici ces différentes lois. La loi de 1871, donnait au pouvoir exécutif l'élection des maires dans les communes, chefs-lieux de départements ou d'arrondissements et dans celles dont la population s'élevait à plus de 20,000 âmes, à condition toutefois qu'ils fussent choisis dans le Conseil municipal ; dans les autres communes, ils étaient élus directement par le Conseil municipal.

Par la loi du 20 janvier 1874, il était dit que, jusqu'au vote de la loi organique municipale, les maires seraient nommés par le Président de la République, dans les chefs-lieux de départements, d'arrondissements et de cantons et par le Préfet dans

En 1871, M. Desjoyaux; en 1875, M. Moyse; en 1878, M. Antoine Primat; en 1881, M. Victor Duchamp; en 1885, M. Madignier; enfin, en 1889, M. Girodet, le maire actuel.

Pendant le même laps de temps, les préfets qui se succédaient à Saint-Etienne étaient :

M. Ducros, nommé à la date du 6 avril 1871; M. de Tracy, nommé le 28 mai 1873; M. de Cardon de Sandrans, le 20 décembre 1873; M. de Blignières, le 10 avril 1875; M. Pihoret, le 13 avril 1876; M. Doncieux, qui ne resta à Saint-Etienne que quelques mois, du 28 mai 1877, au 21 décembre de la même année; M. Renaud, fut préfet de la Loire, du 21 décembre 1877, au 17 novembre 1880; M. Thomson, lui succéda à cette dernière date, et resta en fonction jusqu'au 19 novembre 1882;

Après lui, vint M. Glaize, qui occupa ce poste jusqu'au 11 mai 1885;

M. Filippini lui succéda et fut maintenu à la préfecture de la Loire, du 11 mai 1885, au 14 mars 1886;

Le département de la Loire eut ensuite M. Bargeton pour préfet, du 14 mars 1886, au 12 juin 1889;

M. Galtié, qui vint après lui, occupa les mêmes fonctions jusqu'au 22 juin 1891, époque à laquelle il fut remplacé par M. Lépine, le préfet actuel.

Lorsque la loi du 24 juillet 1873 partagea le territoire en

les autres communes. Ils n'étaient pas obligatoirement choisis dans les conseils municipaux.

Vint ensuite la loi du 12 août 1876, aux termes de laquelle, dans les communes chefs-lieux de départements, d'arrondissements et de cantons, les maires et adjoints devaient être choisis parmi les membres du conseil municipal, en vertu d'un décret du Président de la République.

Enfin, par la loi du 5 avril 1884, les maires étaient nommés par le Conseil municipal, et pris parmi ses membres, à la majorité absolue et après deux tours à la majorité relative.

dix-huit corps d'armée, Saint-Etienne devint le siége de l'une des divisions de la 13e circonscription ou région de corps d'armée. Il n'y avait eu jusqu'alors qu'un général de brigade. Le premier divisionnaire, nommé en résidence à Saint-Etienne, fut le général de Brès-Ponsard.

Les généraux qui lui succédèrent dans le même poste, ceux du moins qui sont restés assez longtemps à Saint-Etienne pour que, d'une année à l'autre, l'Annuaire de la Loire ait eu le temps de mentionner leurs noms sont :

En 1876, le général de Bretteville ;
En 1877, le général Chagrin de Saint-Hilaire ;
En 1882, le général Février ;
En 1884, le général Lambert ;
En 1886, le général Villain ;
En 1887, le général Thomas ;
En 1888, le général Broye, qui laissa tant de sympathies ;
En 1889, le général Gueytat, admis au cadre de réserve à la date du 15 mai 1891, et remplacé par le général Pierron, ancien professeur de l'Ecole de guerre et auteur d'un ouvrage fort estimé par les gens du métier, intitulé : *Les Méthodes de Guerre, actuellement et vers la fin du XIXe siècle.*

Reprenons maintenant la suite des événements.

En 1881, fut établie à Saint-Etienne cette magnifique ligne de tramways à vapeur qui dessert la ville. On en apprécie tous les avantages pour peu qu'on ait une course à faire d'une extrémité à l'autre de la ville, 5 kilomètres 400 à parcourir en ligne droite. Deux grandes artères latérales, percées parallèlement aux rues de Roanne et d'Annonay prolongées, permettent aux voitures, quand les chevaux sont ombrageux, d'éviter les machines de ces tramways. Le service est très régulier et les départs très fréquents ; toutes les neuf minutes environ.

L'extension de cette voie principale s'étend jusqu'à La Digonnière et à Firminy ; d'un autre côté, de Saint-Etienne à Saint-Chamond et à Rive-de-Gier, partant de la place Fourneyron sur une ligne que la Compagnie a fait construire; en attendant, s'il y a lieu, de la prolonger jusqu'à Givors.

Rien ne donnera, croyons-nous, la mesure des services rendus à la population par l'établissement de ces différentes lignes, comme les chiffres d'affaires, réalisés par la Compagnie et la proportion toujours croissante des voyageurs transportés.

En 1883, le chiffre des voyageurs fut de 7,489,877 et la recette de 1,111,429 fr. 10 c.

En 1890, le nombre de personnes transportées par les voitures des tramways a été de 9,347,661 et la recette de 1,317,546 fr. 35 c.

A certains moments, le mouvement de voyageurs est tellement considérable, qu'un certain jour, un dimanche de Pentecôte, il a été transporté 42,000 personnes entre Bellevue et la Terrasse, soit plus du 1/3 de la population !

A côté de cette Compagnie de tramways, il existe un service de Cars-Ripert, circulant d'une part, entre Bellevue et la place Marengo. Les départs sont combinés de façon à alterner avec ceux des tramways à vapeur, avec lesquels il y a concurrence, sur cette partie du parcours.

D'autre part, ces Cars-Ripert font seuls le service entre la place de l'Hôtel de Ville et la gare de Châteaucreux. Le chiffre d'affaires de cette petite Compagnie est encore fort respectable.

Nous devons parler ici de la création de l'Ecole professionnelle de garçons, appelée à rendre de très grands services à l'industrie stéphanoise, en préparant pour l'avenir de bons ouvriers et contre-maîtres, au courant de toutes les méthodes et de tous les perfectionnements nouveaux.

L'Ecole s'ouvrit le 17 novembre 1882. Les débuts furent assez modestes; installée rue Michelet, elle ne compte à son début que 54 élèves.

Le 15 octobre 1885, elle fut transférée dans le très joli bâtiment que la ville fit construire, sur le terrain de Chantegrillet qui lui appartenait. Aujourd'hui, elle peut contenir 300 élèves. La ville, soucieuse de ses véritables intérêts dans l'avenir, s'est imposée pour cet établissement, une dépense de 578,000. On peut prédire qu'elle recueillera bien le fruit de cet argent consacré à une institution aussi libérale.

Cette école est gratuite et ne reçoit que des élèves externes. La durée des cours est de quatre années; on y donne aux élèves l'instruction générale et l'instruction professionnelle; pour cette dernière, les professions enseignées sont au nombre de huit : ajustage, armurerie, forgeage, fonderie, menuiserie et modèlerie, tissage, teinturerie, modelage et sculpture.

Cette école est fort habilement dirigée par M. Lebois, qui en a été l'organisateur. Il en sort des sujets vraiment remarquables dans leur partie. L'enseignement du dessin, si utile dans presque toutes les industries, y est professé avec un soin tout particulier.

Enfin, veut-on se faire une idée de l'utilité qu'offre un semblable établissement dans une ville comme Saint-Etienne : l'école qui s'ouvrit au début avec 54 élèves, en compte aujourd'hui 290.

Il existe aussi à Saint-Etienne une Ecole professionnelle de filles, créée en 1883, sous l'administration de M. Duchamp. Elle fut installée d'abord au n° 43 de la rue Michelet, puis, en 1886, transférée dans le local primitivement occupé par l'Ecole professionnelle de garçons. A son début, elle comptait 61 élèves; aujourd'hui, elle est fréquentée par 220 jeunes filles.

La rapide prospérité de cet établissement aurait cependant pu être entravée par son installation défectueuse dans un bâtiment humide, sombre et d'une étendue insuffisante. Il a été question un instant de le transporter dans le local abandonné de l'ancien Lycée. Ce serait certainement là une excellente idée à poursuivre.

Le but de cette école est de compléter l'instruction classique des jeunes élèves, en même temps qu'elle les initie aux travaux intérieurs qui feront d'elles, plus tard, de bonnes épouses et de bonnes mères.

On les met aussi à même de gagner un jour leur vie par un métier manuel, si jamais les circonstances de la vie les y obligent.

L'enseignement comprend donc deux parties : 1° l'enseignement général ou classique ; 2° l'enseignement professionnel. Ce dernier les rend aptes à exercer un état de leur choix, tel que la couture, la lingerie, la broderie, le repassage; enfin, celles qui le désirent, font des études commerciales.

La sanction donnée à l'enseignement classique consiste dans l'obtention du brevet de capacité, ou dans l'admission à l'Ecole normale.

Au bout de trois ans d'apprentissage, les élèves qui le désirent peuvent obtenir des certificats d'aptitude aux diverses professions manuelles enseignées à l'école.

Enfin, il est délivré des certificats d'aptitude commerciale aux élèves qui se sont consacrées à ce genre d'études.

Les élèves sortant de cette école sont généralement très recherchées par les industriels, ou les maîtresses d'atelier.

Saint-Etienne est l'une des premières, sinon la première ville de France, qui ait eu l'initiative de ces utiles créations.

La fondatrice fut Mme Michard, la fille du sympathique bibliothécaire de notre ville. Elle est encore aujourd'hui à la tête de cette école, qu'elle dirige avec un zèle et une intelligence dignes des plus grands éloges.

Le 17 mai 1886, on inaugurait, à Saint-Etienne, un établissement de bienfaisance, appelé à rendre à la ville d'incontestables services; je veux parler de l'Asile de nuit, qui recueille les pauvres sans asile et sans travail, qu'ils appartiennent à la ville ou qu'ils soient seulement de passage. On les abrite là quelques nuits en attendant qu'ils aient trouvé une occupation leur procurant quelque salaire. Que de malheureux ont peut-être été ainsi arrachés au crime où à la mort volontaire du désespéré que personne ne vient secourir (1).

Les portes de cet établissement hospitalier sont ouvertes le soir à sept heures. On donne à chaque malheureux une soupe réconfortante (2), un lit où il peut reposer ses membres fatigués; enfin, et surtout, on lui fait entendre quelques paroles d'encouragement au travail. La nuit passée, on rend à chaque hôte, ses vêtements et son linge désinfectés dans des appareils spéciaux surchauffés au gaz; on lui offre encore une soupe, et la porte s'ouvre pour que chacun aille à la

(1) Tout le monde a pu faire avec moi cette remarque, qu'à Saint-Etienne les crimes sont relativement très rares, et le nombre des suicides bien au-dessous du chiffre donné par la statistique pour d'autres villes d'une population moindre.

(2) Par une coïncidence heureuse, ressemblant beaucoup à un dessein de la Providence, l'Asile de nuit touche à la caserne, et que de fois j'ai vu des malheureux recevoir, avec reconnaissance, la soupe que leur apportait la main généreuse d'un soldat. Et, il faut le dire, je me suis senti ému, en trouvant parfois une pauvre femme ou un enfant venant chercher, jusque dans les cuisines de mon régiment, une soupe trempée à part sur l'ordre d'un colonel compatissant et secourable aux malheureux. Il n'est pas rare de trouver beaucoup de pitié dans le cœur d'un brave. Je ne dirai pas le nom de celui-là, sa modestie en serait offensée.

recherche du travail qui doit pourvoir honorablement à l'existence du lendemain.

Me Portier, le fondateur de cette œuvre essentiellement philanthropique, et ses vaillants auxiliaires M. et Mme Barbier; ceux-ci chargés de la surveillance directe de l'établissement, recommandent encore ces malheureux aux personnes généreuses. Toutes les fois qu'ils le peuvent, ils les aident à trouver le travail régénérateur qui contribuera à relever leur moral autant qu'à assurer leur vie matérielle.

Nous ne saurions mieux dépeindre l'esprit vraiment libéral, les vues larges qui ont présidé à la fondation de cet établissement, qu'en rapportant ici l'article premier du règlement : « L'œuvre de l'hospitalité offre un abri gratuit et temporaire pour la nuit, aux hommes et aux femmes sans asile, sans distinction d'âge, de nationalité ou de religion (1), à condition qu'ils observent les mesures prescrites par le présent réglement, notamment celles de moralité, d'ordre et d'hygiène. »

La moralité, l'ordre et l'hygiène, toute l'organisation est basée sur ces trois choses. Un côté de l'établissement est destiné aux hommes; l'autre, aux femmes et aux enfants, et c'est madame Barbier elle-même qui prodigue ses soins et, disons-le, ses consolations à ces malheureuses qui se présentent souvent avec des enfants en bas âge sur les bras.

Le règlement est lu tous les soirs : il contient des articles

(1) Je ne puis m'empêcher de songer ici aux beaux vers que François Coppée a écrits sous ce titre : *L'Asile de nuit* :

> Toute errante de nuit peut venir frapper là ;
> On l'interrogera seulement pour la forme.
> La soupe est chaude, un lit est prêt pour qu'elle dorme.
> L'hôtesse qui la fait asseoir au coin du feu,
> Respectant son silence attendra son aveu,
> Car on veut ignorer, en lui rendant service,
> Si son nom est misère ou si son nom est vice.

significatifs tels que ceux-ci : « La décence et la plus grande moralité sont rigoureusement exigées pendant le séjour dans l'établissement. »

« Toutes les conversations, lectures ou entretiens malsains sont défendus. »

Le bon ordre règne par organisation ; un surveillant couche dans chacune des salles et maintient la discipline nécessaire.

Quant à la question d'hygiène, il suffit de visiter l'établissement pour se convaincre que rien n'a été oublié sous ce rapport ; les salles, garnies de leurs lits en fer, sont d'une propreté qui frappe la vue dès qu'on entre. Des bouches d'eau, munies de leurs tuyaux d'arrosage, permettent de laver souvent les Salles à grande eau. Les fournitures de literie sont lessivées chaque jour pour ceux qui ne restent qu'une nuit ; ceux qui doivent revenir le soir plient les leurs avec soin, jusqu'au jour du départ, qui n'est jamais très éloigné, car ce n'est qu'exceptionnellement qu'on garde quelqu'un plus de trois jours.

Enfin, la buanderie est si bien organisée, qu'en la traversant nous n'avons pu nous défendre de cette réflexion, que là, plus que partout ailleurs, on paraît s'être inspiré de cette vérité : La propreté est le luxe des pauvres.

On pourra se faire une idée de l'importance des services rendus par cet établissement de bienfaisance, en considérant le nombre des malheureux assistés chaque année ; c'est ainsi qu'en 1890, il a été donné asile à 4.304 hommes, à 147 femmes et à 34 enfants. Le nombre des soupes distribuées aux uns et aux autres a atteint le chiffre de 23.520 (1).

Les municipalités qui se sont succédées depuis la fondation

(1) J'ai dit plus haut que dans cette œuvre, le côté moral n'avait pas été oublié. Au sortir de la maison où il a trouvé un secours passager, chaque malheureux

se sont montrées pleines de sollicitude pour cette institution humanitaire, et ont accordé le plus puissant appui à cette œuvre appelée à rendre tant de services aux pauvres, puisqu'on y a même soigné des malades, quand les hôpitaux trop pleins ne pouvaient plus en recevoir. Tous nos vœux donc, pour l'accroissement et la prospérité d'un établissement aussi utile que celui-là.

En 1887, le Conseil général, présidé par M. Reymond, le sympathique sénateur de la Loire alors député, vota, à l'unanimité, la publication de l'*Atlas cantonal*. Ce travail remarquable, sur le plan duquel je voudrais bien voir refaire le cadastre de la France entière, fut publié sous l'administration du préfet Bargeton. C'est M. Picard, alors agent voyer en chef, qui en a fait le dessin des cartes, il est excessivement soigné.

Au commencement de 1878, la population de la ville s'élevait à 126,019 habitants; en 1886, elle n'était plus que de 117,875 habitants; mais hâtons-nous de dire que les années suivantes, ce chiffre augmenta rapidement, avec des variations quelques fois assez sensibles, selon que la prospérité de l'industrie rubanière ou le travail de la manufacture

reçoit un petit bulletin sur lequel sont inscrits ces quelques mots, que nous reproduisons dans leur touchante simplicité :

ŒUVRE DE L'ASILE DE NUIT DE SAINT-ÉTIENNE (17 MAI 1886)

UN MOT A TOUS CEUX QUI PARTENT DE L'ASILE

Au sortir de cet Asile de Nuit, le Comité qui le dirige vous dit :

Si vous cherchez de l'ouvrage, — Bonne chance.

Si vous en avez déjà, — Courage et surtout persévérance.

Fuyez le vice et gardez-vous de l'intempérance qui anéantit l'intelligence, use le corps et vide la bourse.

Conduisez-vous toujours en honnête homme et en brave travailleur; ne vous laissez pas abattre par les difficultés de la vie; confiez-vous en Dieu, et puisse-t-il, à votre appel, vous accorder des jours meilleurs.

attiraient à Saint-Etienne plus ou moins d'ouvriers dans une même année.

Pour continuer le récit des événements, nous sommes encore obligés de reparler du grisou. Une nouvelle explosion — et malheureusement ce ne sera pas la dernière, — se produisait au puits Chatelus, le 1er mars 1887, sur les 9 heures 1/2 du matin. Le bilan de cette nouvelle catastrophe : quinze blessés très grièvement atteints, treize cadavres reconnus et une soixantaine d'autres malheureux qu'on ne parvint pas à retirer de la mine en feu.

A cette épouvantable catastrophe venait s'ajouter, le 3 juillet 1889, celle des puits Verpilleux et Saint-Louis. Cette fois, les victimes qui avaient échappé au terrible coup de grisou étaient bloquées ou enterrées vivantes dans un éboulement produit par la violence de l'explosion. Plus de deux cents travailleurs trouvèrent la mort dans cette explosion, et encore fut-il impossible d'arracher au gouffre toutes ces victimes. On fit à ces malheureux d'émouvantes funérailles. La charité des riches Stéphanois ne fit pas défaut non plus aux familles frappées par cette catastrophe. Une grande kermesse-cavalcade de bienfaisance produisit une très forte somme, immédiatement répartie entre les familles les plus pauvres et les plus éprouvées.

En 1889, sur la proposition de M. Marius Vachon, journaliste et critique d'art distingué, qui avait été étudier en Europe l'organisation des musées créés jusqu'à ce jour, en vue de favoriser les industries artistiques, le Conseil municipal vota à l'unanimité la transformation du Palais des Arts en un grand Musée d'art et d'industrie, en même temps qu'un crédit important était accordé par la Ville pour l'achat des collections destinées à organiser de vastes salles formant une sorte de Conservatoire du tissage et de l'armurerie.

Les ministres de l'Instruction publique et des Beaux-Arts firent aussi de nombreux dons provenant de nos manufactures nationales.

L'inauguration eut lieu au mois de février 1890. Le but dans lequel fut créé ce Musée industriel en dira toute l'utilité. Il est destiné surtout à entretenir les patrons et les ouvriers au courant des progrès réalisés dans la fabrication des rubans et dans celle des armes de chasse et de luxe, qui sont les deux grandes industries de Saint-Etienne.

Mais pourquoi, avant d'achever cette histoire, faut-il que j'aie à attrister encore une fois le lecteur par le récit d'une nouvelle catastrophe, celle qui eut lieu le 29 juillet 1890, au puits Villebœuf. Cette fois encore, le nombre des victimes est considérable : 115 morts, et pour comble, quelques jours après, une deuxième détonation causait encore, dans le même puits, la mort de quelques ouvriers.

Hâtons-nous de dire, cependant, qu'une conséquence heureuse se dégagea de tout le bruit fait autour des accidents produits par le grisou depuis ces vingt dernières années : c'est la loi sur les délégués à la sécurité des ouvriers mineurs, adoptée par le Sénat et la Chambre des députés, et promulguée par le Président de la République, le 8 juillet 1890.

L'esprit de cette sage loi est tout entier résumé dans ce passage de l'article 1er : « Des délégués à la sécurité des ouvriers mineurs sont institués, conformément aux dispositions de la présente loi, pour visiter les travaux souterrains des mines, minières ou carrières, dans le but exclusif d'en examiner les conditions de sécurité pour le personnel qui y est occupé, et d'autre part, en cas d'accident, les conditions dans lesquelles cet accident se serait produit. »

Au mois d'août 1890 eut lieu l'inauguration du nouveau Lycée, construit sur le boulevard Hippolyte Sauzéa, dans les conditions les plus hygiéniques pour des jeunes gens que le travail des études tient péniblement courbés sur un pupitre pendant les belles années de la jeunesse, pendant celles où les poumons ont grand besoin de ne se dilater qu'au contact d'un air pur.

Au mois de mars 1891, le Proviseur actuel, M. Guigon, donna avec le concours de dames vendeuses, une très belle fête de Charité, destinée à recueillir des secours que les élèves allèrent ensuite distribuer eux-mêmes à domicile (1). Ce fut un succès complet, la recette s'éleva à environ 8,000 fr.

Voilà on peut le dire, une généreuse innovation pour laquelle on ne saurait adresser trop d'éloges à celui qui en eut la première pensée. Développer le sentiment divin de la charité dans le cœur des jeunes enfants, en même temps que leurs maîtres cultivent leur intelligence, c'est encore le moyen le plus sûr de donner l'éducation de la famille à ceux qui en sont privés par les dures obligations de l'internat.

Au 1er octobre 1891, le Lycée de Saint-Etienne, comptait 475 élèves dont 186 internes. L'autre établissement où se donne l'enseignement secondaire à Saint-Etienne est l'Ecole libre de Saint-Michel, fondé par les Pères Jésuites. Il y a ensuite le Pensionnat Saint-Louis, tenu par les Frères des Ecoles chrétiennes, où se donne l'enseignement secondaire spécial et l'enseignement primaire, le Pensionnat de Valbenoîte, tenu par les Frères Maristes et où se font des études de même genre.

L'enseignement primaire est fort bien dirigé à Saint-

(1) Si nous rapportons ce fait divers, en lui attribuant une certaine importance, c'est qu'il l'a en effet, puisque c'est la première fois qu'on a essayé au Lycée de donner à la pratique de la charité le caractère d'un enseignement moral, en faisant ainsi distribuer les secours par les élèves. Nous sommes de ceux qui admirons les beaux sentiments et surtout les bonnes actions, sans réserve comme sans parti pris.

Etienne. On y compte 45 écoles de garçons et 65 écoles de filles, réparties dans les différents quartiers de la ville. Il y a en outre 41 écoles maternelles (1).

Constatons maintenant, que la ville est en pleine période d'accroissement. Le recensement de la population en 1891 a donné 133,000 habitants ; le chiffre officiel de 1886 était, avons-nous dit, de 117,875 ; l'augmentation depuis 1886 est donc de 15,568. Et encore pour les raisons que nous avons exposées plus haut, si ce recensement eut été fait en 1890, il aurait très certainement donné un chiffre dépassant 140.000.

Il ne m'est pas possible d'achever le récit des faits intéressant Saint-Etienne, sans parler de sa dernière Exposition, la plus belle de toutes celles qui ont encore eu lieu dans cette riche et industrieuse cité (2).

(1) Ces chiffres peuvent encore se subdiviser ainsi :

Garçons écoles laïques, 31 ; congréganistes, 14 ; filles écoles laïques, 38 ; congréganistes, 27 ; écoles maternelles laïques, 25 ; congréganistes, 16.

(2) Les Expositions qui avaient eu lieu précédemment à Saint-Etienne sont :

En 1847, une Exposition de produits recueillis en Chine par Isidore Hedde, organisée par la Chambre de commerce ; elle eut lieu dans la salle dite du Musée, à l'Hôtel de Ville. La Municipalité avait voté les fonds nécessaires.

En 1852 et 1853, une Exposition des produits de l'industrie locale eut lieu du 7 au 22 novembre ; elle se prolongea jusqu'au 11 avril 1853, époque à laquelle eut lieu la distribution des récompenses.

En 1868, du 22 au 31 août, une Exposition eut lieu, au Palais des Arts, pour les industries du tissage et des armes ; pour les métaux, mines et industries diverses, au Lycée impérial.

En 1882, une Exposition des Beaux-Arts et des Arts appliqués à l'industrie s'ouvrit le 15 août et fut close le 15 septembre suivant ; elle eut lieu dans les galeries du Palais des Arts, sous le patronage de la Municipalité, ayant alors à sa tête M. Duchamp.

Enfin, pendant les mois de février et mars 1889, l'Exposition artistique, industrielle et commerciale pour l'industrie de la soierie et l'industrie des cotonnades. M. Marius Vachon en fut l'instigateur ; il obtint la participation du mobilier national et des manufactures de tapisseries des Gobelins et de Beauvais.

Ouverte le 9 août 1891, elle vient à peine de prendre fin. Cette Exposition a été multiple on peut le dire ; industrie, agriculture, beaux-arts, telles ont été ses trois parties distinctes. La plus importante, celle qui a le mieux répondu aux aspirations de la population Stéphanoise, était naturellement celle qui concernait les différentes industries de la ville. Nous avons vu là des produits vraiment remarquables.

Je ne chercherai pas à décrire en détail les différentes classes de chacune de ces expositions partielles ; je renverrai pour cela le lecteur à une fort belle publication qui a paru par livraisons pendant que les produits étaient exposés ; elle avait pour titre : *L'Exposition de Saint-Etienne 1891*, mais sa dénomination courante était *Le Journal de l'Exposition.*

On retrouve dans ces feuilles, destinées à former un fort bel ouvrage qui restera, le style brillant d'un artiste et d'un écrivain distingué, M. Vachon, dont la réputation littéraire n'est plus à faire.

Dans son ensemble, cette Exposition a fort bien réussi, surtout parce qu'elle méritait de réussir.

Au début elle a trouvé des incrédules ; mais le résultat a été tel que tout le monde a dû s'incliner et si l'ouverture et la distribution des récompenses n'ont été présidées par aucun ministre, on a du moins fait cette remarque unanime que la Municipalité de Saint-Etienne, son Maire en tête, avait tout mis en œuvre pour que le succès fût complet.

D'ailleurs, pouvait-il en être autrement avec le concours d'hommes comme M. de Montgolfier, l'éminent Président de la Chambre de commerce, M. Lamaizière, commissaire général des fêtes, MM. Girodet, Baudron, Janson, Plantevin, Roux, présidents des diverses commissions et tant d'autres que nous ne pouvons citer ici par la seule raison que la liste en serait trop longue.

Nous devons dire aussi un mot de l'Exposition des Arts rétrospectifs, organisée à la même époque. Les visiteurs ont pu y voir, ma foi, de fort belles choses et nous adressons une bonne part de félicitations, aux organisateurs de cette œuvre secondaire qui est venue compléter en quelque sorte la première.

Voilà où nous terminerons l'histoire proprement dite de la ville de Saint-Etienne. Mais avant d'aborder l'historique détaillé de ses grandes industries, nous voulons encore nous reporter par la pensée à l'augmentation continuelle de la population, aux embellissements de toutes sortes et aux importantes fondations qui ont été le signe caractéristique des dernières années et il nous sera permis de prévoir que l'accroissement et la prospérité de ce grand centre industriel, remarquable entre tous, ne sont pas encore près de finir.

Où s'arrêtera cette prospérité? Nul ne peut le dire; cependant, on peut avoir de grandes espérances encore sur les destinées futures de cette ville, en considérant l'activité laborieuse de ses habitants et en constatant qu'en un demi-siècle à peu près, de 1831 à 1886, sa population s'est accrue de 73,510 habitants.

Aucune autre ville de France n'a marché encore de ce pas là.

Bonne chance donc à cette grande cité qui doit tout à son travail et à la sage administration de ceux qui ont dirigé ses affaires et défendu ses intérêts à travers toutes les phases de son existence.

TROISIÈME PARTIE

LES INDUSTRIES STÉPHANOISES DEPUIS LEUR ORIGINE JUSQU'A NOS JOURS

CHAPITRE PREMIER

BASSIN HOUILLER DE SAINT-ÉTIENNE, SA FORMATION. EXPLOITATION DES MINES

L'extraction de la houille, surtout pour être employée aux besoins domestiques, a dû précéder à Saint-Etienne toutes les autres industries. Aussi est-ce par là que nous commencerons l'histoire détaillée des différents genres de travaux industriels, auxquels s'est livrée de bonne heure l'active population de cette ville.

Mais avant, il ne serait peut-être pas hors de propos de dire un mot sur le bassin houiller lui-même, le second de la France entière par son importance et son étendue.

Des hommes, dont la compétence s'impose en cette matière, ont traité les uns la théorie de la formation du charbon de pierre (1); les autres ont donné le tracé exact des gisements et la composition des différentes couches rencontrées à mesure qu'on enfonçait dans les puits (2).

(1) *La Formation de la Houille*, par Grand'Eury, in-8°, Paris, Dunod, 1882.

(2) *Description géologique et minéralogique du département de la Loire*, par M. L. Gruner, Paris, imp. impériale, 1857, texte in-8°, atlas in-pl°. — *Bassin houiller de la Loire*, par M. L. Gruner, texte in-4°, atlas in-pl°, Paris, imp. A. Quantin, 1882.

Je ne dirai donc que quelques mots de la formation de ces différentes couches, et je reproduirai aussi clairement que possible le tracé des bassins superposés de Rive-de-Gier et de Saint-Etienne.

De toutes les théories émises sur la formation de la houille et que j'ai étudiées avec le plus grand soin, une seule me paraît ne jamais se contredire.

Une remarque personnelle est d'ailleurs venue la confirmer dans mon esprit ; je vais l'exposer aussi brièvement que possible.

M. Grand'Eury, dans son remarquable mémoire sur la *formation* de la houille, examine une à une les nombreuses *théories admises*, jusqu'à ce jour, pour la formation des couches. Après avoir coordonné ses observations et celles de plusieurs autres savants naturalistes sur la composition organique des parcelles végétales qui constituent le charbon, il conclut que les couches de houille ont été formées par « des débris végétaux transportés par des afflux d'eau, à petite distance de vastes marécages où ils avaient déjà macéré un certain temps dans des bassins de dépôt. » Là ils se sont déposés doucement avec les sédiments, formant les schistes ou les grès, qui servent de sol aux couches houillères ou les séparent entre elles.

La végétation houillère paraît avoir été exclusivement aquatique et marécageuse, et les énormes souches fossiles que l'on trouve encore en place, assez rarement d'ailleurs dans les mines, n'appartiennent pas en général aux mêmes espèces d'arbres que ceux ayant fourni les éléments parcellaires du charbon. D'ailleurs, leur petit nombre n'eut pas suffi à fournir les masses de débris nécessaires aux amoncellements de houille formant les diverses couches des bassins.

La plus grande partie des substances végétales, répandues

dans les terrains houillers, paraît y avoir été amenée sous forme de feuilles et d'écorces, en quantité supérieure, de beaucoup, à la masse de bois désagrégé qui s'y rencontre.

On peut admettre aujourd'hui, comme acquis à la science, que d'immenses forêts d'arbres, à végétation rapide, occupaient des vastes surfaces voisines des bassins de dépôt ; des afflux d'eau, ou des rivières tranquilles, ont amené successivement les détritus qui en jonchaient le sol dans des emplacements déprimés, où ont pris naissance et se sont formés à la longue, les bassins houillers du centre de la France.

Ces forêts marécageuses fournisssaient abondamment la matière de la houille, tandis que les collines dénudées offraient les détritus minéraux nécessaires à la formation des couches sédimentaires qui accompagnent le charbon, c'est-à-dire, les grès et les schistes.

La chaleur intérieure de la terre, aux époques de formation, n'a pas dû rester étrangère à la transformation en houille des débris végétaux accumulés et surchargés par des roches de dépôts plus récents.

Si l'on jette les yeux sur le tracé qui limite, dans le plan que nous reproduisons, les dépôts houillers des bassins de Saint-Etienne et de Rive-de-Gier, on voit qu'ils s'étendent dans l'espace qui sépare le Rhône et la Loire, sur une longueur de plus de 50 kilomètres, et que leur plus grande largeur vers la région nord de Saint-Etienne est de 12 à 15 kilomètres. Je ne crois pas me tromper en disant que c'est absolument la forme qu'affectent les dépôts de limon amassés dans la mer ou les lacs par les rivières à larges embouchures.

Des détritus de végétaux, déjà imbibés d'eau sur le sol marécageux des forêts houillères, ne devaient-ils pas se comporter en arrivant dans les bassins de dépôt, comme le font les boues ou la vase des rivières, et s'étaler en affectant une forme identique?

Qu'y aurait-il d'étonnant à ce qu'à cette époque de formation et de transformation géologique, un vaste cours d'eau soit venu à cette place se jeter dans l'ancienne mer intérieure, occupée aujourd'hui par les plaines de la Loire, coupées çà et là par des cônes volcaniques, tels que les buttes de Saint-Priest et une trentaine d'autres qui, selon Elisée Reclus, durent sortir à l'état liquide des foyers souterrains et former autant d'îles dans cette vaste mer.

Laissons maintenant la géologie pour passer à l'industrie proprement dite de l'extraction du charbon.

A quelle époque a commencé cette extraction?

De très bonne heure à coup sûr, car dans des parages voisins de Saint-Etienne, à Roche-la-Molière par exemple, les bancs de houille sont presque à fleur de terre.

Nous retrouvons, à l'époque où la grande cité industrielle était encore en germe dans la petite paroisse de Saint-Etienne, une transaction du 18 février 1321, entre Giraud le Vieux, damoiseau, Martin, Chaignon et Briand de Lavieux, seigneur de Roche-la-Molière, relative au droit d'extraire la houille d'une mine, située à Roche-la-Molière (1).

Plus d'un siècle après, le 8 novembre 1484, un accord fut fait entre noble Dauphin d'Augerolle, seigneur de Saint-Polgue et de Roche-la-Molière, et Antoine et Jean Tissot, sur un droit d'extraction de la houille (2).

Ce n'est que beaucoup plus tard cependant que cette exploitation prit le développement immense qu'on lui voit au

(1) La Mure, Chantelauze. *Histoire des ducs de Bourbon et des comtes de Forez*, t. III, documents inédits, p. 121.

(2) La Mure, Chantelauze, t. III, documents inédits, p. 123.

XIXe siècle. Il fallut longtemps pour que l'emploi du charbon se généralisât. Nous allons suivre, pas à pas, les progrès de l'extraction de la houille dans le Forez.

Dans ses très intéressantes études historiques sur les mines du département de la Loire, M. E. Brossard a exposé d'une façon remarquable les développements successifs de cette importante industrie. Il a indiqué, avec une profonde connaissance du sujet, les différentes législations qui, depuis le commencement du XVe siècle jusqu'à nos jours, ont favorisé ou ralenti tour à tour ces développements. Dans la suite de ce chapitre, nous emprunterons souvent à son ouvrage des documents très précis, et nous serons trop payé si nous pouvons faire profiter quelques fois le lecteur de ces laborieuses recherches.

Par ordonnance du 30 mai 1413, le roi Charles VI défendit aux seigneurs de réclamer le dixième, ou tout autre droit sur les mines. Il voulut aussi protéger les propriétaires fermiers contre ces seigneurs qui avaient une tendance à faire rechercher les mines sur les fonds de leurs vassaux, ou cencitaires. Ce désir de protection de la part du Roi se trouve formellement exprimé dans le passage suivant de l'ordonnance : « Afin que dorénavant ils puissent ouvrer continuellement sans être empêchés ou troublés en leurs ouvrages et ouvrer franchement et sûrement, tout comme ils voudront icelles mines. »

La permission d'exploiter les mines ne devait pas appartenir aux seuls propriétaires du terrain. Charles VI ordonnait aussi : « Que tous mineurs et autres, puissent querir, ouvrer et chercher mines par tous lieux où ils penseront en trouver et icelles traire et faire ouvrer et vendre à iceux qui les feront ouvrer et fondre parmi, payant à nous notre dixième franchement et en faisant certification, en contenter à celui ou à ceux à qui les dites choses seront ou appartiendront, au dit de deux preud'hommes (1) ».

En un mot, le Roi veut la liberté pour tout le monde d'exploiter les mines, à condition de prélever pour lui ce dixième qu'il veut retirer aux seigneurs, n'ayant aucun droit à percevoir cette dîme pour leur compte personnel.

Cette ordonnance fondamentale confirmée par Charles VII, Louis XI, Louis XII et François Ier, concernait les mines en général, bien qu'à l'époque où elle parut, elle visait spécialement l'exploitation des mines de métaux ; si les mines de houille n'y sont pas nommées, c'est qu'on les dédaigna longtemps à une époque où le bois abondait sur le sol français, surtout dans les pays montueux comme celui qui avoisine Saint-Etienne (2). Si nous avons cité ce document, c'est qu'il consacre le droit du Roi à percevoir le dixième du produit des exploitations minières, et la liberté pour tous de s'adonner à cette importante industrie.

En 1548, Henri II restreignit le droit d'exploitation.

Il accorda à Jean-François de la Roque, chevalier, seigneur de Roberval, le privilège exclusif d'ouvrir toutes les mines du royaume pendant neuf ans. Cette fois-ci les mines de « charbon terrestre et de houille » sont mentionnées d'une façon

(1) *Etudes historiques sur la propriété, l'exploitation et l'établissement des concessions des mines de houille dans le département de la Loire*, par M. E. Brossard, sénateur. Avant-propos, p. VI. Nous recommandons spécialement la lecture de cet important ouvrage à tous ceux qui voudraient suivre dans ses moindres détails l'histoire complète du bassin houiller de Saint-Etienne.

(2) Plus tard, à l'Assemblée constituante, Regnault d'Epercy, dans un procès verbal, rappellera ce droit absolu d'exploiter les mines en faisant la même remarque sur les causes qui ont fait négliger de mentionner la houille dans cette ordonnance. *Etudes historiques sur la propriété, l'exploitation et l'établissement des concessions des mines de houille*, par E. Brossard. Introduction, p. VII.

spéciale, preuve qu'elles ne sont déjà plus considérées comme une quantité négligeable.

Henri IV confirma d'abord, par un édit de janvier 1597, les ordonnances de ses prédécesseurs et rejeta, de nouveau, la prétention des seigneurs au droit du dixième, leur reconnaissant, cependant, celui du quarantième.

Plus tard, devant les abus qui s'étaient produits, le Roi réglementa, par un édit en date de 1601, le régime des mines.

On revient à la liberté d'exploitation ; mais cette exploitation est, en quelque sorte, mise sous la surveillance de l'état. Le Roi créait divers fonctionnaires, chargés de délivrer les autorisations d'exploiter, de régler les contestations et enfin, de percevoir le dixième pour le compte du domaine royal.

Les mines de houille furent l'objet d'une sollicitude spéciale de la part de ce Roi, ami du peuple ; il les exempta du dixième pour « certaines grandes et bonnes considérations, pour gratifier nos bons sujets, propriétaires des lieux. »

Ces bonnes et grandes considérations, cause de la faveur spéciale accordée aux mines de houille, c'est sans doute que Henri IV et son grand ministre Sully, entrevoyaient déjà les immenses services que le charbon de pierre pouvait rendre, soit comme combustible, employé dans les usages domestiques, soit pour la préparation et le travail du fer. Ils ne se trompaient pas dans leurs prévisions, puisque quelques années plus tard, en 1618, Papire Masson, dans sa description des fleuves de la France, s'exprime en ces termes, en parlant des hauteurs qui avoisinent Saint-Etienne : « Dans ces montagnes, on trouve un charbon de pierre naturel dans des mines si avantageusement situées, que les habitants de la ville s'en servent tous journellement, au lieu de bois à brûler ou de charbon de bois, dans leurs ménages ou dans leurs ateliers. Le feu ainsi obtenu est plus vif et plus ardent que celui que l'on fait avec du bois. Les ouvriers se servent de ce charbon pour fabriquer des objets d'excellente qualité (1). »

Malgré l'exemption formelle du droit du dixième accordée par Henri IV, en 1601, aux exploitants des mines de houille, les seigneurs de Roche-la-Molière n'en continuèrent pas moins à percevoir un droit beaucoup plus élevé. Nous en avons la preuve dans l'aveu et démembrement, fait par messire Caponi G..., seigneur baron de Feugerolles et de Roche-la-Molière, le 20 septembre 1677. Il y est dit en substance que ce seigneur avait le droit de prendre la moitié du charbon extrait des carrières du mandement de Roche-la-Molière, en fournissant la moitié de la dépense.

Dès l'année 1657, à l'occasion du différend survenu entre le marquis Gilbert de Saint-Priest, qui prétendait avoir le droit de lever six deniers tournois par sac de charbon, et les consuls et habitants de la ville qui s'opposaient à la perception de ce droit, Louis XIV s'attribua formellement la possession de tous les droits sur les mines de Saint-Etienne, se réservant, comme pour toutes choses, d'en disposer en faveur des créatures de son choix, sans se soucier le moins du monde du droit d'exemption, accordé par Henri IV, en 1601.

C'est ainsi que le 22 novembre de cette même année, il signait des lettres patentes par lesquelles il accordait au sieur de La Vrillère le droit du dixième : « lui appartenant à cause de notre souveraineté sur toutes les mines et minières de charbon de terre et de pierre qui sont ouvertes ou qui le

(1) In iis (montibus) naturalis et lapidei carbonis fodinæ sunt, tàm commodæ uteo pro lignis aut carbonibus ex eo factis singuli oppidani in focis suis atque tabernis quotidie utantur. Ignis ille vehementior ardentiorque eo, qui è ligno sit deprehenditur. Ex quo carbone artifices calcê optimâ faciunt. »

Papire Masson, *Descriptio fluminum Galliæ*, pp. 9 et 10.

seront ci-après, pendant le temps de trente années prochaines et consécutives en toute l'estendue des provinces de Lyonnois. Foretz et Beaujolois... (1) ».

Il n'entre pas dans notre plan de faire le récit détaillé des contestations qui s'élevèrent, au sujet de la violation de l'arrêt de 1601, entre les habitants et les consuls de Saint-Etienne d'une part, et les seigneurs de Roche-la-Molière, de Saint-Priest et de La Vrillère d'autre part. Nous renverrons simplement le lecteur à l'ouvrage de M. Brossard. Tout est dit avec netteté et précision dans ce travail considérable qui fait autorité dans toutes les questions relatives à la législation des mines.

Nous ne pouvons cependant résister au désir de citer deux passages contenus dans le traité plus ou moins authentique dont se prévalait le marquis de Saint-Priest, lors de son différend avec les habitants de Saint-Etienne.

Du premier, il ressort très clairement que déjà, à cette époque, on se préoccupait des affaissements menaçant certaines parties de la ville, à cause des galeries de mines, situées en dessous, « mais encore ladite ville de Saint-Etienne qu'à cause des maisons basties sur la superficie des fonds creuzés et fouillés par dessoubs, lesquels estant chargés de bastimens dessus peuvent plus promptement et plus facilement s'abattre et enfoncer au dedans... »

Le second passage semble écrit de nos jours, tant il paraît encore s'appliquer à l'aspect que présentent les environs de certains puits de mine, et surtout aux endroits où l'on a extrait la houille à fleur de terre et qu'on appelle *découvertes*, « plusieurs desdites terres sont en tel estat que par le moyen des cavités faictes au dessoubs, le dessus est tombé et s'est

(1) Cité par M. Brossard dans ses *Etudes historiques*, p. 28.

enfoncé et ce qui estait cultivé et produisait des grains sur lesquels ledit seigneur de Saint-Priest prenait les décimes et dixmes à luy deubs, et devient en estat de ne plus recevoir de culture, ce qu'il y avait de terres à être labourées estant meslé à cet encombrement avec des fragments et immondices dudit charbon de pierre... »

A la fin du XVIIe siècle, l'extraction de la houille prend, dans le pays, une très grande extension, surtout parce qu'on commence à l'exporter. Ce dernier fait est prouvé par les lettres patentes signées, sur un rapport de Colbert, le 29 mars 1669, en faveur du sieur Grisolon, qui fut autorisé « à faire des magasins du charbon de pierre qui se tire, tant des mines de Vivarest que de celles du Lyonnois et Forest, d'en faire vendre et voiturer seul, à l'exclusion de tous autres, sur les ports de la rivière du Rhône et d'en fournir en quantité suffisante et à meilleur prix que celui d'Angleterre et de Flandre, pour l'usage desdites villes de Marseille et de Toulon et autres villes et lieux des provinces circonvoisines, avec défense à toutes personnes d'en vendre sans sa permission à peine de confiscation des marchandises, tous dommages et intérêts... (1). »

Pour suivre l'ordre chronologique, nous allons rapporter maintenant ce que La Mure écrivait sur les mines de Saint-Etienne dans son *Histoire universelle, civile et ecclésiastique du pays de Forez*, publiée en 1647 (2) : « On connoistra combien ce païs est recommandable... témoin cette quantité prodigieuse de mines de charbon de Saint-Estienne de Furan, dont la matière sulphurée sert d'une pasture au feu si commode pour en faire sortir ces ouvrages de fer qui y sont recherchez de toute l'Europe, et l'une desquelles ayant pris feu en une

(1) Archives départementales du Rhône, c. 125, cité par M. Brossard.

(2) Consulter cet ouvrage, p. 257.

montagne de ce costé-là en a fait un autre vézuve, et un soupirail souterrain qui vomit des flammes continuelles... (1). »

Cette mine en feu, à laquelle l'auteur fait allusion en exagérant passablement les choses, est-elle la même que celle qui brûle encore aux environs de Saint-Etienne, tout près de La Ricamarie ? Plus tard, en 1765, Alléon Dulac en parlera en termes plus précis : « On trouve dans un hameau appelé la Rica-Marie, une carrière de charbon qui brûle depuis plus de trois cents ans, comme il est prouvé par d'anciens terriers qui assignent cette carrière pour confins, et qui s'expriment en ces termes : *Juxta calceriam inflammatam* (2). »

Mais nous ne sommes pas encore arrivés à l'époque où Alléon Dulac écrivait ces lignes, et nous aurions à parler avant, de ce que l'on appelait la réserve de Saint-Etienne.

Sous prétexte que le charbon, si commun dans les environs, devenait plus rare chaque jour parce qu'il était enlevé par des voituriers qui venaient le chercher pour le conduire à la Loire, les échevins sollicitèrent et obtinrent, le 9 décembre 1724, un arrêt pris en Conseil du roi, par lequel il était fait « défense à tous particuliers, d'enlever du charbon de pierre dans la distance de deux lieues communes de France, aux environs de Saint-Etienne, pour le conduire ailleurs que dans ladite ville (3). »

(1) Cité par M. Brossard, et extrait des *Mémoires pour servir à l'Histoire naturelle du Lyonnais,* t. II, p. 64, édit. de 1765.

(2) Quelques années après, en 1698, l'intendant d'Herbigny, dans son fameux *Mémoire sur le gouvernement de Lyon*, dit en parlant du précieux combustible : « Il s'extrait partout aux environs de Saint-Etienne. et dans les maisons c'est l'unique combustible en usage pour le chauffage ; il sert à la manufacture des armes et à la fabrication de tous les autres ouvrages en fer.

(3) On se demande s'il n'existait pas déjà une réserve avant cette époque ; car dans une requête faite par le sieur Manessier, en 1701, ce dernier sollicitait la permission de « faire ouvrir des bonnes minières de charbon de terre hors de la distance de la lieue qui doit être réservée autour de Saint-Etienne, pour l'usage des habitants ».

En 1738, le baron de Vaux, propriétaire du château du Clapier, obtint cependant une dérogation à l'arrêt qui avait fixé cette réserve de deux lieues, autour de Saint-Etienne.

Il s'y était pris très habilement, promettant d'installer une machine hydraulique pour le dessèchement des galeries inondées. Il affirmait que les autres exploitants ne manqueraient pas de l'imiter pour l'assèchement de leurs mines, ce qui rendrait un réel service dans le pays.

Le roi accueillit favorablement sa requête et l'autorisa à faire transporter, à Paris ou ailleurs, le charbon de ses mines, à condition toutefois que la ville de Saint-Etienne aurait été préalablement approvisionnée.

Comme le transport n'était pas pratique, à cause du peu de développement des voies de communication à cette époque, de Vaux ne put pas profiter beaucoup des avantages qui lui étaient faits, et son projet de machine hydraulique tomba dans l'eau, c'est le cas de le dire.

Plus tard, un arrêt du Conseil d'Etat, en date du 9 novembre 1763, définissait formellement les limites de la réserve de Saint-Etienne « deux mille toises à partir de la place de la ville ».

Par le même arrêt, il était en outre ordonné que tous les extracteurs des mines de charbon, situées en dehors des deux mille toises qui constituaient la réserve, puissent charrier ou faire charrier à leur gré, par terre ou par eau, tous leurs charbons, et, était-il ajouté « sans aucun obstacle de la part de qui que ce soit, même de celle du sieur baron de Vaux, sous prétexte de la permission qu'il a obtenue par les arrêtés du Conseil des 10 juin et 21 octobre 1736 ».

Cela tendrait à prouver que ledit baron avait des dispositions à abuser de la permission. Ces choses-là se voyaient à cette époque !

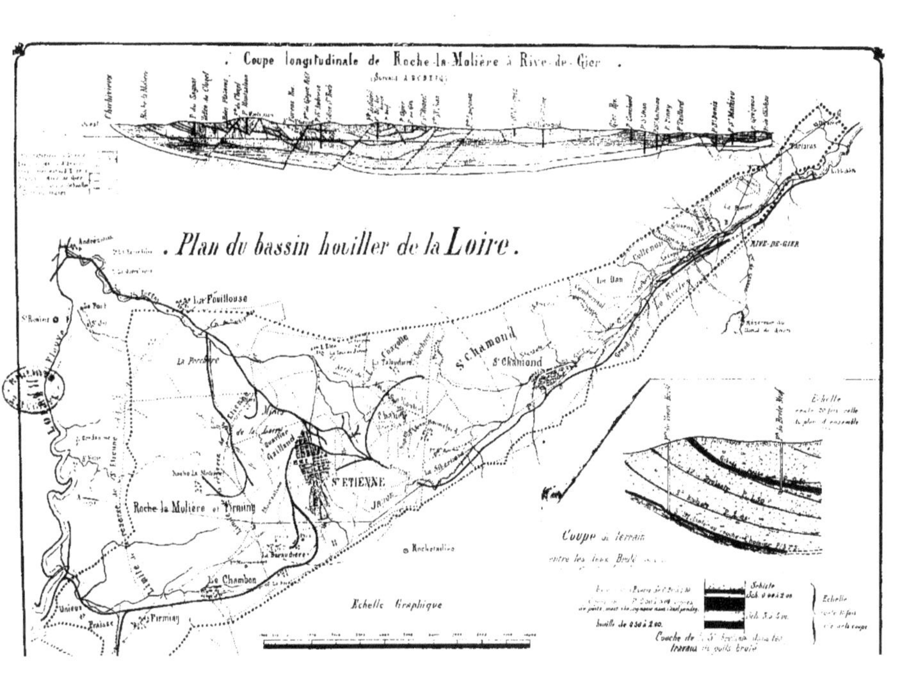
Coupe longitudinale de Roche-la-Molière à Rive-de-Gier
Plan du bassin houiller de la Loire.
Andrézieux
La Fouillouse
St Romain
La Porchère
Roche la Molière
Roche-la-Molière et Firminy
Le Chambon
Firminy
Unieux
Fraisse
Gaillard
ST ETIENNE
Rochetaillée
St Chamond
St Chamond
Le Dan
Collenon
RIVE-DE-GIER
Tartaras
LOIRE
Echelle Graphique
Coupe de terrain
Echelle
Schiste
houille de 0.50 à 2.00
Couche de

Au commencement du XVIIIe siècle, on ne comptait dans tout le Forez que vingt-six mines ouvertes, et encore, pour un certain nombre d'entre elles, le rendement était-il presque nul car elles étaient en partie envahies par les eaux.

L'intendant Trudaine, l'un des successeurs du célèbre d'Herbigny, nous a laissé sur cette époque des renseignements assez intéressants. A son dire, la production était alors de 100,000 charges, soit 12,482 tonnes par an. La charge qui pesait de 250 à 260 livres, valait de 6 à 8 sols, selon la qualité du combustible.

Pendant la Révolution, l'exploitation houillère, contrairement à tant d'autres industries, se développa dans une certaine proportion ; c'est qu'il fallait du charbon pour entretenir les manufactures d'armes ; et les houilles étrangères, surtout celles qui nous venaient d'Angleterre, ne pouvaient plus pénétrer en France.

La Convention envoya dans la Loire des représentants chargés de prendre des mesures énergiques pour activer la production.

Plus tard, en 93, le Conseil général de la Loire, pour assurer le recrutement d'un nombre suffisant d'ouvriers mineurs, prenait un arrêté dont les considérants et l'article 1er caractérisaient bien la situation d'alors :

« Le Conseil général, considérant que tous les artistes et ouvriers de la République doivent réunir leur industrie et leurs travaux, les uns pour fabriquer les armes avec lesquelles nous devons anéantir nos ennemis, les autres pour approvisionner et fournir les matériaux nécessaires aux fabricateurs; et enfin, que tous les citoyens doivent tendre à la défense générale de la République;

Le Procureur général syndic, ouï,

ARRÊTE :

Article premier. — Tous les ouvriers occupés à l'extraction du charbon de terre des mines, dont la fouille est ouverte sur le territoire de ce département, et servant à l'approvisionnement de la manufacture extraordinaire des armes, sont dès à présent mis en réquisition, en exécution de l'article V, du décret du 23 août dernier et à la lettre du Comité de Salut public du 4 octobre suivant, et défenses sont faites aux ouvriers de travailler à d'autres mines (1). »

En résumé, une activité dévorante dans l'extraction de la houille et dans la fabrication des armes de guerre, à la manufacture, voilà toute l'histoire industrielle de Saint-Etienne pendant la Révolution.

Jusqu'en 1810, l'exploitation des mines n'avait pas été réglementée d'une manière bien nette ; aux termes de la loi de 1791, tout propriétaire du sol avait le droit de fouiller son terrain jusqu'à 100 pieds et de jouir des minéraux qu'il contenait.

Pour éviter que trop de gens ne se missent à ouvrir des puits, la loi de 1810 prescrivit qu'aucune mine ne devrait continuer à être exploitée ou commencer à l'être sans l'obtention d'une concession.

Ce que cette loi avait de trop exclusif fut, cependant, atténué par une disposition transitoire.

Pour ne pas arrêter les exploitations en voie d'exécution, un décret du 6 mai autorisa les exploitants en activité à continuer leurs travaux, en se soumettant immédiatement aux formalités nécessaires pour obtenir une concession régulière.

(1) Relevé par M. Brossard, dans les Archives départementales de la Loire, registre des délibérations du Conseil général du département de la Loire de l'an II, l. 2.

Le Préfet de la Loire fit arrêter, à cette époque, un état contenant les autorisations provisoires. Mais on attendit longtemps encore, une quinzaine d'années environ, la loi fixant définitivement le droit d'exploiter.

La réserve autour de Saint-Etienne avait été abolie par la Révolution qui avait fait tomber tous les privilèges ; cependant en 1812, un arrêté préfectoral avait rétabli l'arrêt de 1767, établissant cette réserve autour de la ville ; mais les prescriptions n'en furent pas toujours très scrupuleusement observées. En 1817, un certain nombre d'industriels de la ville, trouvant que cela leur causait préjudice en les empêchant de se procurer le combustible à bas prix, réclamèrent la mise à exécution de l'arrêté consacrant cette réserve.

L'année suivante, le Conseil général de la Loire appela l'attention du Gouvernement sur la nécessité qu'il y avait à se prononcer catégoriquement pour l'application efficace du droit de réserve ou pour sa suppression immédiate ; car, outre que les avis étaient très partagés, selon les intérêts de chacun, l'application des demi mesures entraînait des abus sérieux.

Avant de prendre une décision, le Ministre de l'intérieur, qui savait déjà que le Conseil des mines et le Directeur général des ponts et chaussées et des mines étaient pour la suppression de la réserve, voulut connaître sur la question l'avis motivé du Conseil municipal et de la Chambre consultative de commerce de Saint-Etienne. Tous deux se prononcèrent pour le maintien de la réserve.

Le Ministre adopta un moyen terme qui concilia tous les intérêts dans la mesure du possible. Aucune ordonnance nouvelle ne fut reudue, et on convint qu'au moment où le pouvoir exécutif accorderait les concessions, les concessionnaires se trouveraient en même temps affranchis des prescriptions de l'arrêt de 1763.

Si j'ai résumé cet important débat, très longuement et très fidèlement présenté dans l'ouvrage de M. Brossard, c'est que la solution de la question avait une immense importance pour l'avenir de l'exploitation des mines de houille. L'arrêt de 1763, tout en avantageant certaines industries stéphanoises, portait une atteinte grave au droit de propriété et à la liberté du commerce intérieur.

Voyons maintenant comment fut tranchée la question si importante des concessions à accorder.

Après que la loi de 1810 eut été votée, plusieurs exploitants adressèrent au Préfet des demandes de concession ; mais ils ne reçurent d'abord aucune réponse, parce qu'on voulait établir auparavant, pour servir de base, un travail général sur la conformation géologique et topographique du bassin.

C'était une tâche difficile et pour l'accomplissement de laquelle il fallait surtout beaucoup de temps.

En 1812, un homme éminent, M. Beaunier fut chargé d'exécuter les travaux de nivellement, nécessaires à l'établissement d'un plan exact du territoire houiller de Saint-Etienne. A partir du moment où il entra dans la période d'exécution, ce travail fut fait avec activité, car moins d'un an après, Beaunier présentait au Conseil général des mines un travail préparé sous sa direction pour la *Reconnaissance du bassin houiller*.

Ce ne fut, cependant, que le 27 octobre 1823 que le gouvernement accorda dans la Loire la première concession délivrée en vertu de la loi du 21 avril 1810.

Le Conseil général des mines avait arrêté, en 1813, le projet de partager le bassin houiller, en un nombre limité de périmètres ou concessions définitives, tout à fait indépendantes les unes des autres, et dont la détermination reposait uniquement sur le gisement des couches suffisamment connu depuis le travail de reconnaissance, exécuté par Beaunier, en 1812.

Plus tard, l'administration se vit dans l'obligation de subdiviser chacun de ces territoires, ne pouvant concilier les intérêts des divers exploitants qui auraient eu, cependant, avantage à s'entendre et à ne former qu'une seule compagnie, par exemple, pour l'exploitation en commun, des couches comprises dans un même périmètre.

Pendant les dix années qui suivirent la délivrance de la première concession, c'est-à-dire de 1824 à 1834, l'exploitation de la houille, dans le bassin de la Loire, prit une extension considérable, favorisée par la création des premiers chemins de fer qui ouvrirent des débouchés importants aux produits de nos mines; d'une part sur la Loire, par Andrézieux et Roanne, et de l'autre sur le Rhône, par Givors et Lyon.

Le résultat qu'on obtint, par le morcellement des périmètres, fut qu'en 1843, il existait dans le bassin de la Loire soixante concessions, dont une vingtaine se fractionnaient en plusieurs subdivisions. On comptait 105 exploitations (1).

Cet état de choses était trop nuisible à l'intérêt des exploitants pour durer longtemps. Ils se ruinaient les uns les autres par la concurrence, et le simple voisinage faisait déjà qu'ils se portaient préjudice.

En 1844, les sociétés du bassin de Rive-de-Gier décidèrent de se grouper et formèrent, en s'adjoignant plusieurs

(1) Nous emprunterons de précieux renseignements sur les mines de Saint-Etienne à partir de 1833, au très intéressant travail statistique que M. Lucien Thiollier a fait au nom de la Chambre de commerce pour être présenté au Ministre du Commerce, de l'Industrie et des Colonies.

concessions du bassin de Saint-Etienne, la Compagnie des mines de la Loire

Les autres concessions du bassin de Saint-Etienne se réunirent à leur tour pour former la Société des Mines réunies de Saint-Etienne.

Voilà donc l'exploitation entière des mines du bassin houiller de la Loire entre les mains de deux Compagnies rivales qui se firent, on le comprendra, une concurrence acharnée jusqu'au jour où, voyant que leur intérêt était de s'entendre, elles décidèrent de se fusionner en une seule Compagnie, au mois de Novembre 1845.

On s'inquiéta vivement des dangers que pouvait amener ce monopole pour les industries de la région, en faisant augmenter considérablement le prix des charbons, tout en les maintenant cependant légèrement au-dessous du prix auquel les industriels pouvaient se les procurer au dehors.

A la première hausse des prix, ce fut un tolle général; des protestations motivées s'élevèrent de toutes parts.

Le Conseil municipal, dans une de ses délibérations, demanda qu'il fut pris des mesures préventives.

Le Conseil général de la Loire crut devoir signaler au gouvernement les dangers d'une telle association.

La Chambre de commerce de Saint-Etienne exprima, dans une énergique délibération, le vœu de voir cesser au plus tôt un état de choses, devenu menaçant pour l'avenir des grandes industries stéphanoises.

Un certain nombre d'autres villes industrielles joignirent leurs protestations à celles des corps constitués de la Loire.

Ce fut au point que le Ministre des Travaux publics, pour donner un commencement de satisfaction à de si nombreuses réclamations, et pour s'éclairer complètement sur la question, chargea par un arrêté du 19 novembre 1845,

M. Migneron, inspecteur général de la division des mines du Centre, de se rendre sur les lieux et de rédiger un rapport indiquant les mesures qu'il y aurait à prendre pour préserver les usines et les marchés de la région des dangers dont les menaçait le monopole. En même temps, il devait signaler les moyens à employer pour assurer aux ouvriers, un salaire en rapport avec le prix de vente de la houille qu'ils arrachaient si péniblement des profondeurs du sol.

Cette question du salaire des ouvriers méritait certes bien quelque considération, puisque très peu de temps après, faute d'avoir reçu une solution suffisante, ces derniers se mirent en grève, une première fois en 1846, une deuxième fois en 1849 et enfin en 1852.

On ne doit pas s'étonner que la solution à intervenir pour empêcher le monopole se soit fait attendre longtemps ; il y avait de trop graves intérêts en jeu pour qu'il en fût autrement et le 21 octobre 1851, c'est-à-dire, six ans après, les choses en étaient encore au même point qu'en 1845.

Au milieu des péripéties de cette lutte contre le monopole, nous allions oublier de parler d'une invention, appelée à rendre les plus grands services. Jusqu'alors les amas de poussière de houille, qui obstruaient les chantiers, étaient perdus pour l'industrie ; en 1843, M. Emile Marsais eut l'idée heureuse et fructueuse d'en tirer parti. L'emploi qu'il fit de la résine et du goudron, pour relier et rendre compacts les grains de cette poussière noire, réussit parfaitement. Il obtint ainsi un composé, développant, sous le même volume, un calorique supérieur à celui de la houille et surtout plus régulier, puisqu'il n'y a dans ce cas ni pierres, ni scories. Ce produit fut dès lors très recherché pour approvisionner les machines des navires et celles des chemins de fer. Revenons à la question du monopole, voyons comment elle fut tranchée après les longs débats dont nous venons de parler. Un projet, minutieusement élaboré par le chef de la division des mines, fut présenté à la signature du Président de la République.

Il interdisait de réunir sans autorisation *des concessions* à d'autres *concessions de même nature*. C'était tout ce qu'on pouvait faire sans amener de graves complications ; mais la réunion des Mines de la Loire était un fait accompli, la loi passait par dessus la tête de la puissante Compagnie sans l'atteindre.

Les événements amenèrent cependant le fractionnement de cette réunion des Mines de la Loire; une forte hausse s'étant produite à la fin de 1852, dans le prix de la houille à Saint-Etienne et à Lyon, des plaintes nombreuses, dont les plus importantes émanaient du Conseil général du Rhône et de la Chambre de commerce de Lyon, appelèrent l'attention du gouvernement sur ce fait. Une enquête préalable ayant établi que la faute était toute entière à la Compagnie des mines de la Loire qui ne faisait pas suffisamment produire les mines qu'elle avait réunies, le gouvernement lui imposa de rudes conditions, telles que de reprendre l'exploitation des concessions en chômage, d'extraire au moins 4,000 quintaux métriques par jour, etc.

D'autre part, l'Empereur, après avoir entendu les délégués des réclamants et les représentants de la Compagnie, s'était prononcé pour le fractionnement de cette dernière. Il ne restait qu'à se soumettre ; mais elle fit valoir les meilleures raisons, pour que le nombre des groupes fut le plus petit possible, trois au plus. De son côté, M. Dessouich, ingénieur en chef des mines du département de la Loire, dans un rapport qu'il fut chargé de faire en 1853, proposa de répartir les concessions de la région en sept groupes.

Enfin, pour clore le débat, un décret impérial du 17 octobre

1854, répartit les diverses concessions du bassin houiller de la Loire entre quatre Sociétés anonymes :

Société des Houillères de Saint-Etienne,
Société des Houillères de Montrambert et de la Béraudière,
Société des Houillères de Rive-de-Gier,
Société des Mines de la Loire.

Cette mesure eut une influence heureuse pour le développement de l'extraction de la houille, car la production qui, en 1854, avait été de 2,215,843 tonnes, s'est élevée, en 1890, à 3.532,152.

Nous remarquerons que, depuis ces dernières années, ce chiffre est resté à peu près stationnaire, et il paraît qu'il n'est pas sensiblement appelé à augmenter.

Mais alors, comme les calculs des ingénieurs ont permis de déterminer, aussi approximativement que possible, les richesses du bassin houiller, on peut se proposer de déterminer dans des limites assez larges, pendant combien de temps encore on pourra extraire du charbon des profondeurs du sol.

En 1813, M. Beaunier estimait qu'il en restait, approximativement, 103,190,800 tonnes. M. Dessouich calculait, en 1853, que la quantité de houille contenue encore dans le bassin, s'élevait à 191,803,600 tonnes. Enfin, de nos jours, on estime la richesse connue à 80,000,000 de tonnes, et la richesse probable à 90,000,000, en chiffres ronds, cela fait 200,000,000 de tonnes (1). D'après ces données, on pourrait donc encore extraire du charbon, dans les conditions ordinaires, pendant plus d'un demi-siècle.

Nous n'avons pas fait entrer dans cette dernière évaluation les couches d'une richesse inférieure dont on néglige, j'allais

(1) J'emprunte ces chiffre actuels à M. Lucien Thiollier, qui les a puisés aux meilleures sources.

dire dont on dédaigne, aujourd'hui l'extraction et que l'on sera peut-être bienheureux de retrouver plus tard. Enfin, comme les perfectionnements apportés dans les moyens d'extraction permettent de descendre actuellement à mille et onze cents mètres, où l'on rencontre des couches d'une très grande richesse, l'avenir nous réserve peut-être, non pas un demi-siècle, mais un siècle entier d'extraction, en tenant compte de ces toutes dernières considérations.

Il est superflu de parler ici des progrès que la mécanique moderne à introduits dans les procédés d'extraction de la houille. La vapeur soulève aujourd'hui du fond des puits d'énormes cages en fer où des wagonnets pleins de charbon sont disposés sur des plates formes superposées (1). Dès qu'ils arrivent au niveau du sol, il ne reste plus qu'à les pousser pour qu'ils viennent s'engager sur la voie ferrée, conduisant au lieu de déchargement. Le système Decauville rend là d'immenses services.

Tout cenx qui ont visité la dernière Exposition de Saint-Etienne, doivent encore avoir présent à la mémoire, l'effet imposant produit par ce puissant matériel dans la confection duquel les savants ingénieurs de notre époque ont apporté tant de perfectionnements.

Avant de terminer, il n'est pas inutile de dire un mot de cette intéressante population de travailleurs qui exerce un métier si dur et si souvent dangereux, témoins les nombreuses explosions de grisou dont nous avons eu à parler dans la partie historique de cet ouvrage. Nous avons été heureux de constater qu'on avait commencé à s'occuper efficacement de veiller à la sécurité de ces humbles travailleurs, en rendant les

(1) C'est à la fin du siècle dernier que l'on commença à employer dans les mines des machines à vapeur; mais le manque de perfectionnement empêcha tout d'abord ces lourds engins de rendre de bien grands services à l'exploitation.

Compagnies responsables, dans une juste mesure, des accidents qui pouvaient se produire.

La question des salaires a fait aussi de grands progrès, et l'on rémunère aujourd'hui, d'une manière convenable, toutes les catégories d'ouvriers employés dans les mines.

D'un état comparatif des salaires, en 1833 et en 1890, présenté cette année par l'honorable secrétaire de la Chambre de commerce, il ressort qu'ils ont, pour le moins, doublé.

Nous reproduisons cet intéressant document (1).

SALAIRES 1831-1833		SALAIRES 1890	
Avec retenue de 2 °/o pour la caisse de secours.		Avec retenue de 3 °/o ou néant suivant les mines.	
	PAR JOUR		PAR JOUR
Gouverneur.	3^{f}	Gouverneur	6^{f} » à 7^{f}
Piqueur à la journée.	2 » à 2 25	Piqueur à la journée	4 50 à 5 50
Chargeur.	1 75 à 2 25	Chargeur	4 » à 4 25
Boiseur.	1 50	Boiseur	4 35 à 5 »
Marineur.	1 25 à 1 75	Remblayeur	3 75 à 4 25
Porteur.	1 50 à 2 »	Rouleur.	3 75 à 4 25
	PAR MOIS		PAR MOIS
Boursier. . . . . , .	45^{f} à 75^{f}	Basculeur	100^{f} à 120^{f}
Machiniste . . . . ,	45 à 60	Machiniste.	110 à 150
Garde de nuit. . . .	50	Garde de nuit. . .	90 à 100

Cette question si importante des salaires est loin d'avoir été complètement résolue, et nous devons signaler, comme s'y rattachant directement, un courant d'idées nouvelles, avec lesquelles il y aura certainement à compter dans l'avenir ; ce sont celles qui tendent à faire prévaloir le régime de la *Mine aux mineurs*. Quand l'animosité, engendrée par le heurt des intérêts contraires, inséparable de toute innovation importante,

(1) Que le lecteur se reporte un instant aux chiffres tirés du mémoire que l'intendant Trudaine adressa, en 1709, au directeur des finances, Desmarest.

sera tombée, on reconnaîtra peut-être que cette théorie, sagement appliquée, présente de bons côtés. Elle a, d'ailleurs, parfaitement réussi dans le bassin du Gier ; il est vrai de dire que là, les conditions d'extraction ne sont plus les mêmes que pour la plupart des puits de Saint-Etienne.

Dans la Mine aux mineurs du Gier, le charbon est presque à fleur de terre, le matériel d'exploitation est, par suite, très simple, et si l'on a pu se passer là-bas d'ingénieurs, il n'en sera pas de même dans la plupart des cas.

Que l'association des mineurs remplace celle des capitalistes, rien de mieux ; mais qu'on ne s'ôte pas de l'idée qu'une armée a besoin de ses officiers autant que de ses soldats. Les généreux organisateurs de ce nouvel état de choses devront donc, avant tout, charger des ingénieurs capables et expérimentés de la direction des travaux d'exploitation.

Nous émettrons enfin, pour l'avenir, les mêmes vœux philanthropiques que M. Brossard, dont nous répèterons textuellement les paroles, parce qu'il était impossible de mieux dépeindre la situation présente des mineurs, et de signaler, d'une façon plus entendue, les améliorations à apporter dans l'avenir.

« Dans certaines professions, on doit l'avouer, l'ouvrier n'applique à son labeur qu'une partie minime de son intelligence, et les conditions actuelles du travail du mineur font de ce dernier, ainsi qu'on l'a dit, un *instrument vivant*. Nous devons chercher à diminuer la part du travail musculaire de l'homme, à le convertir en travail mécanique des appareils, et réserver son action pour la conduite des outils, des machines, et pour certains labeurs réclamant le travail simultané de l'intelligence et des membres. »

CHAPITRE II

FABRICATION DES ARMES DE GUERRE. — FONDATION DE LA MANUFACTURE D'ARMES. — SES ACCROISSEMENTS SUCCESSIFS

Certains chroniqueurs ont cherché à faire remonter la fabrication des armes, dans la région stéphanoise, à une haute antiquité, aux Romains, aux Gaulois même (1).

Nous n'entrerons pas dans la même voie que ces conteurs fantaisistes, dont les dires ne sont appuyés sur aucun fait, et la plupart du temps, absolument erronés. Ainsi, l'on sait parfaitement, par les historiens anciens, qu'il n'y avait dans toute la Gaule que huit villes où l'on fabriquait des armes. Saint-Etienne n'était pas plus comprise dans ce nombre que les autres cités du pays des Ségusiaves (2).

(1) L'abbé Soleysel, dans un mémoire qu'il fit en 1691 sur Saint-Etienne, affirme que les Romains, puis les Goths et les Francs sont venus y faire fabriquer des armes pour leurs troupes. Auguste Callet, dans *La Légende des Gagats*, parle de métallurgistes gaulois établis dans la région. Inutile d'insister sur le peu de fondement qu'offrent de pareilles assertions.

(2) Ces villes étaient : Argentoratum (Strasbourg), Matisco (Mâcon), Augustadunum (Autun), Suessionum civitas (Soissons), Remi (Reims), Ambiani (Amiens). — Charles Cayx. *Précis de l'Histoire de France*.

Le premier acte authentique qui puisse nous éclairer sur le travail du fer et la fabrication des armes à Saint-Etienne, dans les siècles passés, est le terrier Paulat de 1515. Il contient le dénombrement de la population de la ville, par corps de métiers.

Sur cent vingt-cinq ouvriers, formant presque la totalité de la population laborieuse, soixante-huit s'adonnaient exclusivement au travail du fer; ils se répartissaient ainsi :

3 arbalestriers ;
4 couteliers ;
45 forgerons ;
3 forgeurs de fers de lances ou de hallebardes ;
13 taillandiers.

On voit, par là, que la base de l'industrie stéphanoise était déjà le travail du fer.

On peut constater aussi, à l'aide de ce document, que les armes qui étaient fabriquées, à cette époque, à Saint-Etienne, par les corporations reconnues, n'étaient pas des armes à feu, quoique on s'en servit depuis longtemps déjà dans les combats.

Il ne faudrait cependant pas induire de là, d'une manière absolue, qu'aucune arme à feu n'eût été fabriquée à Saint-Etienne pendant le XVe siècle.

S'il n'y avait pas alors de corporation d'ouvriers s'occupant spécialement de cette industrie, rien ne prouve que les nombreux forgerons établis dans la région n'aient pas déjà, à cette époque, confectionné quelques traits à poudre.

Nous nous contenterons de citer, à ce sujet, un passage de Viollet-le-Duc, jetant une vive lumière sur la question : « Les quelques traits à poudre, réunis dans les collections publiques et datant de la deuxième moitié du XVe siècle, sont des armes

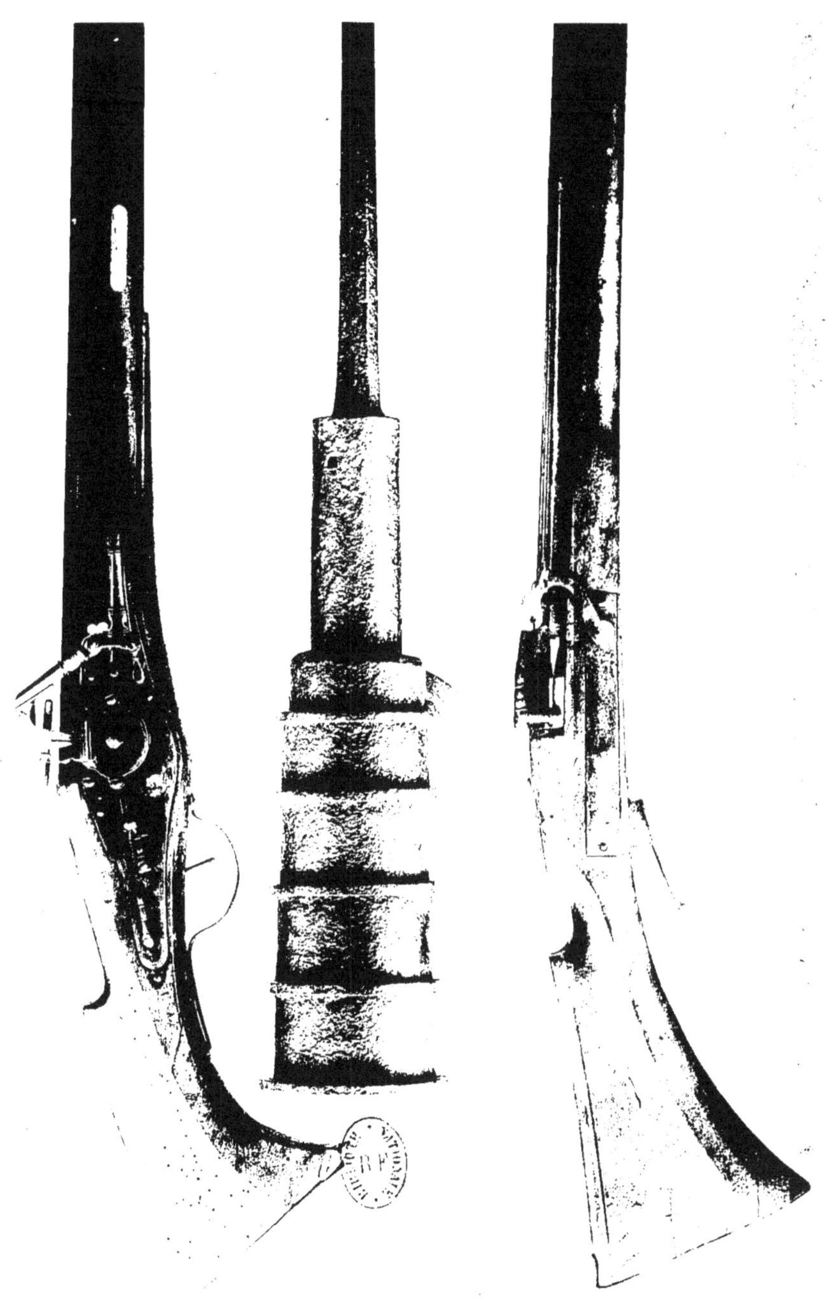

Phototypie *Bellotti*

ARMES DE PROVENANCE STÉPHANOISE

(FIN DU XVe SIÈCLE ET COMMENCEMENT DU XVIe)

[illegible]

barbares et qui semblent fabriquées par des forgeurs très ordinaires. Et cependant, l'art de travailler le fer avait atteint, dès le XIVe siècle, chez les armuriers, une perfection qu'avec peine nous pouvons obtenir aujourd'hui. »

Ce fait a sa signification. « Ces traits à poudre étaient, au début, entre les mains des plus infimes d'entre les combattants des troupes françaises ; ils sortaient d'ateliers d'artisans qui appartenaient à des corporations étrangères à la fabrication des armes (1) ».

Il ne faut pas non plus s'étonner outre mesure si, à Saint-Etienne, au Musée de la ville, comme d'ailleurs dans la plupart des collections publiques ou privées, on ne voit presque, parmi les premières armes à feu, que des armes de provenance étrangère. C'est, dit encore Viollet-le-Duc : « Que la noblesse répugnait à leur emploi, au lieu que les milices bourgeoises furent organisées de bonne heure dans les villes libres d'Italie et d'Allemagne. »

A l'époque de la Renaissance, La Fouillouse, localité située à la distance de 10 kilomètres environ de Saint-Etienne, possédait déjà, depuis longtemps, l'industrie des arbalètes qui vint bientôt se fondre, dit Auguste Bernard, dans celle générale

(1) Viollet-le-Duc, *Dictionnaire du mobilier français* (VI, p. 330). En nous faisant visiter sa magnifique collection d'armes anciennes, M. le comte de Charpin-Feugerolles nous a montré dernièrement un de ces traits à poudre très bien conservé. La fabrication peut en être attribuée à l'un des anciens fabers qui, dans l'origine, s'occupaient de la confection de ces armes primitives. Il y a quelques années seulement qu'il a été retrouvé dans les environs du château, par M. Nicolas, qui l'a cédé à M. de Charpin-Feugerolles. Le poids semble indiquer que ce n'était pas là une arme portative, elle devait plutôt être fixée à quelque embrasure pour servir à la défense des murs du château.

Il possède, en outre, un fauconneau en fer forgé remontant à la même époque, également retrouvé dans le château, ainsi qu'un pierrier en fer forgé, et cerclé de fer — l'emploi des brettes ne date donc pas d'hier —, cette dernière arme, remontant à la même époque, provient également de Saint-Etienne.

des armes de Saint-Etienne où se fabriquaient, nous l'avons déjà vu, en petite quantité, des arbalètes, des hallebardes, des lances et des épées (1).

A Saint-Priest, l'antique famille des Javelle fournissait des armuriers de père en fils. Ce nom paraît, en effet, dériver directement de l'ancien mot « Javelot », de même que le nom de Faure, si répandu dans les terriers de nos pays, est une corruption certaine de « Faber », forgeron.

De bonne heure, François 1er se préoccupa d'établir, dans le royaume, une fabrique d'armes à feu, dont l'usage se généralisait sur les champs de bataille et que, depuis sa rivalité avec Charles-Quint, il ne pouvait plus tirer, comme on l'avait fait jusqu'alors, de certaines villes d'Allemagne.

Ses vues se portèrent sur Saint-Etienne, dont les habitants avaient acquis une certaine supériorité dans le travail du fer.

Il envoya en 1516, l'ingénieur languedocien Georges Virgile, pour étudier quels avantages la localité pouvait présenter à ce point de vue.

Au premier abord, celui-ci reconnut que la ville réunissait toutes les conditions nécessaires à l'établissement et à la prospérité d'une pareille industrie; l'abondance et la qualité du charbon qui, sur quelques points même, se rencontrait à fleur de terre; la supériorité des grès propres à faire des meules à aiguiser, enfin, la bonté des eaux du Furan pour la trempe du fer.

Il constata aussi que la main d'œuvre était très abondante

(1) M. le comte de Charpin-Feugerolles possède un certain nombre de ces anciennes armes blanches, dont l'origine stéphanoise n'est pas douteuse, puisqu'en grande partie elles ont été retrouvées dans les sous-sols du château, qui eut à soutenir un siège au XVIe siècle, lors des guerres de religion. Le bon sens indique assez que, dans un pays où l'on fabriquait ces sortes d'armes, on n'avait pas à les faire venir du dehors.

Phototypie *Bellotti*

ARMES BLANCHES D'ORIGINE STÉPHANOISE

(ÉPOQUE DE LA RENAISSANCE)

Tirées de la collection de M. le Comte de Charpin-Feugerolles

et peu coûteuse, à cause de la densité de la population sur un sol aussi peu propre à la culture que l'est celui des collines qui avoisinent la ville.

Dès cette époque, une partie des ouvriers stéphanois s'occupa d'arquebuserie pour la fabrication des armes de guerre, destinées surtout aux simples soldats, et naturellement moins bien finies et d'un prix de revient inférieur de beaucoup à celui des armes de luxe, qui se fabriquaient ailleurs à la même époque.

Il n'y avait même pas de modèle réglementé, si l'on s'en rapporte aux gravures et dessins de l'époque, représentant des combats. Les commandes d'armes, nécessaires aux troupes royales, étaient faites directement aux arquebusiers ; on ne leur demandait qu'une chose, c'était de confectionner économiquement une arme en état de servir ; aussi s'occupait-on peu du fini du travail ou du poids que présentait l'arme, une fois achevée.

Nous citerons un curieux document de 1691, qui nous apprend qu'on ne tarda pas à remédier au grave inconvénient résultant de la variation du poids, en réglementant la quantité de fer qui devait être employée à la confection du canon de chaque sorte d'arme, « Martin Tezenas et Sébastien Dufour, maîtres-faiseurs de canons dudit Saint-Etienne, ont dit et déclaré qu'ils ont autrefois travaillé à faire des canons de mousquets, de boucanières, de mousquetons et de pistolets appelés pesarelles pour le service des armées navales de Sa Majesté, qu'ils ont toujours employé à faire lesdits canons savoir : pour les canons de mousquet, 18 livres pesant de fer pour chacun ; pour chaque canon pour boucanière, 25 livres ; pour mousqueton, 14 livres et pour chaque paire de canon pistolet pesarelle 12 livres de fer. »

On le voit, ce document nous apprend aussi que Saint-

Etienne, à cette époque, fabriquait pour le compte de la marine, comme fait aujourd'hui Saint-Chamond.

Dès l'année 1535, on vit s'élever sur les bords du Furan des fabriques d'armes, d'où sortirent, pendant longtemps, toutes les arquebuses à fourchettes, les mousquets, armes à rouet et à croc, en service dans nos armées (1).

Une des premières familles qui s'occupèrent à Saint-Etienne de la forge du canon et dont le nom nous soit parvenu, est la famille Merley, établie vers 1550, sur les bords du Furan.

C'est de cette famille ancienne que sont issus les Merley-Duon, les Merley-Chometon, les Merley-Thinot, qui ont acquis depuis une certaine célébrité dans le même art (2).

La fabrication libre pour le compte de l'Etat dura jusqu'au commencement du XVIIe siècle; comme de nombreux abus avaient fini par se commettre, des officiers d'artillerie furent spécialement chargés à cette époque, de surveiller la fabrication et de recevoir les armes.

Le service du contrôle était créé. M. de Saussay, officier d'artillerie, en eut le premier la direction ; en 1717, il n'avait sous ses ordres qu'un seul contrôleur.

(1) M. de Charpin-Feugerolles a bien voulu nous confier, pour les faire reproduire dans nos planches, une arquebuse à rouet et un mousquet à mèche datant de cette époque, et dont l'origine stéphanoise n'est pas douteuse, puisque ces armes proviennent du château où elles ont été trouvées avec le pierrier, le trait à poudre et les hallebardes dont nous avons parlé précédemment.

(2) On fabriquait aussi des cuirasses à Saint-Etienne, en 1590. C'est ce que nous apprend un document historique, une lettre du capitaine Honoré d'Urfé, qui occupa Saint-Etienne à cette époque, et sut profiter de son séjour dans cette ville pour compléter l'armement de sa troupe. Le passage de cette lettre, adressée aux consuls de Lyon, que nous allons reproduire, fait connaître, en outre, le nom de l'armurier qui s'occupait de ce genre de travail : « Je vous suplie de laisser sortir de vostre ville quatre pacquets d'estoffes au sieur Falgard, marchand de vostre ville, ayant charge de M. Jehan *Hure,* armurier, afin qu'il ayt moyen de promptement parachever les cuirasses et plastrons que je luy ay commandés, tant pour moy que pour ma compagnie, qui est acheminée pour le secours de Bourg-Argental. »

Ce fut là une heureuse innovation, dont les bons résultats ne se firent pas attendre.

Ses successeurs furent : M. Faure, chargé de ce service vers l'année 1742; M. Brune, que nous trouvons à la tête du contrôle en 1747 ; M. de Saint-Hilaire, qui occupait les mêmes fonctions en 1750. Ces deux derniers avaient le grade de lieutenants colonels d'artillerie ; c'est dire que la fabrication des armes avait déjà pris une grande extension. Cependant les livraisons étaient souvent défectueuses, et pour remédier à cet état de choses, le gouvernement envoya à Saint-Etienne M. de Montbéliard, inspecteur de la Manufacture d'armes de Charleville.

Aussitôt arrivé, il constatait que le côté défectueux de la fabrication stéphanoise était la dispersion des ouvriers; car, chacun d'eux travaillait à domicile à la confection d'une seule des pièces de l'arme et, par suite, toute direction dans le travail était impossible. Le personnel, chargé de la réception des commandes, n'était pas non plus suffisant.

Afin de grouper les ouvriers, il fonda une société chargée de la fabrication de toutes les armes de guerre et, afin d'assurer le succès de cette entreprise, il obtint pour elle les mêmes privilèges que ceux dont jouissaient les deux autres Manufactures royales de Charleville et de Maubeuge.

Cette nouvelle société, qui prit elle-même le titre de *Manufacture royale*, fit aussitôt construire les ateliers et les magasins nécessaires.

C'est à partir de cette époque que le contrôle et la direction se trouvèrent réunis entre les mains des officiers de l'artillerie; c'est donc, à cette date seulement, qu'il faut faire remonter la véritable création de la Manufacture d'armes de Saint-Etienne.

On le voit, il y avait un grand progrès; mais tout le

travail ne pouvait pas encore être exécuté dans les bâtiments construits par la Société ; quelques armes seules y étaient confectionnées de toutes pièces ; pour le plus grand nombre d'entre elles, les ouvriers continuaient à fabriquer, chacune, des parties à domicile ; mais le montage et la vérification se faisaient toujours à la Manufacture.

Nous citerons en passant ce fait que certains quartiers de la ville, ou certaines localités avoisinantes, avaient la réputation de fournir les meilleurs ouvriers, pour telle ou telle pièce d'arme ; ainsi les canonniers qui habitaient les maisons basses construites sur les bords du Furan étaient renommés pour les meilleurs, le village de Saint-Héand fournissait les plus habiles ouvriers de l'époque, pour la fabrication des platines et des montures. La Manufacture y faisait de nombreuses commandes de ces articles ; un capitaine d'artillerie et plusieurs contrôleurs étaient installés dans la localité pour la réception de ces deux sortes de pièces.

L'habile organisation de la Manufacture par M. de Montbéliard, porta presque immédiatement ses fruits, car bientôt on put fabriquer par an 20,000 armes de bonne qualité, au lieu de 3,000, que l'on faisait auparavant avec beaucoup de peine.

L'organisateur, le créateur de la Manufacture, quitta Saint-Etienne en 1765, pour rentrer à Charleville, après avoir été remplacé par un capitaine d'artillerie, M. de Bellegarde.

C'est cette même année, paraît-il, qu'on commença à fabriquer des baïonnettes à Saint-Etienne. Jusqu'à ce jour, on les avait reçues toutes faites de Klingental et on les ajustait seulement sur les fusils, avant de livrer ces derniers à l'Etat.

La composition des sociétés chargées de l'exploitation de la Manufacture aux différentes époques fut très variable.

La première entreprise se composait de neuf membres, tous négociants de la ville ayant une certaine notoriété. En 1760, cette première association prit fin et fut remplacée par un seul entrepreneur, M. Carrier de Monthieux, auquel le Roi conserva les mêmes privilèges qu'à la Société précédemment dissoute. Malheureusement, il ne put tenir seul pendant longtemps, et dût céder la place à MM. Carrière et Dubouchet, en 1773.

La même année, M. de Bellegarde fut remplacé, comme inspecteur de la Manufacture, par le lieutenant-colonel Jaunay, qui fut lui-même remplacé, l'année suivante, par M. de Berre. M. Agout succéda à ce dernier en 1777.

Pendant cette même période (1773-1777), plusieurs entrepreneurs se succédèrent aussi à la Manufacture.

A signaler, à cette époque, la création du fusil modèle 1777, comportant quelques perfectionnements.

Les années suivantes, le chiffre de la fabrication, qui avait baissé de 15,000 à 12,000 depuis qu'on était devenu plus exigeant pour les réceptions, se releva assez sensiblement à cause du grand nombre de commandes nécessaires aux approvisionnements de la marine, car nous étions alors en pleine guerre pour la défense de nos colonies que l'Angleterre nous arrachait pièce par pièce. La guerre de l'indépendance des Etats-Unis ne va faire qu'augmenter l'importance des commandes d'armes à la Manufacture de Saint-Etienne.

En 1780, M. d'Agout, nommé directeur général des trois Manufactures royales, eut, comme successeur à celle de Saint-Etienne, M. Danzel, qui augmenta le nombre des ateliers, fit construire un magasin à poudre et réserva un emplacement spécial pour l'épreuve des canons (1).

(1) Il y avait longtemps déjà que les canons des armes de guerre étaient éprouvés avant d'être livrés à l'Etat ; mais l'épreuve ne se faisait pas à la Manu-

A cette époque, les entrepreneurs arrivaient assez difficilement, paraît-il, à retirer un bénéfice suffisant sur les livraisons d'armes qu'ils faisaient à l'Etat. Ils proposèrent au gouvernement de lui faire la cession de leurs usines, de leurs magasins et des approvisionnements de toute nature qui s'y trouvaient renfermés. Ils auraient préféré n'être, en quelque sorte, que les régisseurs de l'Etat, avec un bénéfice assuré de 15 0/0 sur la fabrication des armes.

Le gouvernement ne pouvait pas accepter une pareille proposition, car l'entreprise était le moyen le plus économique, sinon celui qui devait assurer les produits les plus parfaits.

M. de Gribeauval, premier inspecteur général de l'artillerie, dans le but d'améliorer la situation des entrepreneurs découragés de ne pas mieux réussir, et sur le point de se retirer, proposa l'aliénation des immeubles appartenant à la Manufacture, ainsi que de la partie des approvisionnements nécessaires à la fabrication de 12,000 armes. On établit pour cela le chiffre approximatif de 400,000 fr., sur la valeur desquels les entrepreneurs recevraient chaque année 15 0/0. On ne leur accorda que 10 0/0 de bénéfice sur la fabrication directe des armes.

En 1786, M. Lespinas fut nommé inspecteur de la Manufacture ; pendant tout le temps de sa direction le nombre

facture. Il existe à la bibliothèque de la ville un document curieux, intitulé : *Verbal et Sommation*, au nom des sieurs Chapuis et Lardiller contre les fournisseurs de poudre de Lyon. Dans cet acte manuscrit portant la date du 29 mai 1700, le sieur Chapuis, chargé *de l'épreuve des armes qui se fabriquent pour le service des armées de Sa Majesté*, se plaint de ce qu'un baril qu'il avait reçu du commissaire et fournisseur des poudres de la ville de Lyon, ne pesait pas le poids voulu. Nous y relevons entre autres cette phrase : « Ledit Chapuis à besoin d'avoir des poudres pour faire les épreuves des armes qui lui sont apportées journellement dans son bureau d'épreuve, suivant les ordres de nos seigneurs les Gouverneurs et Intendants. »

d'armes fabriquées se maintint à 12,000 par an. Ce chiffre resta à peu près le même jusqu'en 1792.

Au mois de février 1792, un habile contrôleur de la Manufacture M. Javelle, prenait un brevet d'invention pour une machine assez perfectionnée, permettant de dresser, de polir extérieurement et d'achever les canons de fusil beaucoup plus rapidement qu'avant, et avec une très grande économie de main d'œuvre.

Le successeur de M. Lespinas fut le commandant Colomb, qui occupa ce poste jusqu'en 1793.

A partir de cette dernière date, les travaux de la Manufacture furent menés avec vigueur, sous les yeux des représentants que la Convention avait envoyés pour activer la fabrication. En l'espace de dix-huit mois, du mois d'août 1794 au mois de mai 1796, on y fabriqua, dit La Tour-Varan, 170,858 fusils, 13,219 paires de pistolets et une très grande quantité d'armes blanches, sabres ou baïonnettes (1).

C'est de cette époque que date le modèle simplifié qu'on appela le fusil n° premier. Il était plus facile à fabriquer, et son adoption avait, en quelque sorte, été rendue nécessaire par le manque d'habileté des ouvriers, recrutés un peu partout, à une époque où l'on avait été obligé de suspendre toutes les autres industries, pour ne songer qu'à celles qui intéressaient la défense du pays.

En 1796, on réorganisa, encore une fois, la Manufacture; M. Colomb, placé de nouveau à la tête de cet établissement, avec le titre d'inspecteur militaire, fut chargé de rétablir l'ancienne organisation avec des entrepreneurs, s'engageant à fournir directement les armes soumises ensuite à la

(1) De La Tour-Varan : *Notice statistique industrielle sur la ville de Saint-Etienne*, Saint-Etienne, 1851, p. 41.

vérification de contrôleurs et de réviseurs, nommés à cet effet. Un garde d'artillerie fut aussi attaché à l'établissement.

MM. Dubouchet, Jovin père et fils, passèrent, en 1797, un marché avec l'Etat, pour l'entreprise de la fourniture des armes de guerre. Le gouvernement leur fit la cession de tout l'outillage et de tous les approvisionnements existant en magasin. On voit que c'était le retour pur et simple à l'ancien ordre de choses.

En 1799, les demandes d'armes furent considérables ; il fallait pourvoir aux besoins de nos armées, aux prises avec presque toute l'Europe, sans parler de l'expédition d'Egypte, ni de la répression de l'insurrection vendéenne. On dut faire appel à toutes les ressources de d'industrie privée et s'en tenir exclusivement à la fabrication du fusil modèle n° premier. M. Colomb, malgré les plus grands efforts, n'était pas parvenu à augmenter d'une façon sensible les ressources de la Manufacture ; il manquait de bons ouvriers et les besoins de la guerre n'avaient pas permis, dans un pareil moment, de mettre à sa disposition les officiers d'artillerie qu'il réclamait.

Quand Bonaparte eut remporté ses premières grandes victoires, signé la Paix d'Amiens et remis un peu d'ordre dans nos affaires extérieures, le gouvernement put s'occuper des détails d'ordre intérieur ; il envoya en 1802, comme adjoints à l'inspecteur de la Manufacture, deux capitaines d'artillerie ; les bons ouvriers revenaient des armées et le travail reprit plus actif que jamais. Le nombre d'armes fabriquées pendant l'année 1803, s'éleva à 36,000, ce qui était un chiffre très élevé pour l'époque, si on laisse de côté les années exceptionnelles 1794, 1796 et 1799, où l'urgence des événements avait imposé une production enfiévrée, trop hâtive d'ailleurs, pour qu'elle puisse durer longtemps.

Comme on se plaignait de ce qu'un assez grand nombre

d'armes livrées par l'entreprise étaient défectueuses dans certaines de leurs parties, M. Tuffes de Saint-Martin, directeur général des Manufactures d'armes de guerre, fut envoyé à Saint-Etienne, au commencement de 1804. Il signala de graves abus. Le gouvernement consulaire s'émut de ses plaintes et, sur son ordre, de nombreuses réformes furent immédiatement opérées.

L'outillage fut aussi l'objet de nombreux perfectionnements au point de vue surtout de l'accélération du travail. Les résultats ne se firent pas attendre; c'est ainsi qu'en 1806, le chiffre de fabrication s'éleva à 65,975 fusils, le double de ce qui se faisait chaque année auparavant. En 1810, on en fabriqua 97,608, presque le triple du chiffre annuel de la production vers 1803.

A propos de l'occupation de Saint-Etienne par les Autrichiens, au mois de mars 1814, nous avons parlé déjà de l'évacuation des approvisionnements de la Manufacture sur Lyon, occupé par le corps d'armée du prince Schwartzemberg, et par celui du maréchal Bubna.

De 1815 à 1830, l'effectif de l'armée, considérablement réduit, fit descendre la fabrication des armes à un chiffre moyen variant de vingt à trente mille par an.

Pendant cette période de quinze années, de nombreux perfectionnements furent apportés à la Manufacture, dans les procédés de fabrication. En 1816, on adopta pour la forge des canons de fusil la méthode, dite Liégeoise, plus économique et plus expéditive. Des ouvriers, détachés des Manufactures de Charleville et de Maubeuge, vinrent mettre ceux de Saint-Etienne au courant de ce nouveau procédé de fabrication.

En 1818, M. Buisson trouva un ingénieux moyen pour plier les grenadières du fusil de guerre; à la suite de cette invention le prix de cette pièce de l'arme, baissa de 0,60 cent. à 0,25 cent.

A la même époque, un armurier dont le nom est resté célèbre à Saint-Etienne, M. Cessier, prit un brevet d'invention pour un fusil à *percussion* et à *réservoir d'amorces fixe* (1).

En 1823, le même inventeur exposa un fusil de guerre, à magasin volant. On voit qu'il n'y a pas loin de là aux différents systèmes de chargeurs inventés de nos jours, pour le tir à répétition.

En prévision de graves complications, menaçant la politique européenne, les commandes, faites à la Manufacture en 1830, furent si nombreuses, qu'on dut avoir recours à l'industrie privée à laquelle on n'a pour ainsi dire pas cessé de s'adresser dans les moments de presse, jusqu'au jour où l'adoption du fusil modèle 1886 imposa, en quelque sorte, l'étroite obligation de ne plus faire fabriquer une seule des pièces de l'arme en dehors de la Manufacture. Tout se fait maintenant, sous l'œil vigilant de la direction et du contrôle (2).

(1) De La Tour-Varan. *Notice statistique industrielle sur la ville de Saint-Etienne*, p. 43.

(2) Quant à la raison d'Etat invoquée quelques fois comme la cause qui ferait renoncer actuellement le gouvernement à faire appel au concours de l'industrie privée pour la fabrication du fusil Lebel, il n'y faut plus croire.

Cela était bon au début, mais aujourd'hui, tout le monde sait que le mécanisme de ce fusil, décrit tout au long dans nos règlements militaires, n'est un secret pour aucune des puissances étrangères, pas plus que les modèles d'armes à répétition adoptés par elles ne purent échapper longtemps à notre connaissance. Aujourd'hui aussi, quantité de gens savent et peuvent fabriquer des poudres sans fumée. Les recettes en sont très clairement exposées dans les nombreux ouvrages qui traitent des explosifs.

La poudre employée pour la cartouche du Lebel est cependant restée supérieure à toutes celles qui ont été inventées depuis. Les procédés de sa fabrication ont donc encore leur raison d'être tenus secrets.

Quant aux inventeurs de produits similaires, leur nombre augmente sans cesse, et j'ai bien peur, au train dont cela marche, qu'on ne remplace bientôt la vieille locution : « Il n'a pas inventé la poudre », par cette autre, qui serait tout à fait fin de siècle : « Il a inventé une poudre... sans fumée ».

A la suite de l'extension donnée à la fabrication en 1830, de nombreux perfectionnements furent encore apportés dans la confection de l'arme de guerre ; c'est ainsi qu'en 1831, par ordre du Ministre de la guerre, on employa des canons de fusil fabriqués au laminoir.

La maison Ardaillon et Bessy fut chargée de cette importante fourniture.

L'année suivante, M. Antoine Buisson fils faisait adopter une machine permettant de faire onze trous à la fois au corps de platine de l'arme de guerre.

Plus tard encore, M. Reverchon perfectionnait une machine, inventée par Javelle pour le dressage des canons, et parvenait à supprimer l'emploi de la meule pour leur achèvement extérieur.

Enfin, il nous reste à parler de l'innovation la plus importante de l'époque : l'installation dans les ateliers de la Manufacture, d'une machine à vapeur, destinée à imprimer le mouvement aux tours, aux meules et autres appareils employés pour le forage, l'aiguisage, etc. La force de cette première machine à vapeur était de 70 chevaux, ce qui comptait déjà à ce moment là.

En 1838, MM. Jovin frères, cédèrent au gouvernement les usines de la Manufacture, situées place Chavanelle, et celles des Rives, moyennant une indemnité fixée, par arbitrage. L'Etat les remit aussitôt en adjudication et l'entreprise resta à MM. Brunon frères, qui avaient soumissionné au rabais avec une moyenne de 6 o/o.

L'Etat dut encore faire appel à l'industrie privée en 1848. Sur 94,406 armes de guerre fabriquées cette année là, 42,900, c'est-à-dire la moitié à peine, provenaient des ateliers de la Manufacture.

Ce même concours de l'industrie privée fut encore réclamé en 1862, et elle parvint à livrer 53,361 armes.

Mais dans l'avenir, il n'en sera plus ainsi, qu'à de fort rares exceptions comme nous le verrons plus loin, car les anciennes installations des Rives et de la place Chavanelle, ayant paru totalement insuffisantes, on se décida à construire la belle Manufacture du Treuil ; commencée en 1864, elle fut terminée en 1868. On n'attendit pas son achèvement pour en faire l'inauguration, qui eut lieu le 22 avril 1866, à l'occasion de la mise en marche de la première machine à vapeur, celle qui est installée dans la salle dite des *grandes machines* : elle se compose en réalité de deux corps distincts, comprenant chacun deux cylindres, produisant séparément une force de 80 chevaux, au total 320 chevaux. Il y a loin de là, à la première machine de 70 chevaux, et c'est peu encore à côté de ce qui a été fait vingt ans après.

Malgré cette puissante installation, on dut encore avoir recours, en 1870, à l'industrie privée, qui parvint à livrer, cette année là, 142,193 fusils de guerre, presque la moitié du chiffre énorme des livraisons faites par Saint-Etienne.

Après la guerre de 1870-71, la réorganisation de l'armée nécessita encore quelques commandes, en dehors de la Manufacture ; c'est ainsi qu'en 1874, l'industrie privée fabriqua 12,831 fusils pour le compte de l'Etat. Ce chiffre est bien faible, d'ailleurs, à côté des 217,662 armes, sorties la même année des ateliers de la Manufacture.

Depuis, l'outillage a fait bien des progrès, et la Manufacture a été considérablement agrandie. Lors de l'adoption du fusil Lebel, dont les pièces sont si délicates, on installa de nouvelles machines-outils, seules capables de donner la précision nécessaire à la confection de chacune des parties de cette belle arme.

On commença par installer le nouveau matériel dans les anciens ateliers construits en 1866, puis on acheta en août 1887, les terrains voisins sur lesquels on édifia de nouveaux ateliers, dont les machines commencèrent à fonctionner dès le mois de mai de l'année suivante, c'est-à-dire moins d'un an après.

Quand on voit cette récente installation, on est émerveillé, et l'on se demande comment, en si peu de temps, on a pu faire tant et si bien (1). Enfin comme la production n'allait pas encore assez vite au gré des cœurs patriotes, l'Etat fit l'acquisition au mois de mai 1889, des grands ateliers de l'Etivalière; moins de trois mois après, on commençait la fabrication dans cette annexe.

Avec un personnel d'environ 10,000 ouvriers, la Manufacture nationale d'armes de Saint-Etienne, est arrivée à fabriquer jusqu'à 1,600 fusils Lebel par jour (2).

Devant un tel chiffre de production, la comparaison avec les époques précédentes n'est plus admise.

(1) Pour donner au lecteur une idée de l'importance du nouveau matériel, nous parlerons des dernières machines à vapeur installées à la Manufacture. L'une est de 400 chevaux, les deux autres de 300. Avec l'ancienne machine de 320 chevaux dont nous avons précédemment parlé, le seul mouvement imprimé aux machines-outils se trouve ainsi représenté par une force totale de 1,320 chevaux. Enfin, l'éclairage de cet important établissement est assuré aujourd'hui par un groupe de trois puissantes machines à vapeur développant l'électricité nécessaire à l'alimentation de 360 grosses lampes à arc, de 2 et 3 ampères et de 560 petites lampes incandescentes de 20 bougies.

(2) Ce chiffre a été cité précédemment par M. Lucien Thiollier, dans son ouvrage : *La Chambre de commerce de Saint-Etienne.*

J'aurais pu dire beaucoup encore sur les procédés excessivement perfectionnés de la fabrication actuelle; mais, par un sentiment de déférence naturel, j'ai tenu à demander au Directeur de la Manufacture, M. le colonel Percin, de vouloir bien me tracer lui-même les limites dans lesquelles je devais m'enfermer pour traiter d'un sujet aussi délicat. Il l'a fait avec la bienveillance que je lui connaissais déjà, lorsqu'en 1880 il était mon professeur d'artillerie, à Saint-Cyr. Je lui adresse ici tous mes remerciements.

CHAPITRE III

L'ARMURERIE DE LUXE A SAINT-ÉTIENNE, DEPUIS LES COMMENCEMENTS JUSQU'A NOS JOURS

Après avoir suivi pas à pas, dans le précédent chapitre, les développements successifs de la Manufacture d'armes de Saint-Etienne, après avoir vu les progrès que fit, avec le temps, la confection des armes de guerre, nous parlerons de la fabrication des armes de luxe et de chasse, qui, grâce aux efforts soutenus d'habiles et consciencieux ouvriers, ne tarda pas à acquérir une certaine réputation.

Aujourd'hui, on parle dans le monde entier des armes livrées par le commerce de Saint-Etienne, comme on a parlé des lames de Tolède ou des sabres de Damas.

La question a souvent été posée de savoir si la fabrication des armes de luxe est plus ancienne, ou plus récente dans cette ville, que celle des armes de guerre. Quelques auteurs se sont prononcés dans un sens ou dans l'autre, sans donner de raisons bien concluantes.

Nous croyons cependant que cette question peut se résoudre. En effet, nous avons vu, par le terrier Paulat, qu'en 1515, il y avait dans la ville des ouvriers arbalétriers, des forgeurs de fers de lances et de hallebardes ; ce ne sont là que des armes de guerre. Quelques années plus tard, au contraire, en 1582, le terrier Seillon, signale déjà l'existence d'artisans nécessaires à la fabrication des armes de luxe, deux graveurs et trois doreurs sur métaux. Plus tard encore, en 1659, on trouve un document faisant spécialement mention d'ouvriers produisant l'arme de luxe ; cet acte est intitulé : « Statuts et règlements des maîtres fourbisseurs, graveurs, enrichisseurs, limeurs et forgeurs de gardes d'épées, tant de la ville de Saint-Etienne-de-Furan que de quatre lieues ès environs. »

M. de la Tour-Varan, dans sa notice statistique industrielle sur la ville de Saint-Etienne, publiée en 1851, parle d'une très belle arquebuse, fabriquée dans cette ville, sous le règne de Henri III ; malheureusement il n'indique ni les marques de fabrique, ni la signature de l'armurier, c'est-à-dire rien de ce qui lui a fait attribuer une origine stéphanoise à cette arme.

Le Musée de la ville possède un très beau pétrinal à rouet, avec marqueterie d'ivoire et de nacre, remontant à la même époque. On sait, de plus, qu'il a été trouvé dans les ruines du château de Saint-Priest, au siècle dernier ; mais pour nous, cela ne prouve pas davantage qu'il ait été fabriqué à Saint-Etienne. Nous préférons nous abstenir que citer des provenances incertaines (1).

Jusqu'à ce jour, on ne connaît que fort peu les marques apposées par les premiers ouvriers stéphanois sur les armes de luxe sorties de leurs mains. Il s'en trouve cependant dans les collections publiques ou particulières ; elles n'avaient pas encore été classées.

(1) Cette belle arme a été transformée, j'allais dire mutilée ; on y a adapté une platine à rouet provenant d'une autre arme et signée « Louis Carrier » ; à côté de ce nom est l'inscription « Magasin Royal ».

ARMES DE PROVENANCE STÉPHANOISE

XVIIIe SIÈCLE ET COMMENCEMENT DU XIXe

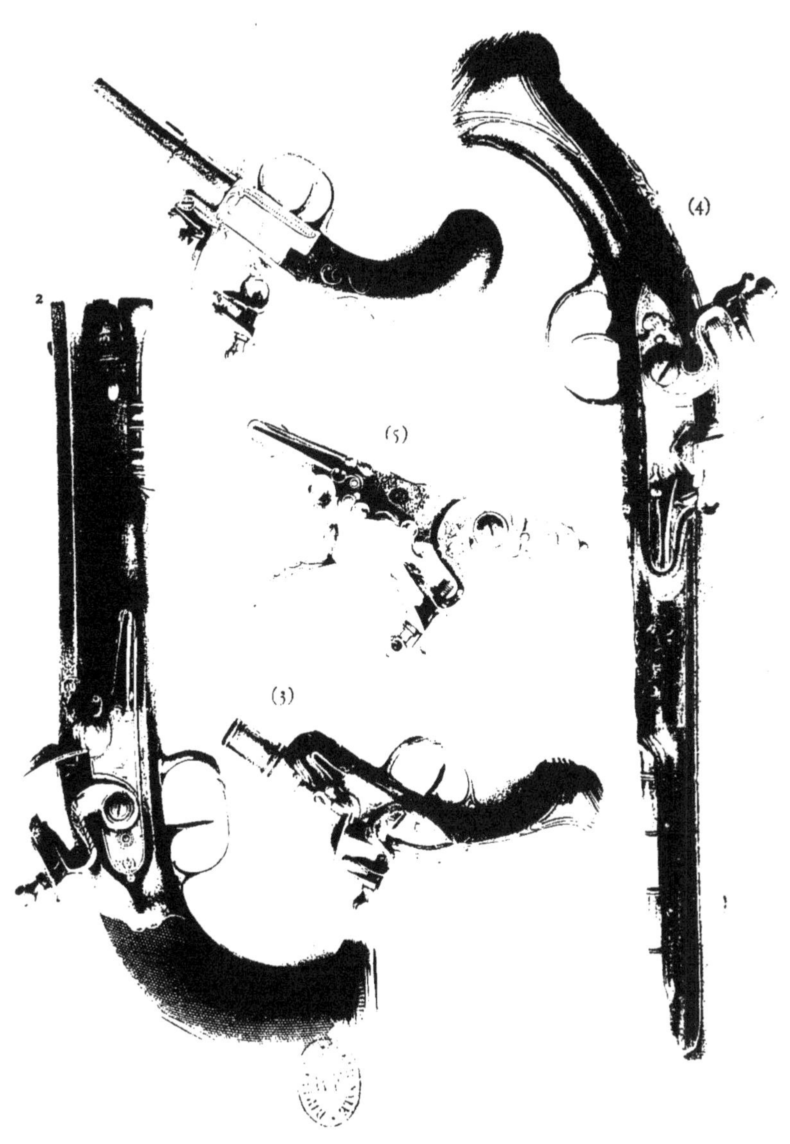

Phototypie Bellotti

(1) Pistolet, platine signée « BONNAND ». (Coll. Nicolas.)

(2) Pistolet, platine signée « BERTHÉAS ». (Coll. Nicolas.)

(3) Pistolet, platine signée « PENEL fils aîné ». (Coll. Nicolas.)

(4) Pistolet, platine signée « PENEL frères ». (Coll. Nicolas.)

(5) Platine portant la marque de « CESSIER ». (Coll. Nicolas.)

Ce sont surtout les noms, dont sont signées quelques belles armes anciennes, qui donneront les résultats les plus sûrs dans les travaux de recherches que l'on pourra entreprendre à ce sujet, quoique ces noms, gravés sur le canon ou la platine, soient souvent à moitié effacés et rongés par la rouille.

Voici la voie où il faut entrer, selon nous, pour déterminer les lieux d'origine et classer sûrement les armes de provenance incertaine. On devra recueillir dans les terriers et autres actes anciens de la région, les noms des familles de fabricants d'armes ou de pièces d'armes. Quand l'arme à classer portera un de ces noms ou leurs lettres initiales et, qu'en outre, le style et la forme correspondront à la même époque que le nom, on pourra se prononcer hardiment.

Dans l'espoir que cela aura quelque utilité, je vais reproduire les noms de quelques armuriers anciens, cités dans ces vieux documents.

D'après le terrier Seillon, les principaux artisans s'occupant, en 1582, des travaux de l'armurerie à Saint-Etienne-de-Furan sont : Mathieu Boucha, *faiseur de canons d'arquebuses;* Antoine Chomat (1) dit Belle, *mancheur d'arquebuses;* Benoist Teissieu dit Regnard, *faiseur d'arquebuses;* Jehan Girard dit Picard, *faiseur de canons d'arquebuses* ; honorable Denis Berthaye, *arquebusier*.

Louis Berthéas et Jean Accaric étaient deux graveurs sur métaux ; les deux premiers dont les noms nous soient parvenus dans une ville qui, depuis, en a fourni tant de célèbres.

(1) Il existe, au Musée de la ville, deux grosses arquebuses à serpentin, trouvées dans les ruines du château de Rochetaillée ; j'ai pu retrouver sur l'une d'elles, avec beaucoup de peine, à cause de la rouille, un poinçon contenant les initiales A. C. Ces arquebuses ne seraient-elles pas sorties de ses mains ? Ce qui confirmerait cette opinion, c'est que le château de Rochetaillée soutint un long siège pendant les guerres civiles du XVIe siècle, et fut en partie détruit à cette époque.

D'après le même document, ceux qui s'occupaient, à cette époque, de la fabrication des armes blanches à Saint-Etienne, et dont on pourrait retrouver un jour les noms gravés sur quelques belles épées anciennes, étaient : Blaize Jacod, Pierre Feury, Philippe Jaquemard dit Maredon, Antoine Giraud le vieux, Jehan Jolivet, Jehan Cizeron, Claude Reymond, dit Moton, honorable Jehan Garnier.

D'après un autre acte, passé vers 1660, Jean Dubouchet, Antoine Mosnier, Gabriel Coiffier, Jean Martinier, Pierre Delonani et Jean Réal étaient maîtres jurés des fourbisseurs, graveurs, enrichisseurs, limeurs et forgeurs de gardes d'épées.

Ce curieux document existe dans les archives de la Bibliothèque de la Ville. Il contient entre autres le passage suivant : « Quatre maistres esleus et visiteurs jurez dudit art auront le soin de faire la visite tous les mois, ou plus tôt s'il est nécessaire, des ouvrages de tous les maistres, et prendre garde que la besogne et marchandises soient loyalles de la qualité requise et bien faictes. »

On voit que cette institution avait au moins un bon côté.

En 1680, Dumarest et Seu étaient les syndics du corps des armuriers.

En 1691, Martin Tezenas et Sébastien Dufour étaient maîtres faiseurs de canons.

En 1702, les deux fils du graveur pour armes, Imbert Gatet entrent comme *apprentifs :* l'un, Antoine Gatet, chez Jean Gourgouillat, monteur d'armes à Saint-Etienne ; l'autre, Jacques Gatet, chez Pierre Brunet, faiseur de platines pour fusils.

Au commencement du XVIIIe siècle, le terrier Dupont, que l'on mit vingt ans à confectionner, de 1706 à 1726, nous révèle les noms de quantité d'armuriers, canonniers et platiniers de Saint-Etienne. Nous n'aurons qu'à les reproduire dans l'ordre où ils sont inscrits : Claude, fils de Pierre Chaleyer, armurier de la ville de Saint-Etienne, en 1706; Philibert Giraud, armurier de Saint-Etienne, en 1706 ; toujours à la même époque, Jean-Baptiste Gillier, armurier; Claude Lafont, faiseur de platines ; sieur Antoine Bouqueton, arquebusier; Jacques Girard, canonnier; Pierre Jacquemin, Jean Vendemon, Antoine Fayet, armuriers ; Gabriel Tezenas, canonnier; Claude Badol, armurier ; Pierre Merley, canonnier ; Georges Berton, canonnier; Jean Chièze, canonnier ; Jean Coutanson, canonnier; François Giraud, monteur d'armes; Jean Varesne, arquebusier ; Jean Rapay, armurier ; sieur Estienne Courbon, monteur d'armes ; Pierre Chareyron, monteur d'armes ; Jean Giraud, monteur d'armes ; Georges François, arquebusier; Jean Blachon, canonnier ; Guyot Accaric, monteur d'armes, vraisemblablement un descendant de Jean Accaric, l'un des premiers graveurs stéphanois, dont nous avons parlé plus haut.

Pour continuer cette liste, nous citerons encore Jean-Baptiste Coignet, Antoine Jacoton, François Monicloux, Thomas Brauarel, Firmin Rome, Claude Marterey, Benoist Verney, Laurent Munier et Denis Daneze, tous armuriers ; Jean Léonard, Jean-Baptiste Jacquemin, Jean Pitiot étaient monteurs d'armes ; Claude Repail, Olivier Gentil étaient deux faiseurs de platines de Saint-Etienne, vers l'an 1711 ; à la même époque, Mathieu Dutreuil était un canonnier de Saint-Etienne jouissant d'une certaine réputation.

J'ai trouvé récemment un fort beau pistolet, fabriqué à Saint-Etienne vers le même temps, dont le canon porte le nom de Contanson, ainsi qu'une marque de fabrique formée d'une couronne et de la lettre C, renfermées dans un petit rectangle.

Je citerai encore Benoist Dumas et Grangonnet, deux

platiniers en renom, qui vivaient au commencement du XVIIIe siècle (1).

D'après un autre document manuscrit, vers 1720, Joseph Coutier était faiseur de sous-gardes à Saint-Etienne ; à sa mort, son fils Antoine Coutier entrait comme *apprentif* chez François Robert, monteur d'armes à Saint-Etienne.

En 1724, Antoine Besson est *engagé et baillé pour apprentif* avec Laurent Ploton, armurier et maître faiseur de platines pour fusils. Les Ploton étaient une des plus anciennes familles de faures ou forgerons de Saint-Etienne.

Si j'ai donné une si longue liste d'armuriers stéphanois, et on pourrait en ajouter encore, c'est que plusieurs d'entre eux étaient des maîtres et ont laissé des produits au moins aussi beaux que ceux de l'Allemagne, de l'Italie et de l'Espagne, admirés de confiance dans les collections et les musées. Dans ces pays, on a fait des recherches sur les premiers armuriers, et établi de longues listes reproduisant leurs noms ou leurs marques (2).

En France, ce travail reste absolument à faire ; pour ma part, je n'ai pas hésité à l'entreprendre pour la ville de Saint-Etienne, et je me considérerai comme grandement payé de mes laborieuses recherches, le jour où elles aideront les collectionneurs ou les simples amateurs de choses anciennes, à

(1) Le Musée de Saint-Etienne possède une très belle platine signée « Grangonnet », et j'ai vu dans la collection de M. A. Huguet, un beau pistolet sur la platine duquel on lit « Benoist Dumas ».

(2) Les ouvrages les plus connus qui aient été écrits en France sur les armes anciennes sont *Le guide des amateurs d'armes et armuriers anciens*, d'Auguste Demin (1869) ; *Les armes et armures*, de P. Lacombe (1868); enfin *Les Armes*, par G.-R. Maurice Maindron (1891). On peut y ajouter le *Catalogue du Musée d'artillerie*, par Penguilly l'Haridon. Tous ces auteurs consacrent de longues pages aux armuriers allemands, italiens et espagnols, c'est à peine s'ils citent quelques noms français ; en tous cas, ils ne mentionnent aucun ouvrier stéphanois dont l'origine soit avérée.

ARMES DES XVIIe ET XVIIIe SIÈCLES

PORTANT LES SIGNATURES D'ARMURIERS STÉPHANOIS

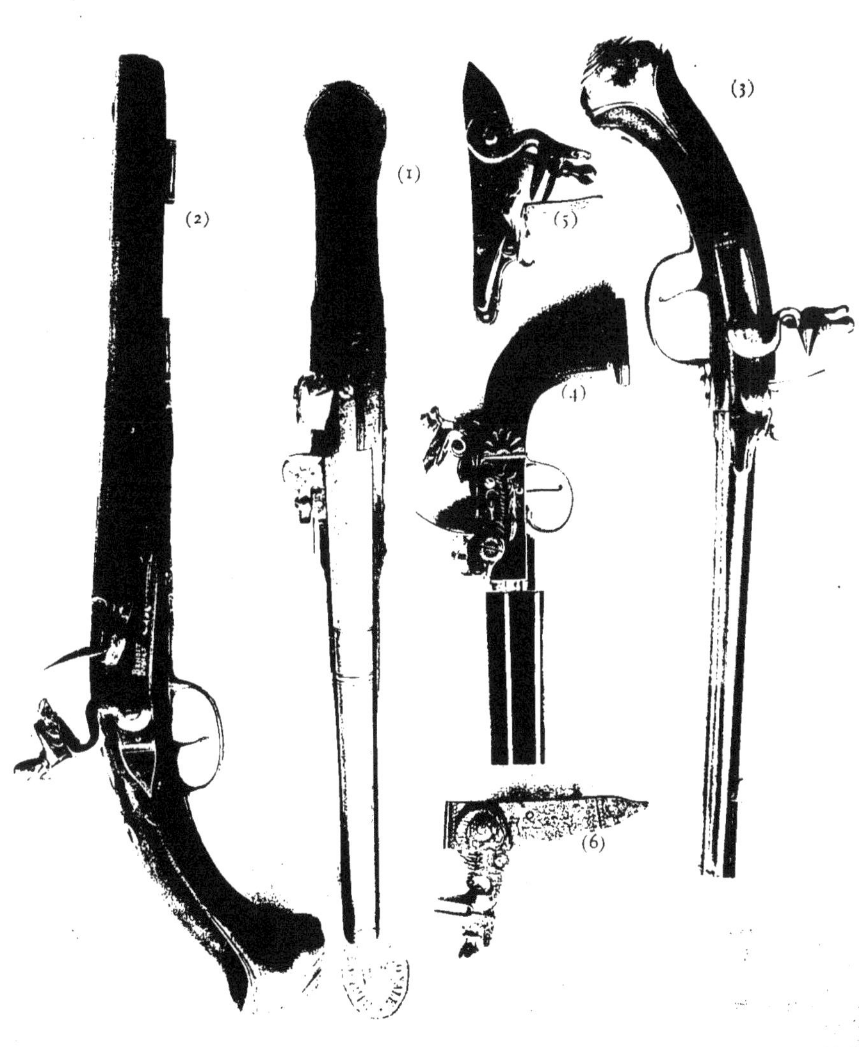

(1) Pistolet, canon signé « TÉZENAS LES AISNÉS ». *(Coll. Huguet.)*

(2) Pistolet, platine signée « Benoît DUMAS ». *(Coll. Huguet.)*

(3) Pistolet, platine signée « A. PENEL ». *(Musée de Saint-Etienne.)*

(4) Pistolet, canon signé « DUMAREST ». *(Coll. Voytier.)*

(5) Platine signée « Benoît PENEL ». *(Musée de Saint-Etienne.)*

(6) Platine signée « Claude GRANGONNET ». *(Musée de Saint-Etienne.)*

déterminer la provenance et la date de fabrication de quelques armes dont l'origine aurait jusqu'alors été considérée comme incertaine (1).

Ce ne fut guère que sous le règne de Louis XIV que l'on commença à fabriquer l'arme de chasse à Saint-Etienne.

Les premiers fusils destinés à cet usage étaient faits avec le plus grand luxe, leurs différentes pièces étaient rehaussées par la gravure, la ciselure, et souvent incrustées de métaux précieux, de pierreries et même de diamants.

A la fin du XVIIe siècle, on faisait déjà, à Saint-Etienne,

(1) Depuis que ces lignes ont été écrites, j'ai eu occasion de constater, par moi-même, le bon résultat que peut donner ce procédé pour le classement des armes anciennes. J'ai trouvé, chez mon excellent ami Amédée Huguet, ancien directeur du *Journal de Montbrison*, un beau pistolet dont le canon est signé « Tezenas les Aisnés » et porte en outre, comme marque de fabrique, une licorne. Il n'en connaissait ni la provenance ni l'époque de fabrication ; inutile de dire que je lui ai causé une véritable joie en les lui révélant. Mais voici qui deviendra plus intéressant encore pour le lecteur : Dans une visite que je fis au Musée d'artillerie, je trouvai trois belles arquebuses à mèche du temps de Louis XIV, portant damasquinée en cuivre sur leur canon l'inscription « Magazin Royal », et à côté le nom de « Tezenas » et la même licorne comme marque de fabrique. Ces belles arquebuses, qui paraissent avoir été des armes de récompense, étaient simplement cataloguées comme armes françaises, ce qui était très facile à reconnaître au style ; en outre, l'une d'elles porte gravée sur le corps de platine la prise de Benchain (1672).

Malheureusement, la lecture du nom avait été mal faite, à cause de la forme du T (ꞇ), de Tezenas on avait fait Pezenas. Outre la signature gravée sur le canon, ces trois armes portent sur leur couvre-bassinet le nom de Chaleyer, qui est encore un armurier stéphanois de l'époque. L'écusson de la détente est découpé en fleur de lys et porte le nom de A. Penel ; celui-ci est encore un armurier de Saint-Etienne.

J'ai trouvé aussi, dans la collection de M. Voytier, un des grands fabricants d'armes de Saint-Etienne, un beau pistolet à canons superposés signé par Dumarest, qui était, on se le rappelle, en 1680, un des deux syndics du Corps des Armuriers de la ville de Saint-Etienne.

Le Musée de la ville possède un pistolet à trois coups, platine à silex et crosse droite ornée de sculptures ; cette arme est signée « A. Penel », l'un des noms d'armuriers inscrits sur les trois belles arquebuses du musée d'artillerie, mentionnées plus haut.

des canons à rubans ou damas (1). Cette industrie devint bientôt la plus importante de la localité, et conserva longtemps la réputation que lui donnaient à la fois le fini du travail et un prix de revient relativement peu élevé (2).

Parmi les fabricants d'armes de luxe et de chasse de Saint-Etienne, il en est trois qui se firent, au dix-huitième siècle, un nom célèbre.

Le premier, Pierre Girard, acquit une grande fortune en Orient, devint maître-armurier du Régent, seigneur de Roche-la-Molière, conseiller-secrétaire du Roi et contrôleur près la Cour des Monnaies de Lyon.

Le deuxième, Bouillet père, fut arquebusier de Louis XV ; on cite, parmi ses œuvres, un magnifique fusil à trois coups avec une seule platine; cette belle arme, richement ciselée par Louis Jaley, avait été commandée par Louis XV, qui voulait l'offrir au dey d'Alger, mais le roi la trouva si belle qu'il la garda pour lui.

Le troisième, Bouillet fils Nicolas, fut armurier du prince de Conti. C'est lui qui imagina les canons de fusils de chasse à une seule bande.

Nous avons encore à citer Berthéas, dit Bras-d'or, à cause de son excessive habileté ; il était né en 1716 et mourut en 1773. Il excellait dans la confection des canons tordus, et était réputé le premier canonnier de son temps.

(1) On sait que le canon de Damas, connu depuis longtemps en Turquie, s'obtient en tournant un ruban de métal en spirale sur un mandrin entouré d'une chemise ; les joints sont ensuite soudés au marteau. Ce canon est plus solide et meilleur que le canon lisse, parce qu'il présente à la tension des gaz de la poudre une résistance perpendiculaire, et non plus longitudinale, comme cela a lieu pour les canons lisses.

(2) La fabrique d'armes de Saint-Etienne, dit la *Commission Française*, à l'Exposition de Londres, en 1851, « fournit, pendant plus d'un demi-siècle, des armes de luxe au monde entier, et cultivait la damasquinerie avec un succès incontesté ».

Vers l'époque de la Révolution, les Lamotte avaient également une grande réputation pour la confection du fusil de chasse (1).

Bonnand était un célèbre platinier et fabriquait, vers 1780, « des armes qui réunissent un goût exquis à la plus grande solidité, » disait à l'époque l'almanach du Lyonnais, Forez et Beaujolais (2). On cite parmi ses œuvres une paire de platines, qui tenait, disait-on, dans une coquille de noix.

Il nous reste à parler des artistes qui furent nombreux et remarquables par leur talent, à cette époque où le luxe était partout.

Jacques Olanier, né en 1742, était un graveur, ciseleur et sculpteur de grand mérite. Vers 1766, il ouvrit à Saint-Etienne un cours de dessin, de sculpture et de gravure. De véritables maîtres, Duprès, Dumarest, Roule, Cizeron et même Galle passent pour avoir été ses élèves ; plusieurs d'entre eux, grâce à leur talent, ont été dans la suite graveurs à l'Hôtel de la Monnaie de Paris.

Lestrat, Marcellin Beraud le conventionnel et Louis Merley sont aussi trois graveurs-ciseleurs dont nous avons vu des œuvres vraiment remarquables à l'Exposition rétrospective de Roanne, en 1890. Plus tard vint le célèbre graveur Jean-Claude Tissot (1811-1886), dont nous aurons à parler plus longuement dans un chapitre spécialement consacré aux artistes, aux écrivains et aux savants.

Citons encore l'armurier stéphanois Peurière, qui vivait au commencement du siècle et jouissait d'une grande renom-

(1) Nous avons vu, dans la collection de M. Voytier, une magnifique arme de chasse signée « Lamotte l'aîné ». C'est un fusil à un seul coup ; la contreplatine est ciselée sur fond doré ; le bois porte aussi un joli motif de sculpture.

(2) Nous avons vu aussi dans la collection de M. Nicolas, un Stéphanois bien connu, une magnifique paire de pistolets de Bonnand.

mée. L'empereur l'avait chargé de fabriquer un magnifique fusil dont les garnitures étaient en argent ciselé. Cette belle arme, destinée à être offerte à M. du Colombier, préfet de la Loire, se trouve actuellement dans la collection de M. Voytier : nous la reproduisons dans l'une des planches qui accompagnent ce chapitre.

Après la révolution, M. Cessier, qui avait étudié à la manufacture d'armes de Versailles (1) les meilleurs procédés de fabrication de l'arme de luxe, vint se fixer à Saint-Etienne, vers 1805, et fit faire de grands progrès à l'armurerie de cette ville.

Il perfectionna plusieurs systèmes de platines, apprit à ses élèves à incruster l'or sur les canons de fusils et à leur donner la couleur de la trempe ou celle de la rouille.

C'est lui aussi qui fit forger les premiers canons damas frisés qui furent fabriqués à Saint-Etienne. Un de ces fusils lui valut une haute récompense à l'Exposition de Paris, en 1819.

Cessier était un inventeur infatigable et prit un très grand nombre de brevets pour des perfectionnements vraiment utiles, apportés dans la construction de plusieurs pièces importantes du fusil.

Après lui, les Merley firent faire de grands progrès à l'armurerie stéphanoise, principalement par la fabrication de leurs canons doubles à ruban d'acier.

Citons parmi eux Merley-Duon dit Parisien (2), qui inventa

(1) La Manufacture de Versailles avait été créée à grands frais par le gouvernement à l'époque de la Révolution ; c'est là que se fabriquaient les fusils, les sabres et les épées d'honneur que l'on distribuait comme récompense du courage avant l'institution de la Légion d'honneur. Bouillet et Duprès y avaient été admis en leur temps.

(2) J'ai vu dans la collection de M. Voytier un très beau fusil de chasse, signé « Carlat à Toulon », dont l'un des canons porte dans un poinçon carré : Merley, et l'autre dans un poinçon de même forme le surnom : Parisien. Cette belle arme, fabriquée vers 1815, est remarquable ; les garnitures sont en argent. Les mouvements extérieurs de la platine sont reportés à l'intérieur.

FUSILS DE CHASSE DE PROVENANCE STÉPHANOISE

COMMENCEMENT DU XIXe SIÈCLE

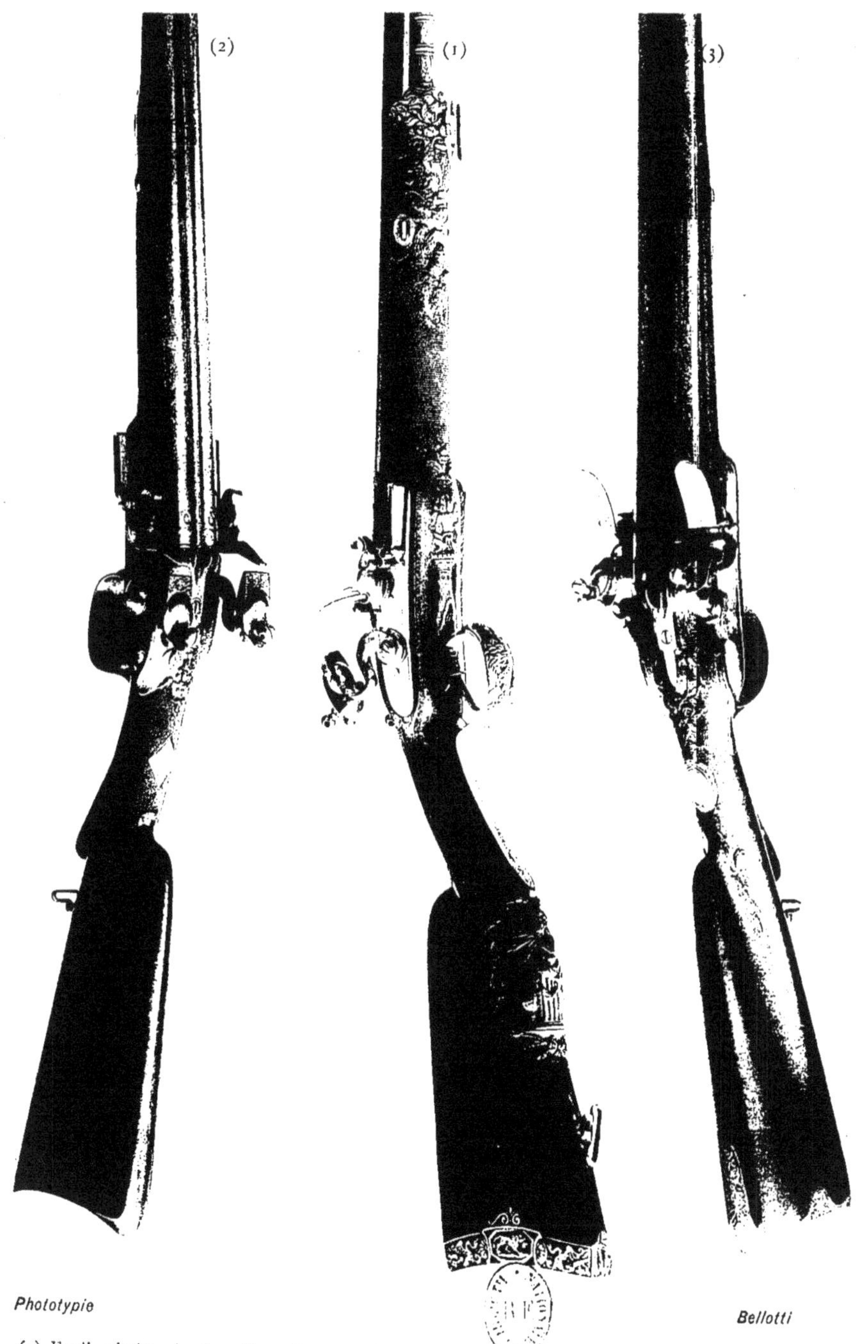

Phototypie *Bellotti*

(1) Fusil, platine signée « PEURIÈRE », exécuté sur l'ordre de Napoléon Ier. (*Coll. Voytier.*)
(2) Fusil, canons portant les marques de « MERLEY-FRAISSE dit LONDON ». (*Coll. Nicolas.*)
(3) Fusil, canons portant les marques de « MERLEY-DUON dit PARISIEN ». (*Coll. Voytier.*)

le canon étoffé. Il fabriquait des canons si réputés que les armuriers d'autres villes, jouissant eux-mêmes d'une certaine réputation, en faisaient venir à sa marque pour monter leur plus beaux fusils. Ses deux fils, Merley Augustin et Merley-Chometon Antoine, jouirent de la même réputation que leur père ; le premier fut nommé éprouveur des armes du commerce et remplit ces fonctions à Saint-Etienne, pendant plus de trente ans.

Merley Claude, Merley-Tivet, Merley-Fraisse dit London (1), étaient des parents très rapprochés des précédents ; tous ont laissé une certaine réputation d'habileté.

Nous allons dire maintenant quelques mots sur un système qui devait détrôner tous les autres et révolutionner l'armurerie du monde entier, celui de l'arme se chargeant par la culasse.

Depuis longtemps déjà on avait fait des tentatives pour arriver à ce mode de chargement ; il existe dans certains musées des modèles de couleuvrines et d'arquebuses se chargeant « par derrière » (2), comme on disait au bon vieux temps. Plus tard, on vit apparaître le fusil de remparts à mèche qui se chargeait ainsi ; mais le peu de perfectionnement des premiers systèmes de culasse, et surtout l'invention du chien à silex, firent abandonner pour longtemps ces essais primitifs.

Le Musée de Saint-Etienne possède un fusil à bascule de 1730, où la charge est introduite dans une douille en fer qui s'enferme dans la culasse.

(1) M. Nicolas nous a présenté un très beau fusil de chasse dont les canons sont de Merley London, la platine de Murat et la monture de Chovet.

(2) Les deux grosses arquebuses trouvées dans les ruines de Rochetaillée et dont nous avons parlé plus haut sont des armes de ce genre.

On y voit aussi un très beau modèle de fusil-revolver de la même époque.

Ce n'est qu'en 1814, qu'un officier d'artillerie, M. Pauly, reprit, en le modifiant, le système du chargement par la culasse. Il remplaça la douille en fer par une cartouche à rosette ; au centre de cette dernière se trouvait un grain de fulminate. Un piston, qui traversait la culasse, venait frapper cette amorce.

Ce fusil était malheureusement sujet aux crachements : M. Pauly, de concert avec la maison Jalabert et Lamotte, en fit cependant fabriquer un certain nombre. Les chasseurs, vrais juges en la matière, s'en montrèrent peu satisfaits, et le système ne prit jamais bien, malgré un nouveau perfectionnement, consistant dans la juxtaposition de la culasse contre la tranche du tonnerre.

Un habile ouvrier, Chaudun, inventa une cartouche dont le fond était formé non plus d'une simple rosette, mais d'une petite douille en cuivre, rappelant de loin le système usité pour les premières armes se chargeant par la culasse, et dont nous avons parlé plus haut. Dans la cartouche Chaudun, la capsule placée à l'intérieur est écrasée par une broche. Ce perfectionnement, auquel Lefaucheux a donné improprement son nom, vint atténuer en grande partie les défauts du fusil Pauly.

On fit aussi de bonne heure, à Saint-Etienne, des essais pour arriver au revolver. L'un des plus ingénieux, est un système de pistolet Eyraud, breveté, datant d'une trentaine d'années. Je l'ai vu dans la collection de M. Nicolas. Voici comment fonctionne cette arme. Le canon se déplace par une rotation autour d'un axe excentrique ; il découvre ainsi un barillet à cinq coups que l'on charge à la main. Chaque fois qu'un coup est parti, comme dans la plupart de nos revolvers actuels, le coup suivant vient se mettre en face du canon, lorsqu'on arme le chien. Chacune des chambres du barillet porte une petite cheminée destinée à recevoir une capsule.

Aujourd'hui, les armuriers de Saint-Etienne ont adopté et perfectionné les dernières inventions anglaises et américaines, et ils livrent au commerce, à un prix convenable, de très beaux fusils de chasse à canons Choke-Bored et Choke-Rifled.

Depuis quelques années, on fabrique aussi pour fusils de chasse des canons forés dans un cylindre d'acier massif, comme pour les armes de guerre. Ce genre désigné dans le commerce sous le nom de canon lisse, par rapport au damas qu'on appelle le canon vrai, ne se fabrique cependant pas en très grande quantité. En 1890, sur 35,678 canons de fusil fabriqués à Saint-Etienne, il ne s'est fait que 10,829 canons lisses, c'est comme proportion un peu moins du tiers.

Nous signalerons, pour terminer, une invention nouvelle appelée, selon nous, à un certain avenir, c'est la carabine Giffard, dans laquelle la force de projection est obtenue par la vaporisation d'une goutte d'acide carbonique liquide, contenu dans un magasin. Un système de percuteur vient frapper sur la soupape du réservoir, au moment où l'on agit sur la détente, une goutte s'en échappe et vient se vaporiser derrière le projectile qui est lancé au loin par la force d'expansion du gaz.

L'arme construite jusqu'à présent par la société stéphanoise d'armes, est dans le genre de la carabine Flobert; mais elle offre plus de précision, et la force de pénétration du projectile est aussi beaucoup plus grande.

Une vis spéciale permet de régler la grosseur de la goutte et, par conséquent, d'augmenter ou de diminuer la portée.

Ce système s'adaptera peut-être un jour à la fabrication des fusils de chasse, des pistolets ou des révolvers, peut-être même à celle de l'arme de guerre, si l'on arrive à faire l'application du même principe, en employant des gaz plus extensibles encore que l'acide carbonique.

Il nous reste maintenant à faire l'historique des marques d'épreuves, qui sont la plus puissante garantie d'une bonne fabrication (1).

Les premiers canonniers marquaient chacun leurs canons de leurs emblêmes : coqs, épées croisées, licornes, etc., ou encore de leur nom. A partir de 1810, l'épreuve des armes de chasse devint la propriété d'un concessionnaire. Un décret de la même date donnait à Merly, canonnier d'une certaine réputation, et dont nous avons déjà parlé, le droit de percevoir le produit de l'épreuve des armes de chasse.

La Chambre de commerce obtint la modification de ce décret, sur la proposition du baron Camille de Rochetaillée, son président, qui, plus tard, devint lui-même adjudicataire de la propriété de l'épreuve, et céda ensuite son droit à cette même Chambre de commerce, qu'il dota ainsi d'un revenu important.

Les marques d'épreuves ont varié plusieurs fois déjà depuis le commencement du siècle.

En 1815, c'était un simple rectangle avec la lettre M... [M]

De 1815, jusque vers 1860, ce furent les armes de la ville renfermées dans un ovale ....

(1) Je dois de sincères remerciements à M. Grivolat, le conservateur du riche Musée d'armes de Saint-Etienne, qui a mis à ma disposition sa connaissance profonde de l'armurerie ancienne et moderne ; il m'a aidé puissamment dans la recherche des marques d'épreuve dont on a peu parlé encore dans les ouvrages traitant des armes ; ces marques peuvent cependant rendre aux collectionneurs de réels services en indiquant sûrement comme les marques de fabrique la provenance de tel ou tel fusil resté jusqu'alors non classé dans les collections.

De 1860, jusqu'en 1874 environ, la marque d'épreuve était formée de deux palmes croisées; en haut la lettre E (épreuve); en bas, une petite croix; à droite et à gauche, les lettres S. E (Saint-Etienne) .... E S E

Depuis cette dernière date jusqu'à nos jours, elle est formée des armes de la ville, avec le mot Saint-Etienne, en toutes lettres .... ST ETIENNE

Enfin, depuis cinq ans environ, on appose sur les armes terminées un dernier poinçon dit de l'arme finie .... E F

Cette dernière marque est simplement facultative.

CHAPITRE IV

RUBANERIE. — SES ORIGINES.
CORPORATION DES ANCIENS RUBANIERS STÉPHANOIS.
IMMENSE DÉVELOPPEMENT DONNÉ A CETTE INDUSTRIE
PENDANT LES XVIIIe ET XIXe SIÈCLES.

Après que les Croisades eurent mis en relations plus intimes la France avec l'Orient, l'usage des étoffes de soie s'étendit rapidement; les tissus arrivaient d'abord tout faits de l'Italie, de l'Espagne et de la Syrie, et les fils de soie n'étaient employés que pour exécuter toutes sortes de broderies, dans les couvents et les châteaux. Comme tissage, on ne fabriquait avec ces fils de soie, que des ceintures ou de petits rubans, servant de signets pour les livres et de liens pour sceller les documents officiels.

Telle est en France, l'origine modeste de l'art du tissage de la soie.

Aux XIIe et XIIIe siècles, il existait à Paris, quelques *tissutiers* dont tout l'art se bornait à confectionner, avec la soie, quelques galons ou rubans (1).

(1) Voir les règlements des arts et métiers recueillis par Etienne Boileau. *Les industries de la soie*, par Pariset, p. 336.

Aux XIVe et XVe siècles, il existait déjà à Paris des ouvriers faisant « drap de soie et veluyaux »; c'étaient généralement des Italiens ayant émigré, à la suite des luttes politiques, qui déchiraient entre elles, à cette époque, les républiques italiennes.

Au XVIe siècle, l'industrie des soies façonnées est introduite à Lyon et y prend rapidement une grande extension. Les privilèges que François Ier, accorde dans cette ville aux ouvriers en soie, sont une des causes principales de ce rapide essor.

Au XVIIIe siècle, Lyon prend pour ainsi dire le monopole de la fabrication des soieries en France; elle détrône rapidement les autres grands centres de production, Paris, Tours, Nîmes, et devient bientôt l'entrepôt de toutes les soies étrangères. Grâce à l'obligation, imposée à toute balle de cette précieuse marchandise entrant dans le royaume, de passer par la douane de Lyon, tous les marchands étrangers se donnent rendez-vous dans cette ville et les tissus qui s'y confectionnent, avec cet amoncellement de soie brute, acquièrent bientôt une immense réputation dans le monde entier.

Une des branches importantes de l'industrie de la soie, la fabrication des rubans s'était fixée d'abord à Saint-Chamond, tout près de Lyon, à deux pas de ces vastes entrepôts de matières premières.

Déjà au XVIIe siècle, cette petite ville avait donné asile à quelques fugitifs bolonais, s'occupant du moulinage des soies. Ils y installèrent plusieurs moulins du système Borghesano, une invention italienne qui, dans ce pays, avait fait faire un immense pas à l'industrie de la soie et avait valu aux produits italiens la réputation universelle qu'ils conservèrent longtemps.

Le tissage des rubans était en pleine prospérité à Saint-

Phototypie *Bellotti*

PREMIERS ÉCHANTILLONS DE RUBANS

DÉPOSÉS AU SECRÉTARIAT DES PRUD'HOMMES EN 1812 ET 1813

Chamond au XVIIIe siècle ; mais petit à petit, cette industrie se perdit dans le pays, pour faire place à la teinture des soies et au tissage des lacets qui sont restés, aujourd'hui, les deux grandes industries de la ville.

De nos jours, le principal centre de fabrication de la rubanerie en France, je dirai même sans exagérer, dans le monde entier, c'est Saint-Etienne.

La nature des eaux du Furan, n'a peut-être pas été étrangère au transport définitif à Saint-Etienne de cette grande industrie et aux rapides progrès qu'elle fit dans ce pays. Les meilleures eaux, pour la préparation des soies grèges, sont celles qui coulent des sols granitiques ; or, les flancs du Pilat, d'où descend cette rivière, renferment des bancs de granit très abondants et relativement très friables.

L'industrie de la soie ne date pourtant, dans cette ville, que du XVIIe siècle. Une preuve certaine de ce fait, c'est que le terrier Paulat, dont nous avons déjà parlé plusieurs fois, ne mentionne, en 1515, aucune profession se rattachant, de près ou de loin, à la fabrication des étoffes de soie, des velours ou des rubans. Ce n'est d'ailleurs qu'en 1605, que fut fondée la corporation des rubaniers stéphanois.

Il existe à la Bibliothèque de la ville plusieurs contrats d'apprentissage, passés entre des *tixottiers de soye* ou des *marchands tixottiers de soye* et les parents, qui plaçaient leurs enfants chez les premiers.

Ces documents, dont le plus ancien remonte à 1658, sont excessivement curieux à consulter.

Il semble qu'il existait alors, une formule consacrée pour la rédaction de ces sortes de contrats ; car, à part une légère différence dans la forme, les expressions employées sont les mêmes et les conditions de l'engagement sont toutes rédigées dans les mêmes termes. Nous n'en citerons donc qu'un du

25 avril 1658, où le tixottier de soie s'engage « à enseigner à l'apprentif son air et mestier à son possible, le nourrir, tenir couché, fournir sa lumière, blanchir son linge et luy gager pour le tenir d'habits douze livres... » On était encore au temps des mœurs familiales, car on voit par là, à part la modicité du salaire, que l'apprenti entrait, en quelque sorte, chez le patron, comme enfant de la maison. Plus tard, dans un autre acte d'apprentissage, daté du 12 avril 1724, je relève cette phrase plus explicite encore : « Lequel promet de nourir ledit apprentif, luy fournir feu, gîte, couche et blanchissage et lui enseigner la profession en père de famille, sans lui rien céler de ce qui en dépend. »

Saint-Etienne se garda bien de demander des règlements aussi restrictifs que ceux qui avaient été accordés en 1667, aux fabriques de Paris, de Tours, de Lyon et que les deux petites villes de Saint-Chamond et de Saint-Didier avaient obtenus à leur tour en 1682 et 1683, par lettres patentes du Roi (1). Il y était dit, entre autres choses, que chaque maître rubanier ne pouvait avoir qu'un apprenti *catholique*, français, et âgé de plus de douze ans.

Ce libéralisme et cette tolérance religieuse, à une époque où il y en avait si peu en France, devaient porter en eux leur récompense; car tous les rubaniers de Saint-Chamond et de Saint-Didier se retirèrent, peu à peu, à Saint-Etienne qui devint bientôt le seul centre de cette importante industrie, dans toute la région, et même dans la France entière. En 1680, le corps des rubaniers stéphanois comptait deux syndics, dont les noms nous sont parvenus, c'étaient les sieurs Larderel et Allognier. Quelques années après, en 1683, il existait près de 10,000 métiers, le nombre des fabricants était de 60.

(1) Consulter à ce sujet le remarquable travail de M. Lucien Thiollier.

D'après un document officiel, déposé aux archives de Lyon, il y avait à Saint-Etienne, avant la révocation de l'Edit de Nantes, soit en 1685, quatre mille cinq cents ouvriers tissant des rubans, des galons et des passements.

Ce fut un terrible coup porté à cette industrie, comme à tant d'autres.

Les réfugiés français portèrent les procédés, très développés déjà, de la fabrication des rubans en Suisse, en Autriche, en Prusse, en Angleterre. Il est bon d'ajouter, cependant, que Saint-Etienne eut moins à souffrir que d'autres villes industrielles, pour ne citer que Lyon, de cette odieuse mesure de proscription qui restera une des taches du règne de Louis XIV.

L'intendant d'Herbigny nous apprend, dans son très intéressant mémoire, que, vers 1698, Saint-Etienne et Saint-Chamond employaient à elles deux 192,000 livres de soie française, représentées par 1,200 balles et environ 400 balles de soies d'Italie. C'est dire que la soie étrangère n'entrait que pour un quart, dans la fabrication des rubans.

On ne trouve plus guère, à partir de cette époque, de documents précis sur l'état de la rubanerie stéphanoise, avant le milieu du XVIIIe siècle. On sait seulement que vers 1720, la fabrication prit une très grande extension, la Régence ayant mis à la mode les colifichets et les toilettes enrubanées.

Excepté sur la fin, le règne de Louis XV ne fut pas une époque très prospère pour l'industrie rubanière, car la mode des rubans partout, même sur la chaussure, tomba quelque peu en disgrâce. C'est alors que les fabricants, pour soutenir leur industrie languissante, commencèrent à créer des fantaisies d'un nouveau goût. On vit apparaître les rubans décorés par l'impression de sujets, dont les événements populaires d'alors fournissaient les principaux motifs. Ce n'est pas là, il faut en convenir, ce qui pouvait relever beaucoup le chiffre de la fabrication.

Par une fâcheuse coïncidence, au moment où la mode délaissait les toilettes ornées de rubans, les villes de la Suisse nous faisaient une redoutable concurrence avec leurs métiers mécaniques.

Les rubaniers présentèrent alors une adresse au Roi pour lui exposer la situation, qui était loin d'être brillante pour eux.

Nous nous contenterons de reproduire, d'après M. Marius Vachon, le passage suivant de cet intéressant document : « Les fabriques de rubans, établies dans les pays étrangers depuis la fin du siècle dernier, ont fait déchoir celles de Saint-Etienne ; cependant celles-ci pourraient se flatter de reprendre bientôt le dessus, si les fabriques de rubans établies en Suisse, ne diminuaient considérablement le commerce que les négociants de cette ville pourraient faire non seulement dans l'Allemagne, mais encore en France et principalement à Paris, où les rubans de Suisse sont préférés, parce qu'on les établit à meilleur marché que ceux de Saint-Etienne. Les Suisses se ménagent cet avantage par deux moyens. Le premier est qu'ils ont les soies propres à leur fabrication à meilleur marché qu'on ne peut les avoir en France ; le second est qu'ils font une économie considérable sur les façons par l'usage des métiers battant à plusieurs pièces. »

Ce qui valut mieux encore que des plaintes pour rétablir cette mauvaise situation, ce fut l'initiative individuelle dont firent preuve, à cette époque, quelques fabricants intelligents et énergiques.

En 1750, la maison Dugas installa dans le bourg d'Izieux, près de Saint-Chamond, trois métiers dits à la Zurichoise. Ce premier essai paraît-il ne réussit pas parfaitement ; mais

Phototypie Bellotti

MÉTIER TAMBOUR A LA ZURICHOISE

PERMETTANT D'EXÉCUTER 4 PIÈCES A LA FOIS

l'élan était donné, et presque aussitôt après M. Flachat, un fabricant de Saint-Chamond, importa de Suisse des métiers, dits à la barre, en ayant soin de faire venir des ouvriers du pays pour les faire fonctionner.

En 1752, d'après de La Tour-Varan, un fabricant de Saint-Etienne, M. Lacour, se procura un métier de vingt-quatre pièces, sur lequel il fit des essais plutôt qu'une fabrication productive.

De son côté, la maison Dugas recommença ses essais de fabrication avec le métier à la Zurichoise, en employant cette fois des ouvriers suisses, qu'elle avait fait venir à grands frais. Cette seconde tentative fut couronnée de succès.

En 1758, M. Lacour, dans le but de reprendre aussi ses expériences, fit un voyage en Suisse. Il ramena avec lui un ouvrier balois Frédéric Hauzer, (1) qui monta à Saint-Etienne, au Crêt-de-Roc trois métiers à la barre, sur lesquels on pouvait obtenir plusieurs pièces de ruban à la fois, ces produits étant d'ailleurs aussi parfaits que ceux que l'on obtenait alors avec les métiers à la main

L'emploi du métier à la barre parut alors d'une importance telle pour la fabrique stéphanoise, que le Gouvernement accorda une prime de 70 francs à tous ceux qui en monteraient dans le pays. Après M. Lacour, les premiers fabricants qui installèrent des métiers à la Zurichoise à Saint-Etienne et qui, par conséquent, reçurent la prime, furent MM. Thiollière et Salichon.

Au début de la Révolution, on comptait à Saint-Etienne trente fabricants de rubans et les bénéfices, à cette époque,

(1) Hauzer était de la Suisse allemande ; on le désignait habituellement dit Peyret-Lallier, à Saint-Etienne, sous le nom de Jean l'Allemand.

étaient, paraît-il, considérables; d'après Peyret-Lallier ils s'élevaient facilement jusqu'à 40 0/0.

Nous arrivons à une période remarquable, au point de vue des perfectionnements, apportés dans le mode de fabrication de la rubanerie stéphanoise. En 1770, le peintre Revel, trouve l'ingénieux procédé de la mise en carte; Jacob Hauzer, le frère de Frédéric perfectionne, à la même époque, le métier à la Zurichoise, en y adaptant le tambour, qui permit de faire les premiers rubans satins.

Pendant la Révolution, la production des rubans fut, pour ainsi dire, nulle et les rubaniers en partie ruinés, cessèrent toute fabrication, pendant que la majeure partie des ouvriers abandonnaient les ateliers, pour aller s'enrôler aux armées. Ceux qui restèrent dans le pays furent employés à la fabrication des armes de guerre qui alors primait tout.

En 1793, M. Thiollière-Duchamp apprit d'un Lyonnais, tué pendant le siège, le précieux secret d'un métier de velours double pièce. A son retour à Saint-Etienne, il s'empressa d'en installer un semblable dans sa propriété du Vernay. Il adjoignit à son commerce son neveu, Jean-Baptiste David, qui, bientôt, lui succéda et se consacra tout entier au perfectionnement de la fabrication du velours avec le nouveau métier. Un autre fabricant de la ville, M. Faure-Lacroze, trouva le moyen de fixer solidement le poil, en l'enlaçant de quatre coups de trame ; c'est de là que vient, paraît-il, le nom de velours à quatre planches que l'on donna à ce tissu bien supérieur à celui qui se fabriquait d'après les procédés de Crefeld, et dont le poil, manquant de solidité, se détachait facilement.

En 1795, M. Lacasse importa d'Angleterre les procédés de cylindrage avec apprêt; M. Guigenne inventa les premiers rouleaux de gaufrage au grain avec fonds et à dessins plats.

M. Robin les perfectionna bientôt, en y adjoignant le dessin en relief; enfin, quelque temps après, il inventait les rouleaux chauffés, gaufrant sans apprêt.

On voit, d'après ce qui précède, que les années qui suivirent la Révolution furent, pour l'industrie rubanière de Saint-Etienne, une époque de prospérité remarquable, tant par les perfectionnements apportés dans l'outillage des différents métiers, que par le chiffre d'affaires qui devint considérable et s'éleva, pendant la seule année 1800, à 17,774,000 fr.

Le nombre d'ouvriers employés aux travaux intéressant la rubanerie s'élevait alors à 24,800.

Il y a loin de là au chiffre fourni par le recensement des ouvriers rubaniers fait en 1790, sur la demande des Comités de l'Assemblée constituante. On n'en comptait alors que 4,000.

En 1808, sous l'administration du maire Jourjon-Robert, on créa à Saint-Etienne la Condition des soies, appelée à rendre les plus grands services aux fabricants, en expérimentant d'une façon légale, par des appareils excessivement perfectionnés, le degré d'humidité contenue dans cette précieuse marchandise, afin que le prix ne porte bien que sur le poids de la soie elle-même, et non pas sur les matières étrangères, telles que l'eau et les gommes qu'elle peut contenir.

Si l'introduction à Saint-Etienne du métier à la Zurichoise avait fait faire d'immenses progrès à la fabrication des rubans, dans la seconde moitié du XVIIIe siècle, l'adoption, par la fabrique stéphanoise, du métier Jacquard, eut des résultats bien plus importants encore.

Un habile ouvrier, M. Robin, qui avait été à Lyon visiter une de ces mécaniques, en compagnie de M. Hyppolite Royet, construisit de mémoire, dès qu'il fut rentré à Saint-Etienne, un métier à peu près semblable. Sans rien enlever au grand inventeur lyonnais pour son œuvre de génie, on doit reconnaître à M. Robin sa part de mérite pour toutes les modifications qu'il dût apporter au mécanisme Jacquard, dans le but de le rendre propre au tissage des rubans. Il y avait à surmonter d'assez graves difficultés, provenant surtout du passage de la navette et du jeu des lisses. Quelque temps après, un simple ouvrier, Antoine Begon, rendit surtout pratique l'œuvre de Robin, en adaptant le système Jacquard aux métiers à la barre. Enfin, en 1827, M. Reverchon fit un important perfectionnement en appliquant une crémaillère aux battants (1).

La fin de la Restauration et les commencements du règne de Louis-Philippe furent des époques prospères pour notre industrie rubanière, outillée dès lors comme les fabriques les plus en renom de l'étranger.

Le chiffre de la fabrication augmenta d'une façon considérable ; en 1833, on comptait, d'après M. Lucien Thiollier, 144 fabricants de rubans à Saint-Etienne, et la production s'éleva, pendant cette même année, à 40 millions de francs. La consommation française prenait seulement le quart de ce chiffre, le reste était vendu à l'étranger, principalement aux

(1) Nous empruntons aux notes manuscrites de Peyret-Lallier sur les industries de la région, quelques renseignements fort intéressants sur la valeur intrinsèque qu'avaient alors les différentes sortes de métiers en usage chez les passementiers de Saint-Etienne et des environs.

Un métier à la zurichoise valait, neuf, 400 francs, et vieux, 150 francs.

La valeur moyenne des 3,000 métiers qui existaient à cette époque à Saint-Etienne et dans les campagnes voisines n'excédait pas 150 francs et, ajoute-t-il, une partie de ces métiers peut exécuter de petits dessins de 25 à 30 coups et plus de hauteur, à l'aide des tambours dont les touches font mouvoir les lisses. Les métiers à la Jacquard valaient, à Saint-Etienne, en 1824-25, de 2,000 à 2,400 francs; le battant Reverchon en augmente le prix; en 1830-31 ils ne se vendaient plus que de 1,500 à 1.800 francs, et leur prix ne cessa de décroitre, au point qu'en 1844, un métier neuf ne revenait pas à plus de 1,000 francs. Le prix moyen des métiers en service était estimé à 500 francs seulement.

Etats-Unis qui, à eux seuls, achetaient un autre quart de la quantité totale des rubans fabriqués à Saint-Etienne (1).

A l'époque dont nous parlons, Saint-Chamond, si renommé pour ses fabriques de lacets, faisait aussi pour 10 millions de rubans; cette dernière industrie y fut bientôt abandonnée au profit de Saint-Etienne.

Pendant les années qui suivirent, jusqu'en 1851, la production augmenta encore plus rapidement, et l'on atteignit bientôt le chiffre prestigieux de 100 millions d'affaires par année moyenne.

Depuis ces quarante dernières années, le chiffre de fabrication n'a pas sensiblement augmenté, puisqu'en 1889 la production, officiellement accusée par la Chambre de Commerce de Saint-Etienne, pour la rubanerie, était de 103 millions de francs.

Le chiffre de l'importation subit lui aussi, pendant le même temps, de nombreuses fluctuations. Il était descendu très bas, après 1851, lorsque les acheteurs américains et anglais, pour des raisons qu'il serait trop long d'exposer ici, allèrent porter à Bâle la plus grande partie de leurs commandes.

Les Etats-Unis, qui avaient été de si bons clients pour la fabrique stéphanoise, avec laquelle ils faisaient, en 1860, pour 30 millions d'affaires, ne lui demandèrent bientôt plus qu'un très petit nombre d'articles spéciaux. C'est surtout après la guerre de la sécession que ce mouvement de retrait s'accentua, lorsque de nombreuses usines à vapeur se furent installées à Paterson et à Bookling, pour la fabrication des rubans; elles devinrent bientôt très prospères, étant protégées contre la

(1) Il est superflu de dire que toutes les industries se rattachant à la rubanerie s'étaient accrues dans les mêmes proportions; c'est ainsi que le nombre des teinturiers établis à Saint-Etienne, qui n'était que de quatre à cinq avant la Révolution, s'accrut considérablement. En 1832, on n'en comptait pas moins d'une trentaine, et ce nombre a toujours été en augmentant.

concurrence étrangère par des droits exorbitants sur tous les articles similaires venus du dehors.

Les rubaniers stéphanois, sans se décourager, ont su trouver de nouveaux débouchés, et le chiffre de l'exportation représente encore aujourd'hui les trois quarts de la production, absolument comme en 1833.

La fabrication des rubans est une opération délicate qui comporte des phases multiples et exige, outre le concours de plusieurs industries secondaires, la coopération d'artistes et d'ouvriers habiles.

Le dessinateur conçoit l'œuvre et l'esquisse par des dessins aux ravissantes couleurs ; vient ensuite la mise en carte, exécutée par un ouvrier, on pourrait dire, par un artiste spécial.

Le patron qui a eu à faire preuve de son bon goût, dès le début, lorsqu'il s'est agi de choisir un dessin assez beau et assez orginal pour plaire aux clients, doit surveiller encore la mise en carte, qui se fait chez lui. Il procède ensuite à l'achat de la soie qui, aussitôt, est envoyée chez le teinturier ; lui aussi doit faire preuve de goût dans le choix des tons à donner aux couleurs pour reproduire celles du dessin dans leurs moindres nuances. On voit intervenir ensuite la dévideuse et l'ourdisseuse.

La soie est enfin livrée au passementier qui, comme on le pense bien, ne doit pas manquer lui-même d'habileté.

Pour qu'un ruban soit fait selon la conception de l'artiste et le choix du fabricant, il faut, je le répète, une entente parfaite de tous les intermédiaires nécessaires entre le fabricant et le passementier.

On peut dire d'une manière générale que, malgré la concurrence énorme qui nous est faite pour le ruban uni par la Suisse, l'Allemagne l'Angleterre et l'Amérique, la fabrique stéphanoise est appelée à conserver toujours l'importante situation qu'elle a su se faire en France et dans le monde entier, car elle est vraiment supérieure, et hors de pair, pour la production des rubans façonnés; ceux dont l'exécution exige le concours intelligent des fabricants, des dessinateurs, des teinturiers et des ouvriers. En général, tous sont très habiles, et mettent un goût parfait dans la composition et la coloration des dessins.

Pour terminer, je dirai quelques mots d'une institution créée en 1812, et qui a puissamment contribué, jusqu'à nos jours, à entretenir le culte des bonnes traditions chez les fabricants rubaniers et leurs précieux collaborateurs; je veux parler de la Chambre des Prud'hommes qui a rendu depuis lors de très grands services à nos industriels.

Les fabricants rubaniers peuvent déposer leurs créations au secrétariat des Prud'hommes, lorsqu'ils veulent conserver la propriété de leurs inventions, ce dépôt la leur garantit aussi sûrement, et surtout beaucoup plus économiquement, que l'obtention d'un brevet d'invention. Il n'y a qu'une seule restriction, c'est qu'au bout de cinq années, ces échantillons passent de droit dans la Bibliothèque du Musée d'Art et d'Industrie (1). Là, ils sont conservés dans des carnets spéciaux et mis à la disposition du public.

Cette collection est remarquable au point de vue historique; elle possède déjà soixante-cinq magnifiques carnets où sont

(1) Cette petite Bibliothèque, appelée à rendre, avec le temps, les plus grands services aux fabricants, a été fondée en 1889. Le conservateur actuel, M. Seillon, est l'homme le plus compétent que l'on puisse trouver sur toutes les questions touchant à la rubanerie. L'ouvrage qu'il a publié, en 1867-70, sous ce titre : *Tissage des Rubans. — Cours historique et pratique*, le prouve surabondamment. Ce livre, tiré à trois éditions, s'est vendu, non seulement à Saint-Etienne et dans toute la France, mais il compte encore de nombreux acheteurs à l'étranger et jusqu'en Amérique. Nous tenons à remercier ici M. Seillon des renseignements qu'il nous a fournis avec sa bienveillance et son affabilité habituelles.

conservés plus de cent mille échantillons, déposés depuis 1812 jusqu'à nos jours (1).

Cette institution est non seulement intéressante au point de vue historique, mais encore très utile et très pratique au point de vue industriel, car les fabricants et les dessinateurs viennent sans cesse consulter les produits déjà existants pour s'inspirer des souvenirs du passé dans la conception de créations nouvelles.

Nous avons pensé qu'il serait intéressant de reproduire quelques-uns des plus anciens échantillons conservés dans les carnets de la Bibliothèque du Musée d'Art et d'Industrie, et nous donnons en regard plusieurs modèles exécutés de nos jours sur des métiers à dix et douze navettes (2). On pourra juger par là de l'immense perfectionnement opéré dans l'outillage, et admirer la beauté des créations artistiques des compositeurs de nos jours.

(1) M. Martin (d'Aurec) a fait don aussi à cette Bibliothèque d'une très intéressante collection d'échantillons anciens, très souvent consultée par le public.

(2) Nous avons prié la maison Décot de mettre à notre disposition ses produits les plus remarquables, ce qu'elle a fait avec la meilleure grâce du monde. Nous l'en remercions et pour cause, nous n'avons pas toujours été aussi bien accueilli. Le second fabricant, à la porte duquel nous avons été frapper, nous a fort mal reçu et complètement pris *à rebours*. Si notre mémoire est bonne, on nous a même répondu en ces termes : « Monsieur, notre maison est assez connue et n'a pas besoin de réclame. » Quoique notre intention primitive ait été de reproduire des spécimens de plusieurs fabricants, nous nous sommes retiré le plus courtoisement possible, nous promettant bien de nous arrêter à cette seconde tentative, car, à Dieu ne plaise, nous n'étions poussé que par un goût purement artistique, lorsque nous sollicitions d'obtenir de cette maison le prêt de ses plus beaux modèles de rubans, pour les faire reproduire en une planche gravée et en faire jouir le public. Le métier d'écrivain, cher lecteur, n'est pas toujours semé de roses.

Phototypie Bellotti

SPÉCIMENS DE RUBANS FABRIQUÉS A SAINT-ÉTIENNE

CHAPITRE V

MÉTALLURGIE.
SES PROGRÈS DEPUIS L'IMPORTATION DES MÉTHODES ANGLAISES.
FONDATION DES GRANDS ÉTABLISSEMENTS MÉTALLURGIQUES.

La création de nombreux établissements métallurgiques dans une région où le combustible est aussi abondant et, par conséquent, d'un prix de revient si minime, n'avait rien que de très naturel ; c'est assez tard, cependant, que cette grande industrie se développa dans le pays avoisinant Saint-Etienne. A notre avis, en voici la cause : c'est que le minerai de fer qui, par une coïncidence providentielle, accompagne toujours les couches de houille, y est relativement peu abondant et d'une richesse moindre que partout ailleurs, lorsqu'on le soumet à l'analyse.

Ce n'est qu'assez tard qu'on a découvert, en quantité suffisante, des gisements importants de minerais, tout à fait indépendants d'ailleurs du système houiller, tel que celui, par exemple, de fer hydraté de la Tour-en-Jarez, dont la richesse varie de 30 à 40 o/o.

Cependant, longtemps avant cette découverte, due au hasard, un ingénieur en chef des mines d'un talent remarquable, M. de Gallois, alla étudier à l'étranger les gisements importants de minerai de fer qui accompagnent certaines houillères. Il reconnut un fait général : c'est que ces gisements appartenaient à la même formation et provenaient d'un dépôt remontant à la même époque que celui du charbon (1).

A son retour, en 1814, partant de ce fait, qu'il posa en principe, il fit des recherches sûres dans la région et ne tarda pas à découvrir plusieurs gisements considérables à Rive-de-Gier, à Firminy, à Saint-Etienne.

Deux autres gisements importants de fer, indépendants tous deux du système houiller, ont été découverts depuis, dans le voisinage immédiat de Saint-Etienne. Le premier, dont nous avons déjà dit un mot, s'étend sur une assez grande surface, près du village de La Tour-en-Jarez ; il a été découvert en 1823. Le second fut trouvé, quelque temps après, au Chambon ; c'est un minerai de fer quartzeux, moins riche que le premier, excellent toutefois pour la production de la fonte.

En 1818, M. de Gallois créait la Compagnie des mines de fer de Saint-Etienne, reconnue par ordonnance royale en 1821. D'après ses vues, un Stéphanois d'une grande intelligence, M. Joseph Bessy, établit à Saint-Julien-en-Jarez la première forge anglaise que l'on vit fonctionner dans le pays. On y convertissait la fonte en fer par l'emploi de la houille, d'après le système inventé par l'anglais Dudley, en 1619.

Une première Compagnie, organisée à Firminy pour y établir des hauts-fourneaux, chargea M. Bessy d'aller étudier en Angleterre les meilleurs procédés de fabrication. Ses observations ne portèrent pas uniquement sur le travail de la fonte. Il fit aussi de nombreuses remarques sur les principales causes

(1) Voir le mémoire publié par M. de Gallois, sur le fer houiller, ou fer carbonatilithoïde qui existe de Firminy à Rive-de-Gier.

qui donnaient la supériorité sur nous aux Anglais dans le travail du fer, surtout comme rapidité d'exécution. Il consigna, à ce sujet, de nombreuses observations, bien décidé à importer en France différents procédés qui devaient rendre les plus grands services à notre industrie.

La Compagnie de Firminy ne devait guère profiter de ses travaux; elle fut dissoute, faute d'une organisation suffisante, avant d'avoir tenté aucune entreprise.

Travailleur infatigable, ne se décourageant jamais, M. Bessy dut mettre lui-même à exécution ses vastes projets. Il s'associa pour cela, d'abord à M. Celle-Duby, son parent qui ne tarda pas à mourir, puis à un de ses oncles, M. Ardaillon. Grâce au concours pécuniaire de celui-ci, il put fonder en 1820, à Saint-Julien-en-Jarez, près de Saint-Chamond, un vaste établissement où l'on fabriqua le fer, par l'emploi de la houille. La réussite de cette vaste entreprise avait été assurée, dans le début, par le précieux concours de quelques ouvriers anglais.

M. Bessy, on le voit, est un des hommes qui ont le plus contribué, à cette époque, au développement de la grande métallurgie, dans le bassin houiller de la Loire. Malheureusement la mort vint le surprendre à la fleur de l'âge, au moment où, travailleur infatigable, il revenait d'un voyage en Angleterre. Il y était allé pour faire de nouveau des études techniques, persuadé qu'il nous restait encore beaucoup de choses à apprendre pour arriver au degré de perfectionnement qu'avaient atteint la production et le travail du fer chez nos voisins d'Outre-Manche.

D'un autre côté, un homme remarquable, dont nous avons déjà parlé, et qui lui aussi avait été étudier en Angleterre, les meilleurs procédés de fabrication, M. de Gallois, éleva en 1821, les premiers hauts fourneaux qu'en ait vus dans la Loire.

En 1822, MM. Frèrejean et Henri Roux, fondèrent les forges de Terrenoire, dont l'importance a été si grande. Depuis les choses ont bien changé; quand on passe aujourd'hui dans ces parages, on a le cœur véritablement serré à la vue de ces vastes ateliers déserts, abandonnés par les milliers de travailleurs qui semblaient donner la vie et l'action à ce coin si pittoresque.

En 1824, MM. Neyrand frères et Thiollière, établirent d'importantes forges à Lorette.

On doit à MM. Ardaillon et Charles Bessy, frère du précédent, la création en 1827, des hauts fourneaux de l'Horme.

Tous les essais tentés de 1818 à 1827, pour arriver à la fabrication directe du fer, avec des minerais extraits de la région, font le plus grand honneur au génie industriel des hommes remarquables qui, tout d'abord, ont poursuivi ce but avec tant d'acharnement; nous pourrions dire avec tant de patriotisme. Mais hélas! il fallut bientôt convenir qu'on s'était fait illusion; car on ne possédait pas dans la Loire, de minerais assez riches et assez abondants. Il devenait impossible, au point de vue économique, d'obtenir le fer au prix où pouvaient le livrer les producteurs du Nord et de l'Est de la France, sans parler de ceux de l'étranger. La concurrence n'était donc pas soutenable, et les usiniers établis dans la région, durent bientôt faire appel aux minerais de l'Autriche, de l'Espagne et enfin de l'Algérie.

Comme cela était très coûteux à cause des frais de transport, on vit diminuer tous les jours, dans le pays, la production directe de la fonte, et les hauts fourneaux, dont nous venons de parler, durent éteindre leurs feux successivement, au point que de nos jours, il n'en existe plus qu'un seul dans tout le département, celui des aciéries de Firminy.

En résumé, le prix des fontes et celui des charbons étant relativement beaucoup plus élevé dans la région que dans les autres centres producteurs de la France, l'industrie métallurgique a dû s'y transformer.

C'est la fabrication et le travail des aciers qui sont venus remplacer avantageusement la production du fer, sur laquelle, dans le début, on avait fondé tant d'espérances déçues. Nous allons suivre, avec toute l'exactitude possible, le développement de cette branche importante de l'industrie locale, et nous constaterons bientôt que plusieurs causes vinrent favoriser le développement que prirent, spontanément, les diverses aciéries, fondées à cette époque dans le pays.

Les descendants des anciens *Fabers*, cédant en quelque sorte au génie natif de leur race, et forcés d'abandonner les articles de grande production que la pauvreté du minerai contenu dans leur sol ne leur permettait pas de fournir assez économiquement, se livrèrent à la confection d'ouvrages plus délicats, réclamant surtout le concours d'ouvriers intelligents et actifs.

A partir de ce moment, les principaux produits qui sortirent des ateliers métallurgiques du bassin de la Loire furent surtout des objets dont la confection réclame l'emploi des meilleurs aciers tels que les canons, les frettes, les obus, les plaques de blindage, les roues de wagon avec leurs bandages, etc.

C'est à dessein que nous ne parlons pas des aciers fins, destinés à l'armurerie et à la coutellerie (1).

(1) L'industrie de la coutellerie à complètement disparu aujourd'hui de notre région au profit de la ville de Thiers. Au commencement du XVIIIe siècle, cette industrie était une des plus importantes du pays; c'est ainsi que le terrier Dupont de 1706, contient les noms de 25 couteliers et non pas des plus pauvres parmi les propriétaires de la région. C'est à Saint-Etienne que le petit couteau à bon marché, si connu sous le nom d'Eustache, a été imaginé par un coutelier de ce nom. Au

On ne pouvait pas les aller chercher ailleurs dans un pays où on les avait, pour ainsi dire, sous la main.

La nécessité de fabriquer des aciers en France, s'imposait en quelque sorte, au moment où eurent lieu les premières tentatives de production de ce précieux métal. Un fait rappelé par M. Lucien Thiollier, le prouve surabondamment, c'est que pendant les guerres du premier Empire, on avait payé chez nous jusqu'à 12 francs une livre d'acier, valant alors 1 fr. 25 en Angleterre. Sous la Restauration, au moment où se firent les premiers essais de production, le prix de l'acier dans le pays variait entre 3 fr. 50 et 4 fr. le kilog.; c'est-à-dire qu'il était sept ou huit fois plus cher qu'aujourd'hui. Le gouvernement comprit qu'il y avait pour lui un devoir impérieux à combler une lacune, si préjudiciable à certaines de nos productions industrielles. Il fit des avances directes à un industriel anglais du nom de James Jackson. Ce dernier vint s'établir en France, avec ses fils, et fonda vers 1815, à Trablaine (1), près du Chambon-Feugerolles, la la première aciérie qu'on vit fonctionner dans la région.

Comme il arrive souvent pour une première installation, le nouvel établissement métallurgique ne prospéra guère au début. C'est qu'il y avait à lutter contre la réputation de supériorité des aciers anglais, bien établie en France; et malheureusement, il faut bien le reconnaître, dans les questions commerciales, il est bien peu de gens qui se préoccupent de l'intérêt de leur pays. Le fabricant veut avant tout acheter la

milieu de notre siècle on comptait encore quelques rares couteliers dans le pays. Il n'en reste plus aujourd'hui. Le Chambon qui était alors très adonné à cette industrie l'a remplacée depuis par la fabrication des limes et des boulons.

(1) Le quartier où eut lieu la première création des établissements *Jackson Frère* a conservé le nom — *Chez les Anglais*, — sous lequel il est encore désigné de nos jours.

marchandise la plus avantageuse. Le bon marché seul le décide à faire quelques fois autrement. Il y eut cependant d'heureuses exceptions ; mais elles furent rares et, pour écouler ses aciers, la maison Jackson et fils, dût les vendre à un taux de 25 0/0 au dessous du prix des aciers de provenance anglaise, ou dissimuler leur provenance, ce qui était plus regrettable encore.

Cependant en 1820, les frères Jackson transportèrent leurs aciéries à Saint-Etienne même, dans le quartier du Soleil, en leur donnant une plus grande extension. Ils installèrent aussi des martinets au Gouffré-d'Enfer, sur le Furan, ce qui rendit à leur industrie une partie de son importance.

Après que leur père fut rentré en Angleterre, les fils Jackson, établirent en 1830, le siège de leur fabrication à Assailly, près de Saint-Chamond. Ce n'est qu'à partir de ce moment que leur industrie devint véritablement florissante.

En 1837, ils achetèrent l'importante aciérie de la Bérardière, fondée en 1820, par M. Milleret père, auquel ses fils avaient succédé, en s'associant avec M. Le Clerc.

L'extension donnée à la production des aciers par les frères Jackson, dans tout le bassin de la Loire, devint telle que dans la seule année 1840, ils purent livrer au commerce un million de kilog. d'acier fondu qui, ajoutés à une égale quantité d'autres variétés du même métal, représentaient une valeur d'au moins 2,500,000 fr.

Ce chiffre d'affaires, déjà si important, se trouvera bientôt doublé par celui de deux importantes maisons, auxquelles s'associèrent les Jackson ; la fabrique de faux de la Terrasse et l'usine Peugeot produisant des outils et surtout des scies en acier laminé.

Si nous avons parlé si longuement de la famille Jackson, c'est qu'elle a rendu les plus grands services à l'industrie de la région, d'abord en introduisant, les premiers, dans le bassin de la Loire, les procédés de la fabrication de l'acier, et plus tard, en fournissant au commerce des aciers préparés en vue de chaque genre d'ouvrages.

Nous devons parler aussi des aciéries de Cotatay, créées en 1825, par Jean et Jacob Holtzer, pour l'étirage, l'affinage et le corroyage des aciers.

Plus tard, en 1833, ils établirent de nouvelles aciéries à Unieux, près du Chambon. Leur maison devint bientôt une des plus importantes de la région ; mais en 1842, les deux cousins se séparèrent, l'un garda les usines de Cotatay, l'autre celles d'Unieux.

Mentionnons encore, comme ayant été créées à la même époque, les usines installées à Trablaine, près du Chambon, par MM. Robin et Cie ; les forges et aciéries Limouzin et fils, établies à Firminy.

Nous nous abstenons, à dessein, de parler des usines du bassin de la Loire, livrant simplement au commerce les produits transformés du fer et de l'acier ; nous en avons vu quelques-unes qui sont admirablement installées ; mais il n'entre pas dans notre cadre d'en donner la description.

Nous arrivons à l'année 1851, époque où furent créées à Saint-Chamond, par MM. Petin et Gaudet, les Forges et Aciéries de la Marine, le plus important des établissements métallurgiques de la région. C'est là qu'on vit le premier marteau pilon qui ait fonctionné dans le département de la Loire. Dès le début, cette vaste usine était déjà remarquable par son puissant outillage. Aujourd'hui, sous la direction de M. de Montgolfier, l'éminent ingénieur que tout le monde connaît, rien n'a été négligé pour conserver à cet établissement remarquable le premier rang qu'il avait conquis dès le début.

Disons seulement, pour donner une idée de l'habileté de la direction actuelle, qu'aussitôt que la fabrication et la vente des armes de guerre furent autorisées en France, la Compagnie de Saint-Chamond, qui fabriquait déjà les pièces de la marine française, reçut des puissances étrangères les commandes les plus importantes, pour la fabrication de leur matériel d'artillerie. C'est que M. de Montgolfier ne néglige rien pour se tenir au courant des nombreux perfectionnements apportés dans l'armement moderne; il ne compte ni la peine, ni les voyages, ni la dépense et il paraît avoir appliqué, mieux que personne, la devise ancienne « semper melius. »

Il nous est d'autant plus facile de dire ici notre admiration sincère que nous n'avons l'honneur de connaître l'éminent Président de la Chambre de commerce de Saint-Etienne, que par ses œuvres et par le bien que nous avons entendu dire de lui.

En 1852, M. Jacques Claudinon fondait les Forges et Aciéries du Chambon, connues sous la raison sociale : J. Claudinon et Cie.

Deux ans plus tard, M. Félix Verdié installait aussi d'importantes forges et aciéries à Firminy.

Cet établissement a pris une telle importance que, dans ces derniers temps, il employait plus de 2,000 ouvriers.

Disons, en terminant ce chapitre, qu'il existe à Saint-Etienne d'autres industries très importantes telles que la verrerie, la clouterie, la quincaillerie, etc.; mais on ne peut pas dire d'elles que ce sont des industries locales comme l'armurerie, la rubanerie et la métallurgie. Aussi, ne parlerons nous que pour mémoire des deux grandes verreries établies à la Chaléassière et à Bellevue; la première fait pour 250,000 fr. d'affaires par an, la seconde pour 750,000 fr.

La ferronnerie et la quincaillerie sont aussi des industries assez répandues à Saint-Etienne et dans les environs, principalement au Chambon, puisqu'en y comprenant la fabrication des limes, des clous, des boulons et des serrures, le nombre des personnes employées à ces diverses industries s'élève à plus de 5,000.

Après avoir terminé l'étude des grandes industries qui ont si puissamment contribué à faire la prospérité de la ville de Saint-Etienne, nous constaterons, avec le lecteur, qu'il y eût en quelque sorte une cause commune à cet immense développement qui, pour chacune d'elles, s'opéra avec tant de rapidité. Aucune autre ville de France n'a encore augmenté, nous le répétons, dans de pareilles proportions et en si peu de temps, le chiffre de ses affaires; aucune n'a étendu si vite sa réputation commerciale et industrielle. Dans toutes ces industries, nous avons vu des inventeurs ou des ingénieurs étudier à l'étranger les meilleures méthodes, celles qui leur paraissaient les plus pratiques. Ils les rapportaient ensuite dans leur pays pour leur donner tous les développements et tous les perfectionnements possibles.

Nulle part, peut-être, les habitants d'une ville n'ont fait preuve de plus de bon sens, ou plutôt de sens pratique; car, il faut bien l'avouer entre nous, notre chère petite vanité nous porte à vouloir nous passer des autres peuples qui, eux ne se passent pas de nous et viennent sans vergogne s'approprier toutes nos découvertes pour nous faire ensuite la concurrence la plus redoutable.

Rendons cependant cette justice à notre époque d'avoir cherché à réagir contre cette tendance malheureuse. Les voyages organisés par les municipalités de certaines grandes villes, dans le but d'envoyer les adultes ou les enfants de nos écoles visiter les établissements industriels les plus renommés dans les pays voisins du nôtre, sont d'un bon augure pour l'avenir.

Nous espérons qu'on leur donnera plus d'extension encore et qu'ils compléteront un jour, d'une manière obligatoire, les études industrielles ou commerciales que font les jeunes gens dans nos écoles professionnelles.

CHAPITRE VI

DÉVELOPPEMENT DES VOIES DE COMMUNICATION AUTOUR DE SAINT-ÉTIENNE. ROUTES. — CANAUX. — CRÉATION DES CHEMINS DE FER

Pour quelque multiples que soient les formes du développement du génie et de l'activité de l'homme, presque toujours les faits, qui en sont la manifestation, paraissent découler les uns des autres. A mesure que l'emploi de la houille s'est répandu dans le monde, il a fallu que son extraction s'étendît sur une plus grande échelle, pour que la production puisse suffire aux demandes que créaient des besoins nouveaux; c'est alors aussi qu'il a fallu, pour transporter au loin le précieux combustible, améliorer les voies de communication, en créer de nouvelles, et imaginer de puissants moyens de transport.

On peut dire que depuis la Révolution, presque toutes les nouvelles voies de communication, établies entre le Rhône et la Loire, ont été créées en faveur de Saint-Etienne et de son arrondissement.

Actuellement, comme voies de terre, il y a deux grandes routes nationales qui s'y croisent et la mettent en rapport avec les quatre points cardinaux ; ce sont celle de Roanne au Rhône (Bourg-Argental), et celle de Toulouse à Lyon. Viennent ensuite deux routes départementales : celle de Saint-Etienne à Saint-Symphorien, par La Talaudière, et celle du Rhône à la Loire, par Saint-Chamond, qui passe au sud-est, à quelques kilomètres seulement de la ville.

Citons encore les deux chemins de grande communication n°s 11 et 12 : le premier, de Chazelles-sur-Lyon à Montfaucon, par Saint-Héand ; le second, de Montbrison à Serrières, par Saint-Just.

Il se fait encore sur ces routes, outre les chemins de fer et les transports par eau, d'immenses charrois de houille.

La Loire, le Rhône et la Saône, sont trois grandes voies navigables qui, pour ainsi dire, se trouvent à portée du bassin houiller de Saint-Etienne, pour le transport de ses charbons, dans la direction de Paris, et vers les ports de l'Océan et de la Méditerranée.

La navigation à toujours été assez facile sur le Rhône, pour la descente, et sur la Saône même, lorsqu'il s'agit de remonter le courant. La Loire, quoique paraissant avoir été navigable de tous temps, depuis son embouchure jusqu'à Roanne, demandait à ce qu'on améliorât son cours au dessus de cette ville. Dès 1575, le célèbre Craponne, avait reçu mission d'étudier le cours de la Loire, pour « adviser les moyens qu'il serait requis tenir, pour rendre ladite rivière navigable depuis Roanne jusqu'au pont de Saint-Rambert. » Ce ne fut pas lui cependant qui devait mettre ce projet à exécution ; les travaux ne furent commencés qu'en 1702, par l'ingénieur Pierre Lagardette, et terminés en 1806.

Ce n'est que beaucoup plus tard, que la navigation fut ouverte en amont entre Saint-Rambert et la Noirie, pour permettre aux houilles de Saint-Etienne et de Firminy de s'écouler facilement par la Loire au port d'Andrézieux.

En 1838, la voie navigable de la Loire fut considérablement améliorée par la construction d'un canal latéral, allant de Roanne à Digoin, et qui venait pour ainsi dire se souder à celui qui relie ce dernier point à Briare. C'était un débouché considérable, offert vers le Nord aux mines de Firminy et de Saint-Etienne.

De l'autre côté du bassin, les produits de l'extraction de Rive-de-Gier, s'écoulaient à grand peine vers le Rhône, le transport se faisant encore à dos de mulets. Les fers destinés aux manufactures de Saint-Etienne, étaient amenés de Givors dans cette dernière ville de la même manière.

En 1765, François Zacharie obtint l'autorisation d'entreprendre les travaux de construction d'un canal qui, dans ses projets, devait réunir le Rhône à la Loire, et aller de Givors à Bouthéon, en passant par les trois grands centres industriels, Rive-de-Gier, Saint-Chamond et Saint-Etienne.

Ce n'est qu'en 1780, que ce canal fut terminé entre Givors et Rive-de-Gier; il s'arrêta là jusqu'en 1831, époque à laquelle il fut prolongé jusqu'à Grand'Croix, à peu près à mi-chemin entre Rive-de-Gier et Saint-Chamond.

Deux grandes raisons ont empêché l'achèvement de ce canal jusqu'à la Loire ; la première, c'est que la jonction de l'Océan à la Méditerranée, avait été opérée en 1791, d'une manière bien plus pratique par le canal du Centre ; la seconde et la plus importante, c'est que les chemins de fer ont rendu cet achèvement presque inutile, en comparaison surtout des frais qu'il occasionnerait encore.

A tous ces moyens de transports, il faut joindre le plus puissant de tous, celui qui fait aussi le plus grand honneur à la ville de Saint-Etienne, puisque le premier chemin de fer français a été construit pour transporter directement à la Loire, le produit de ses mines.

En 1818, M. de Gallois, ingénieur en chef des mines, en dressa les plans.

Une société composée de MM. de Boigne, Millerot, de Lur-Saluce et Bicoyne, se forma en 1820, pour mettre le projet à exécution. En 1822, la compagnie ainsi formée envoya en Angleterre deux ingénieurs, MM. Beaunier et Boggio, avec mission d'étudier la construction et l'exploitation des chemins de fer. Dès qu'ils furent de retour, on commença les études préliminaires et l'ordonnance royale du 26 février, autorisa la construction de ce petit chemin de fer. Le plus grand écueil, c'est que la loi n'autorisait pas encore les expropriations, pour cause d'utilité publique. Cinq ans après, ce petit tronçon était ouvert au transport des marchandises ; le point de départ était la Terrasse, au nord de Saint-Etienne et le point d'arrivée, le petit port d'Andrézieux.

Peu de temps après, un embranchement se détachant de cette ligne au lieu dit du Marais allait desservir le Treuil, près le plateau du Soleil et de Bérard, dont il gravissait la pente au moyen d'un plan incliné pour aboutir, enfin, en un lieu appelé la Verrerie, sur la route de Saint-Etienne à Lyon. Cette voie primitive a été remplacée depuis par l'établissement de la grande ligne entre les gares de Châteaucreux et de la Terrasse. Si nous mentionnons cet ancien tracé ; c'est à cause des services qu'il a rendus à l'exploitation des puits du Treuil, de Major, du Soleil, de Bérard et du Gagne-Petit.

Dans le début, l'unique objet de cette ligne était le transport des marchandises ; en 1832, son service fut ouvert aux voyageurs. On employait toujours les chevaux pour la traction des voitures.

Une société anonyme au capital de 10,000 fr. fondée par

Phototypie Bellotti

PREMIER CHEMIN DE FER ÉTABLI ENTRE LYON ET SAINT-ÉTIENNE

(Vue prise aux environs de Château-Neuf, près Rive-de-Gier.)

les frères Séguin et M. Edouard Béot, entreprit l'exécution d'une voie bien plus importante à cause des services qu'elle devait rendre, celle de Saint-Etienne à Lyon, desservant en même temps Saint-Chamond, Rive-de-Gier et Givors. Les travaux offraient, pour l'époque, de nombreuses difficultés ; ils furent néanmoins poussés avec une activité soutenue.

La nouvelle ligne à tracer fut divisée en trois parties, de Lyon à Givors, de Givors à Rive-de-Gier, et de Rive-de-Gier à Saint-Etienne. A la fin de 1830, la partie comprise entre Rive-de-Gier et Givors, était livrée au public, et dans le courant de 1831, toute la ligne fut mise en activité de service ; c'est-à-dire, avant le délai du 1er janvier 1832, fixé par l'arrêté du Gouvernement qui avait autorisé l'entreprise.

Marc Seguin avait fait faire, dès l'année 1828, un immense pas à l'emploi des moteurs à vapeur sur les voies ferrées, en inventant la chaudière tubulaire, dans laquelle la surface de chauffe se trouve considérablement multipliée, ce qui permit de construire des machines relativement légères à côté du poids considérable que présentaient les premières inventions de ce genre. On peut dire que c'est lui qui rendit ce mode de traction par la vapeur absolument pratique.

On lui doit aussi l'emploi des rails en fer beaucoup plus solides que les rails en fonte : c'était un grand progrès en attendant la généralisation du rail d'acier.

Enfin, on s'occupa d'établir une troisième ligne, dont la nécessité s'imposait : celle de Saint-Etienne à Roanne ; le transport des houilles prenait chaque jour plus d'extension, et l'on se trouvait souvent arrêté par les difficultés de la navigation de la Loire entre Andrézieux et Roanne. MM. Millet et Henry formèrent une Société anonyme, qui obtint l'autorisation d'exécuter un nouveau chemin de fer. Il fut terminé et mis en communication avec celui de Saint-Etienne à la Loire, le

15 novembre 1833 ; ce dernier communiquait déjà avec la ligne de Lyon depuis le 1er janvier. Il fut dès lors possible d'aller directement de Roanne à Lyon sans transbordement.

A côté de ces trois lignes principales, construites au début des chemins de fer, nous mentionnerons le premier tramway établi en France, vers 1839, entre Montrond et Montbrison. Il reliait cette dernière ville, alors chef-lieu du département, à la Loire, c'est-à-dire à la grande ligne de Roanne à Saint-Etienne, ce qui la mettait en communication directe avec Lyon, Roanne et Saint-Etienne. Il y a longtemps que ce tramway n'existe plus sur la route ; il a été avantageusement remplacé par la ligne de Lyon-Saint-Paul.

Dans une remarquable brochure intitulée : *La Chambre de commerce de Saint-Etienne et les industries de sa circonscription*, M. Lucien Thiollier, après avoir donné le tonnage des marchandises transportées sur ces différentes voies ferrées en 1833, soit 391,517 tonnes, compare ce même chiffre de roulement pendant les années 1859 et 1889 ; l'augmentation est fabuleuse. En 1859, le total des marchandises transportées s'élevait à 2,003,411 tonnes ; pour l'année 1889, il s'est élevé à 5,461,193 tonnes. On le voit, pour un intervalle de 30 ans, l'augmentation est de plus de 3,000,000 de tonnes.

Où s'arrêteront ces chiffres, puisqu'à la suite de l'encombrement de 1890, l'opinion publique réclamait impérieusement la construction d'une seconde ligne, entre Saint-Etienne et Lyon, dont le projet remonte à l'année 1875 ?

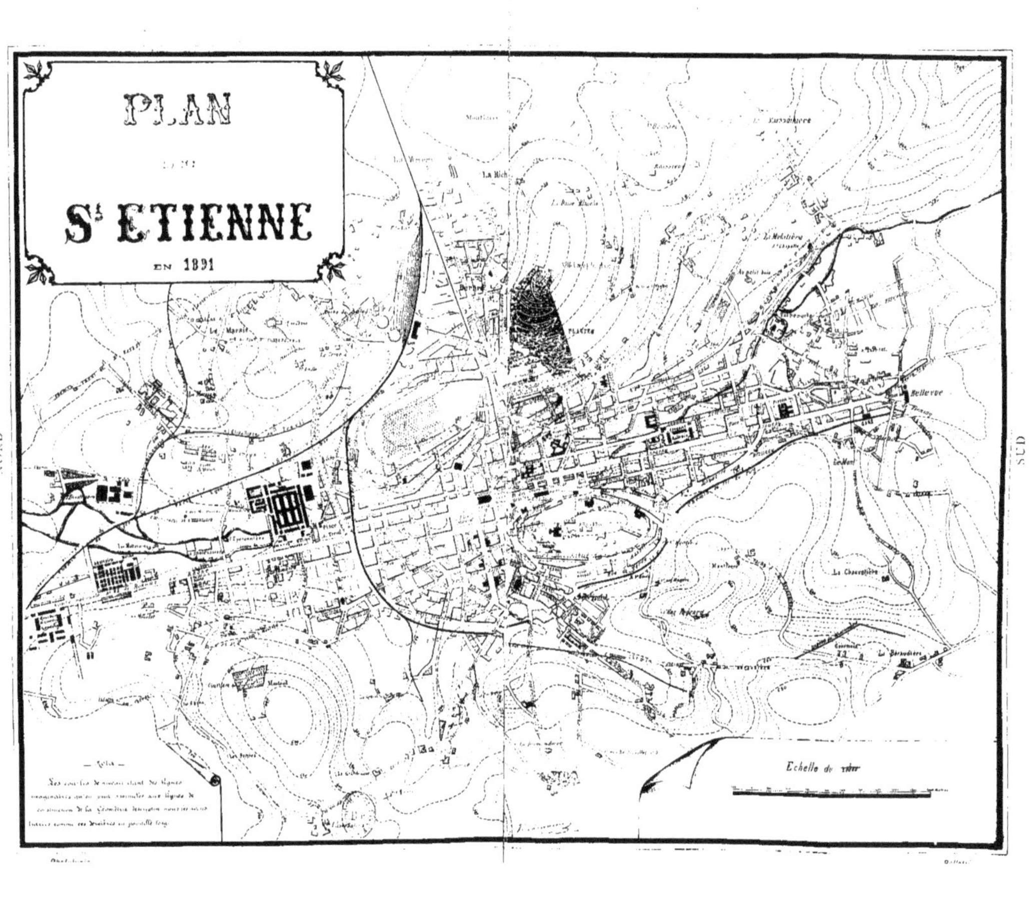

PLAN
St ETIENNE
EN 1891
NORD
SUD
Le Marais
Bellevue
La Chauvetière
Echelle de

QUATRIÈME PARTIE

MONUMENTS, LETTRES, SCIENCES ET ARTS

CHAPITRE UNIQUE

LES MONUMENTS DE SAINT-ÉTIENNE. — PRINCIPAUX ÉCRIVAINS, SAVANTS OU ARTISTES QUI ONT ILLUSTRÉ CETTE VILLE.

Notre dernier chapitre sera consacré tout entier à l'histoire des Lettres, des Sciences et des Arts dans la ville de Saint-Etienne. Nous aurons d'autant plus de plaisir à en parler longuement que, par une sorte de prévention, pour nous inexplicable, plusieurs auteurs se sont complus à représenter les Stéphanois comme des profanes, uniquement occupés de leurs affaires, et incapables d'apprécier les productions de l'esprit et les beautés de l'art.

Tout le monde connaît ce mot qui n'est que spirituel : « Les monuments de Saint-Etienne sont ses usines (1). » Cela n'est plus vrai de nos jours ; car on compte maintenant à Saint-Etienne quelques monuments qui ne sont pas indignes d'une grande cité ; et, pour parler de quelques-uns, je citerai l'Hôtel de Ville, bâti sous la Restauration, mais repris en seconde main par l'architecte Boisson, qui a surmonté d'un

(1) Elysée Reclus, *Géographie universelle*, t. Ier, *La France*.

vaste dôme ce beau bâtiment, qui paraissait lourd dans le début, parce qu'il était trop peu élevé par rapport à ses dimensions en longueur et en largeur. On a de plus ajouté dans la cour un escalier tournant d'une construction gracieuse et légère. Le grand escalier du perron de l'entrée principale est décoré, de chaque côté, par deux statues colossales en bronze, qui sont l'œuvre d'un Stéphanois, le sculpteur Montagny, l'une représente la Métallurgie, l'autre la Rubanerie.

Un autre beau monument, c'est le Palais de Justice, avec ses hautes colonnades ornées de trois figures allégoriques dues au ciseau d'un autre Stéphanois, le statuaire Merley.

Le Palais des Arts, tout récemment élevé, est une construction d'un style correct et dont les formes, bien qu'un peu froides, sont cependant assez gracieuses. Il est fort bien situé comme emplacement; construit sur la pente d'un coteau, il s'élève au-dessus des parties centrales de la ville.

Les deux églises, Sainte-Marie et Saint-Roch, construites dans notre siècle par l'architecte Boisson, sont de fort beaux spécimens de l'architecture religieuse de nos jours, empruntant aux différents styles du passé ce qu'ils avaient de meilleur.

Nous devons citer encore l'Ecole de Dessin, si gracieusement accrochée aux flancs de la montagne Sainte-Barbe, avec des rocailles artistement disposées au-dessous pour dissimuler l'escarpement d'une ancienne carrière abandonnée.

La belle façade du nouveau Lycée. Derrière on a plutôt cherché à faire des bâtiments commodes qu'une construction monumentale.

Nous pourrions mentionner aussi la Chambre de Commerce qui, sans être un monument, est une belle et solide construction, fort bien aménagée pour les besoins de cette importante création. Le petit jardin, qui orne chacun de ses côtés, ne contribue pas peu à couper la monotonie de la longue rue de la Bourse.

Après les monuments, ce sont certainement les places publiques qui contribuent le plus à embellir une ville.

Saint-Etienne en a quelques-unes qui sont fort jolies et fort bien situées ; la place Marengo, la place de l'Hôtel de Ville sont, sans contredit, les deux plus spacieuses ; mais les autres ont bien leur utilité dans cette ville un peu triste et monotone ; elles égaient par un peu de verdure les quartiers où elles se trouvent situées.

Enfin le jardin des Plantes est fort pittoresquement situé à deux pas de la ville.

A différentes époques, Saint-Etienne a fourni de véritables artistes et quelques écrivains dont les œuvres ne sont dépourvues ni d'originalité, ni de talent.

Parmi les écrivains, nous devons citer en première place les chroniqueurs, non pas que nous voulions envisager leurs œuvres au point de vue historique, car alors la valeur n'en serait pas très grande ; mais quelquefois, la forme de leurs écrits présente une certaine grâce, et leur imagination en a fait une sorte de roman établi sur des faits historiques racontés par à peu près, et au moins aussi intéressants que ceux qu'on écrivait alors.

Le premier de ces chroniqueurs est :

Georges du Clapier, qui vivait au commencement du XVe siècle (vers 1410).

Au dire de l'abbé Soleysel, celui-ci aurait retrouvé, dans la bibliothèque de ses ancêtres, un manuscrit ayant pour titre : *Histoire briève et chronographique de Furiana,* écrit en 1420, par Georges du Clapier.

Il nous est parvenu, jusqu'à ce jour, quatre chroniques

manuscrites où Georges du Clapier est souvent cité, surtout pour lui attribuer le récit de faits par trop merveilleux, pour être crus à première lecture. Ces chroniques ont été écrites par les auteurs dont les noms suivent :

Antoine Thiollière, abbé à Saint-Etienne, mort en 1754.

Claude Beneyton, qui mourut en 1772, et qui s'intitule lui-même « maître masson, charpentier et entrepreneur de bâtiments. »

Etienne Chauve, prêtre de l'église Notre-Dame, qui fit imprimer en 1779, les œuvres des Chapelon, les trois poëtes gagats.

Pierre-André Sauzéa, abbé, professeur, en 1810, au Collège communal de notre ville. Celui-là avait une singulière manière d'écrire l'histoire. Il nous apprend, en effet, que ce sont ses élèves *qui lui en procurèrent les premiers matériaux.* Oh ! mon Dieu, après tout, cela vaut autant que de mettre les faits sans preuve ou invraisemblables sur le dos de ce malheureux Georges du Clapier.

Sortons des contes de ces chroniqueurs, pour parler de :

Marcelin Allard, né à Saint-Etienne, vers 1555.

On a de lui un livre très curieux, imprimé à Paris, chez Pierre Chevallier, en 1605, intitulé : *La Gazzette Françoise, par Marcellin Allard, Forésien, avec privilège du Roy*, à la suite duquel se trouve un *Ballet en langage forésien, de trois bergers et de bergères se gaussant des amoureux qui nomment leurs maîtresses leur doux souvenir, leur belle pensée, leur lis...*

C'est une sorte de poëme en prose, parsemé ci et là de quelques mots dérivés du patois gagat, témoin la description suivante : « Le non tant admiré qu'admirable château de l'Heurton, aux émerveillantes merveilles, la verte rive de l'impétueux Chavanelet, qui d'un rapide cours et de ses flots bouillans, grondans, contre-poussés, arrose le travers de l'un des fauxbourgs de notre Santetiève, trainant avec soi un sablon meslé de grains d'or. »

Auteur souvent fort original, Allard, qui écrivait après les luttes des guerres de Religion, fait souvent de piquantes allusions sur le caractère des gens de son temps ; c'est ainsi qu'il dit quelque part : « Le seigne Pinjon s'est fait capable de toutes sortes de sciences ». Il raconte ailleurs que ce qui ressemble le plus aux lois de son temps, « ce sont thoiles d'araignées où les petites mouches sont arrestées et les grosses passent à travers ».

Cela s'appliquerait peut-être bien encore à celles de notre temps, si on allait chercher le fond des choses ; mais ne disons pas trop notre pensée, car ceux qui ont charge de faire respecter ces lois ne seraient peut-être pas contents.

Jean Palerne est presque un stéphanois, puisqu'il naquit à La Fouillouse en 1557.

Nous dirons donc un mot de cet auteur qui fut attaché comme secrétaire à la personne de François de Valois. A sa mort en 1592, on retrouva de lui un manuscrit contenant les relations d'un voyage qu'il avait fait en Orient, pendant sa jeunesse. La publication de ce document n'eut lieu que quatorze ans après sa mort, sous ce titre : *Pérégrinations du sieur Jean Palerne, forésien...*

Il laissa aussi des poësies éditées seulement en 1884, par les soins de Mme Adrienne Benoît, après la mort de son mari qui avait préparé cette publication ; mais que la mort était venu surprendre un an avant.

Léonard Janier, curé de la paroisse de Saint-Etienne de Furan, en 1564, était un théologien fort instruit qui a laissé quelques ouvrages de piété. La Mure, dans son *Histoire ecclésiastique du diocèse de Lyon*, en parle en termes fort élogieux ; il l'appelle : « Le Docteur forésien ».

On possède de lui un livre écrit surtout contre la religion réformée et publié à Paris, en 1567, sous ce titre : *Prolation des Saints-Sacrements de l'Eglise catholique et romaine ;* enfin deux volumes de sermons, également imprimés à Paris, en 1570 et en 1572.

Parlons maintenant d'un auteur, un savant plus qu'un écrivain, dont le nom mérite d'être retenu.

Alléon-Dulac, avocat au Parlement, naquit à Saint-Etienne, le 11 février 1723. Après avoir quitté le barreau de Lyon, où il ne gagnait sans doute pas grand chose, nous le voyons accepter l'emploi de directeur de la poste aux lettres de Saint-Etienne. On a de lui de nombreux écrits, entre autres des *Mélanges d'Histoire naturelle,* publiés en 1763. Deux ans après, il faisait paraître un ouvrage intitulé : *Mémoires pour servir à l'Histoire naturelle des provinces du Lyonnois, Forez et Beaujolois.*

Enfin, on a de lui, à la Bibliothèque nationale, un manuscrit intitulé : *Observations topographiques, physiques et critiques, sur le climat, les maladies, la population, les arts et le commerce de la ville de Saint-Etienne en Forez.*

Il mourut en 1768 selon les uns, en 1781 selon les autres. Ses ouvrages contiennent quelques fois des observations fort judicieuses. Il prévoyait déjà, ce qui aujourd'hui ne fait plus aucun doute, — et l'expérience a coûté cher à quelques pays riverains des grands fleuves, — que le déboisement des montagnes, si on le laissait s'opérer sans mesure, apporterait dans le régime des rivières des perturbations qui ne tarderaient pas à amener des inondations désastreuses.

Ici doivent prendre place plusieurs poètes stéphanois, dont quelques-unes des œuvres méritent de passer à la postérité. Citons en premier lieu les trois Chapelon. Ainsi que nous l'avons dit plus haut, l'abbé Chauve fit publier en un seul livre les œuvres complètes de ces trois poëtes.

Jacques Chapelon a laissé trois pièces fort curieuses : *L'Educatioun dos effans de vez Santetiève; L'acta de contritioun d'un fénéant*, et *Testamon de Touran lou racord*.

Antoine Chapelon son fils, a laissé deux chefs-d'œuvre, paraît-il, pour les amateurs de ce dialecte : *Caracterou de le filles qui se volont maria* et *Fin admirabla et remarquabla de Denis Bobrun*.

Jean Chapelon, le plus connu des trois, était fils du précédent. Il embrassa de bonne heure l'état ecclésiastique, mais ne renonça pas pour cela à la muse. Il a chanté en vers très émus les malheurs qui vinrent s'abattre sur Saint-Etienne à l'époque où il vivait.

Une des pièces les plus curieuses publiées de son vivant, en 1888, est : *L'Entrat solennella de Mousieur et de Madama de Saint-Priest dins lous vialla de Santetieve, pouemo par J.-C. Fourizien*.

On connaît deux exemplaires de cet opuscule, devenu rarissime. L'un appartient à la Bibliothèque de la Ville, l'autre est entre les mains de M. Testenoire-Lafayette.

Dans sa préface, l'abbé Chauve nous apprend qu'il était né dans cette ville et qu'il y mourut, à peine âgé de 47 ans, en l'année 1695.

Pour ne pas séparer les enfants de la muse, rappelons à cette place que l'abbé Thiollière, dont nous avons déjà parlé plus haut avec les chroniqueurs, a laissé aussi un recueil de Noëls et de petites pièces de vers en patois et en français. Quelques-uns de ces Noëls, empreints d'une naïveté charmante, ont été publiés en 1838.

Parmi les écrivains, nés à Saint-Etienne pendant le

XVIIIe siècle, nous devons citer, en commençant par les auteurs secondaires :

André Combry, né dans cette ville le 7 janvier 1762. Il était curé du Chambon quand éclata la Révolution. Comme tant d'autres foréziens, il prit part au siège de Lyon et fut canonné aux Brotteaux en 1793. On a de lui un poëme satirique : *La Capucinade*. C'est un poëme dans lequel il attaqua, quelquefois avec véhémence, les hommes du jour. On y trouve de beaux vers, tels que ceux-ci sur les industries de la ville de Saint-Chamond :

> Le Gier et le Janon, moins fleuves que ruisseaux,
> Prêtent à tous les arts le secours de leurs eaux.
> Ici sont des moulins où la soie est tordue,
> A côté c'est du fer dont la barre est fondue.

Nous mentionnerons à cette place un auteur dont nous ne connaissons pas la date exacte de la naissance, J.-C. Thiollière, dont le nom figura en première ligne parmi les prêtres stéphanois qui prêtèrent de bonne grâce le serment civique.

Il a laissé un ouvrage imprimé à Saint-Etienne, chez Boyer, en 1791, sous ce titre : *Diversités littéraires*.

Alibert Jacques, qui naquit à Lyon, le 11 août 1780. Dans sa jeunesse il accompagna à Rome le cardinal Fesch, lorsqu'il fut nommé à l'ambassade. Très versé dans la langue italienne, il traduisit plusieurs ouvrages de piété et en composa lui-même quelques-uns assez réputés. Il mourut à Lyon, le 23 juillet 1864.

Parmi les stéphanois dignes de mémoire qui vivaient à la même époque, on peut citer encore : *Pierre-Bonnet-Marie d'Assier*, de Valenches. Il naquit le 2 septembre 1785. Il était garde du corps et accompagna Louis XVIII à Gand. Plus tard, il fut élu Conseiller général de la Loire. C'était un archéologue distingué. On a de lui les ouvrages suivants : *Le Mémorial des Dombes*, *l'Assemblée baillogère du Forez*, *les Fiefs du Forez ;* dans ce dernier ouvrage il s'est inspiré de Sonyer du Lac. Il mourut à Montbrison, le 23 février 1864. à l'âge de 79 ans.

Claude Fauriel a été un des hommes les plus remarquables, je ne dirai pas parmi les écrivains, mais parmi les hommes de lettres d'origine forézienne.

Il naquit à Saint-Etienne, le 21 octobre 1772, dans une maison de la rue Violette où la municipalité à eu la bonne idée de faire placer une plaque commémorative.

Il fit ses études à Tournon, dans un collège tenu par les Oratoriens. Malgré ce genre d'éducation, comme il était très indépendant de caractère, aimant passionnément la liberté pour lui et pour les autres, il fut gagné, dès les premiers jours de la Révolution, à la cause patriotique et philosophique.

Jusqu'en 1793, il eut une existence assez calme, se consacrant tout entier à l'étude ; la botanique était surtout sa passion favorite. Mais à la suite des graves événements qui se passaient à nos frontières, il tourna ses vues vers la carrière militaire, et partit bientôt pour Perpignan rejoindre, avec le grade de sous-lieutenant, un corps de troupe portant le nom de *Légion des Montagnes*.

Pendant quelques temps, nous le trouvons chargé des fonctions de secrétaire auprès du général Dugommier.

Il joua aussi un rôle assez important comme homme politique. Enfin, ce qui acheva de le rendre célèbre, si je puis employer cette expression, c'est la profonde sympathie que lui témoigna Mme de Staël, ainsi que les relations amicales qu'il entretint avec quelques-uns des esprits les plus distingués de son époque, le comte François de Nantes, son protecteur, Benjamin Constant, Guyot et tant d'autres.

Il donne ensuite sa démission, pour se livrer tout entier à l'étude et devenir un des hommes les plus savants de son temps, sachant extrêmement bien, dit Sainte-Beuve, le grec, l'italien, l'histoire et la littérature.

Après le 18 brumaire, Fouché s'attacha Fauriel, dont il fit bientôt son secrétaire particulier. Celui-ci profita de cette situation pour faire le plus de bien possible à tous ceux qui, craignant de s'adresser directement au Ministre de la Justice, venaient solliciter son intervention.

En 1801, il démissionna de nouveau sous le prétexte de rétablir sa santé dans le midi, mais peut-être aussi parce que le régime nouveau, vers lequel la France marchait à grands pas, ne lui convenait guère. Il trouvait mauvais, et le disait hautement, qu'un homme n'eût d'autre politique que celle de se mettre à la place des autres.

Installé en 1802 à la Maisonnette, près de Meulan, il se livre de nouveau aux charmes de l'étude que ceux de sa belle amie, Mme de Condorcet, rendaient paraît-il encore plus attrayants pour lui.

En 1800, Mme de Staël avait fait sa connaissance chez Fouché. Il s'était montré si obligeant et si serviable, qu'elle se prit bientôt d'une véritable affection pour lui.

Sainte-Beuve, dans ses portraits contemporains, cite quelques passages des lettres qu'elle écrivait à Fauriel. Il y a là des pages ravissantes. Elle dépeint de main de maître l'homme de lettres et de cœur qu'il était : « Vous avez fait un extrait de mon ouvrage, Monsieur, qui est un ouvrage lui-même ; et ce que vous dites en particulier sur la manière dont j'aurais dû traiter le chapitre de la philosophie est plein d'esprit et de justesse..... »

Que pense-t-on de ce *Mercure* en général ? Vaut-il la peine de le citer dans un ouvrage ? Vous voyez avec quelle confiance je vous adresse toutes ces questions ; mais j'espère que vous prenez quelque intérêt à ma réputation, depuis que vous avez si efficacement contribué à l'augmenter..... Je me fais un grand plaisir de vous voir beaucoup cet hiver, Monsieur ; il me semble qu'en m'écrivant vous m'avez fait encore mieux sentir tout le charme de votre esprit ; votre timidité en voilait quelques parties ».

Je ne sais s'il est possible de terminer une lettre par une formule plus finement et plus délicatement tournée que celle que je lis au bas d'une épître, adressée à Fauriel par Mme de Staël : « Agréez, Monsieur, l'assurance des sentiments que je vous ai voués. » Dans une autre lettre, elle lui dit : « Tout ce qui m'entoure vous aime ; me laisserai-je gagner par l'exemple. »

Avant de parler des œuvres de Fauriel, il y aurait encore un mot à dire sur ses opinions politiques qu'on lui a quelquefois reprochées. Il n'était pas un républicain aussi intraitable que quelques-uns se sont plu à nous le représenter ; son exaltation politique a été exagérée, notamment à propos de l'arrestation du citoyen Pignon, qu'on accusait d'être le complice de Robespierre, parce qu'il avait comme lui dépassé toute limite dans les moyens employés pour défendre, soit disant, la cause de la liberté.

Ce n'est pas du tout, comme on l'a prétendu quelquefois, par dépit pour cette arrestation que Fauriel donna sa démission d'Officier municipal. Il est au contraire prouvé qu'il s'éleva avec une très grande indignation contre le citoyen Bonnet, qui s'était improvisé le défenseur de Pignon.

Ce qui le décida bien plutôt à se retirer, c'est le spectacle de ces bruyantes assemblées d'où rien de bon ne pouvait sortir la plupart du temps.

Il exprimait d'ailleurs très bien l'état d'esprit dans lequel il se trouvait alors, par cette réflexion piquante : « Je suis volontiers pour la République, à condition qu'il n'y ait pas de républicains. »

Comme écrivain, Fauriel n'a pas laissé un bien grand nombre d'œuvres achevées ; c'est pourquoi je l'ai plutôt appelé homme de lettres ; mais comme tel il excelle. Sainte-Beuve a parfaitement défini le genre de Fauriel, en quelques lignes : « Il écrivit longtemps pour lui seul et pour le cercle de ses amis particuliers, en présence des sujets qu'il approfondissait et sans se préoccuper du public. Il est peut-être l'homme qui a, dans sa vie, le moins songé à l'effet ; il ne visait qu'à bien voir et à savoir..... Ce qui a toujours manqué à Fauriel comme écrivain, même dans sa jeunesse, ça été le quart d'heure final d'empressement et de verve, le *fervet opus*, un certain feu d'exécution. »

Pour mettre en relief malgré lui-même, cet homme éminent et pour le forcer à faire profiter le public de son savoir, les amis de Fauriel et à leur tête M. Guizot, le firent nommer professeur à la Faculté des lettres de Paris, où M. de Broglie créa pour lui la chaire de littérature étrangère.

Personne n'a peut-être plus écrit dans le temps où il vivait, et cependant les œuvres que nous avons à citer de lui sont assez clairsemées.

Il a publié d'abord une quantité d'articles dans *La Décade philosophique*, le journal le plus connu de l'époque. C'est là que parut en prairial, an VIII, une appréciation très remarquable sur le livre de Mme de Staël, intitulé : *De la littérature considérée dans ses rapports avec les institutions sociales*.

En 1823, Fauriel donna une traduction des deux tragédies de Manzoni : *Le comte de Carmagnola* et *Adelghis,* qu'il fit suivre de savantes dissertations. Suivant le mot de Sainte-

Beuve : « Manzoni ne se peut bien connaître à fond que par Fauriel », et de fait il eut une influence considérable sur l'esprit du grand poëte ; c'est lui qui donna pour ainsi dire la direction à son génie.

De 1824 à 1837, parurent quatre des plus importants travaux littéraires de Fauriel : *Chants populaires de la Grèce moderne ; De l'origine de l'épopée chevaleresque du moyen-âge ; Histoire de la Gaule méridionale sous la domination des conquérants germains*, ouvrage qui devait être suivi de deux autres sur l'histoire du Midi de la France et qui ne furent jamais édités en entier ; enfin, l'*Histoire de la Croisade contre les hérétiques albigeois*, traduit du provençal, avec notes et introduction.

En 1832, il avait extrait de l'un de ces ouvrages en préparation des documents fort intéressants qu'il présenta au public dans son cours de littérature, sous ce titre : *Histoire de la poésie provençale*. Plus tard, en 1846, c'est-à-dire deux ans après sa mort, ce travail fut publié en trois volumes.

Deux autres volumes sur *Dante et les origines de la langue et de la littérature italiennes*, furent publiés de la même façon en 1854.

Enfin, on retrouve des articles de lui toujours très intéressants dans la *Revue encyclopédique*, dans les *Archives philosophiques et littéraires*, dans la *Revue des Deux-Mondes*, dans la *Revue française*, dans la *Revue indépendante* et dans plusieurs autres publications.

Pour toute conclusion, nous dirons que Fauriel fut seulement un homme de lettres remarquable, alors qu'il aurait pu être un des plus grands écrivains de son temps, s'il avait su produire tout ce qu'il avait amassé de connaissances ou donner seulement une forme définitive à tous les travaux qu'il avait préparés.

Mathevon de Curnieu (Antoine), né à Saint-Etienne, en 1740, mort en 1807, est l'auteur d'un poëme ayant pour titre : *Lyrici lusus*, qui fut seulement publié onze ans après sa mort.

Badinand (Joseph), né à Saint-Etienne, le 5 mars 1780, mort dans cette ville le 4 décembre 1863, fut d'abord ouvrier typographe, puis s'occupa de librairie ancienne. Il a publié en 1862, chez Montagny un petit volume intitulé : *Une poignée de Réflexions*. Ce petit livre, d'un style pur et correct contient quelques belles pensées qui le rendent digne d'être sauvé de l'oubli.

Bayon (Amand), naquit à Saint-Etienne, le 27 janvier 1788 et y mourut le 14 avril 1859.

Cet auteur a écrit plusieurs ouvrages de droit concernant spécialement le régime des mines.

Royet (Jean-Louis-Aimé-Théodore), fut tout à la fois un érudit, un journaliste et un écrivain distingué. Né à Saint-Etienne, le 26 août 1797, il s'adonna presque exclusivement au journalisme. C'est lui qui fonda en 1829, le *Mercure Ségusien*, une des feuilles les plus répandues à cette époque dans la localité. Il créa aussi en 1833, la *Revue de Saint-Etienne et de la Loire* et collabora à la rédaction de plusieurs journaux parmi lesquels nous citerons : la *Revue du Lyonnais*, l'*Art en Province*, le *Courrier de Lyon*, le *Journal de Saint-Etienne*, l'*Avenir Républicain*.

Il écrivit aussi dans la *Revue de Paris*, dans l'*Artiste* et dans les *Débats*.

Il mourut le 12 juin 1854, à l'âge de 57 ans.

Sauzéa (Jean-Claude-Marie) dit *(Hippolyte de)*, naquit à Saint-Etienne, le 23 août 1798 et mourut à Monteille, le 26 juin 1883, en laissant tous ses biens aux Hospices de Saint-Etienne. On lui doit aussi la fondation d'une caisse de retraite pour les mineurs blessés. Il passe pour avoir toujours été d'un caractère très original.

Comme archéologue, M. de Sauzéa a laissé quelques notices restées manuscrites et comme littérateur, il a fait des romans dont un presque achevé et qu'il voulait intituler : *L'Abbaye de Saint-André* ou *Le château de Sargine.*

Il fit également des vers dans sa jeunesse et se remit à en faire à son déclin ; son dernier poëme est l'*Histoire épique de Marcilly.*

Son œuvre philosophique est assez importante ; mais elle est également restée à l'état de manuscrit. Voici quelques-uns des principaux titres : *Réflexions philosophiques sur l'homme, Pensées morales.*

M. de Sauzéa s'occupait beaucoup des questions de mines ; c'est lui qui fut l'inspirateur d'une brochure publiée en 1878, sous ce titre : *Essais à propos de la nouvelle loi sur les mines par un Forézien.*

Descreux (Denis), né à Saint-Etienne, le 21 février 1790, fut secrétaire de la Mairie et secrétaire archiviste de la Chambre de commerce de cette ville.

Il publia, en 1868, un livre fort apprécié sous ce titre : *Notices biographiques stéphanoises.* Il savait que ce qui devait donner surtout de la valeur à un pareil travail, c'était la désignation exacte des ouvrages publiés, avec leur date d'édition. Ces précieuses indications nous ont servi plus d'une fois. Il mourut dans sa ville natale, le 17 janvier 1870.

Lyonnet (Jean-Paul-François-Marie), né à Saint-Etienne, le 12 juin 1801, rentra de bonne heure dans les ordres et devint dans la suite évêque de Saint-Flour, évêque de Valence et archevêque d'Alby, où il mourut le 24 décembre 1875, en laissant un legs de 20,000 fr. aux Hospices de Saint-Etienne. Il a écrit quelques ouvrages dont le plus connu est une *Histoire du Cardinal Fesch.*

Parmi les écrivains qui sont nés à Saint-Etienne, au

XIXe siècle et qui ont illustré cette ville, celui que nous plaçons le premier, doit occuper cette place au double point de vue de la date de sa naissance et de l'importance de ses œuvres.

Janin (Jules), une des gloires littéraires de la France, naquit à Saint-Etienne, le 16 février 1804. Le faire connaître au lecteur sous son véritable jour n'est pas chose facile. Il faudrait peut-être une plume plus habile et plus autorisée que la mienne pour dépeindre le talent merveilleux de ce spirituel conteur, de cet écrivain de race, qui eut, pour ainsi dire, tout de suite à sa disposition, la plénitude de son talent. Aussi son œuvre fut-elle considérable ; on a compté de lui cent quatre-vingts ouvrages ou préfaces, dont pour la plupart, un seul aurait suffi à faire la réputation d'un habile écrivain.

En 1827, alors qu'il n'était âgé que de vingt-trois ans, il fut admis comme rédacteur au *Figaro*. On a souvent raconté depuis, son entrée au journal et sa présentation au directeur. Janin rédigea séance tenante un article qui était, a dit depuis Victor Bohan, le rédacteur en chef de cette feuille, le plus éblouissant, le plus papillotant, et le plus invraisemblable qu'il eut encore vu ; comme l'article en question était rempli de mots spirituels, et qu'en outre M. de Polignac y était vivement attaqué, la publication en fut décidée sur le champ.

C'était une bonne fortune pour le *Figaro*, et du même coup, la réputation littéraire de l'auteur se trouva désormais assurée. Tout Paris allait le lire et prendre goût à ses articles, pleins de verve et d'esprit.

En 1829, il publia son premier livre : *l'Ane mort et la Femme guillotinée*, où il parodiait finement plusieurs pièces de Victor Hugo.

Ce fut pour lui un succès, suivi bientôt de beaucoup d'autres non moins éclatants, quand parurent, les années suivantes : *La Confession*, *Barnave*, les *Contes fantastiques*, les *Contes nouveaux*, *Le Chemin de traverse*; ce dernier, où l'auteur faisait pour ainsi dire comparaître toute son époque, eut un succès énorme. Mais nous nous arrêterons là, ne pouvant citer les titres de tous ses ouvrages, dont plusieurs sont des chefs-d'œuvre remarquables.

Jules Janin écrivit aussi à *La Quotidienne*, puis au *Messager des Chambres*, enfin, au *Journal des Débats* et dans les colonnes de l'*Indépendance Belge*.

Dans la *Revue de Paris*, il publia quelques articles très appréciés sur le pays de l'Astrée, sur Saint-Etienne en Forez, etc.

Quant à faire connaître au lecteur le caractère de notre auteur, je ne sais si je pourrai y arriver. On a répété tant de choses, vraies ou fausses, sur Janin, homme privé, que je serais presque tenté de citer à son sujet le mot de La Bruyère : « Tout est dit et j'arrive trop tard. » Mais non, je vais m'efforcer de présenter sous son véritable jour cet homme illustre.

Les uns ont fait le plus grand éloge de son caractère, vanté sa bonté et sa générosité, les autres ont flagellé la méchanceté et l'égoïsme dont il aurait fait preuve en quelques circonstances de sa vie. Je m'efforcerai d'être impartial entre des avis si partagés, et de voir si les louanges n'ont pas été excessives, les reproches faits avec trop de parti pris. Pour bien juger, je commencerai comme au tribunal, en disant tout ce qu'on a reproché à notre illustre accusé. Je céderai ensuite la parole, pour le défendre, à de meilleurs avocats que moi, aux gens de lettres, aux écrivains célèbres qui, l'ayant vu de près, ont pu par conséquent en parler en connaisseurs éclairés.

Jules Janin avait le travers très marqué de parler trop

souvent de lui-même. Un jour il alla jusqu'à faire son éloge.

Souvent aussi il devenait fatigant à force de parler aux autres de ses parents, de sa femme, de ses amis, ce qui devait à coup sûr médiocrement intéresser ceux qui ne les connaissaient pas.

On trouva singulier qu'il eût annoncé lui-même son mariage au public dans un feuilleton : *Le Critique marié*. Ce besoin d'entretenir les autres de sa personnalité était décidément un travers bien caractérisé du spirituel écrivain.

L'accusation la plus grave, sans contredit, qu'on ait portée contre Jules Janin, c'est d'avoir été cruellement méchant en certaine occasion. J'ai lu quelque part que se trouvant un jour insulté par Félix Pyat, il lui aurait demandé réparation..... en police correctionnelle. Beaucoup de gens, et des plus honorables, dûrent le trouver naturel et n'auraient pas voulu, pour leur compte personnel, se mesurer autrement avec le célèbre révolutionnaire. Cependant où Janin manqua de générosité, c'est en faisant paraître lui-même à grand bruit le résumé des débats.

Passons à la défense de notre auteur; elle fut, comme je l'ai dit plus haut, brillamment présentée sur chacun des points par nos écrivains les plus en renom.

C'est d'abord Jules Claretie qui donne la note juste au sujet de l'égoïsme tant reproché à Janin : « Il cause volontiers et beaucoup, comme les gens qui savent causer. *Il parle assez souvent de lui;* mais le plus souvent de ceux qu'il aime. Jules Janin a un grand mérite. Quoiqu'on en ait pu dire, *il sait admirer*. Lorsque les noms amis viennent sur le tapis, Horace, Diderot, Richardson ou Victor Hugo, par exemple, il s'anime, il s'échauffe, il entasse arguments, jugements, anecdotes, défend son homme, attaque ses rivaux, les pique, les harcèle, lance ses pointes acérées, avec une rapidité et une vigueur éloquentes, vous éblouit, vous fascine, vous entraîne. »

Un pareil adversaire, défendant ainsi ses amis, a dû se faire, on le comprendra, des ennemis inconciliables de ceux qui ne partageaient pas ses admirations.

Mais les quelques écrivains distingués, qui se sont montrés cruels et injustes envers Janin, n'ont souvent pas dit que la cause de leur haine était toute entière dans les blessures d'amour propre qu'ils avaient reçues de la main du maître.

Le maître, Janin voulait l'être dans la République des lettres, M. Cuvillier-Fleury nous le prouve tout au long dans le passage suivant : « On avait appelé Jules Janin le prince de la critique. Il était mieux que prince ; il était roi, roi de la littérature facile, et, à la façon dont il défendit un jour son domaine menacé par un redoutable adversaire, il mérita d'y régner, jusqu'à la fin de sa vie, en maître souverain et triomphant. Grâce au double attrait d'une langue facile et d'une verve puissante, il aura eu ce privilège d'avoir été, comme critique, à la fois très recherché et très écouté. »

Il n'est plus besoin, croyons-nous, de continuer à défendre la mémoire du grand critique, son éloge sera fait tout entier par ses bonnes actions.

Malgré ses travers de caractère, il était très bon, très charitable ; il avait ses pauvres auxquels il pensa jusqu'au dernier jour de sa vie ; on pourrait même dire, avec une apparence de vérité, jusqu'au delà de la tombe, puisqu'après sa mort une œuvre posthume de lui : *La Dame à l'œillet rouge,* fut publiée par les soins de M. Arsène Houssaye, au profit des pauvres de Jules Janin.

Un jour où il organisait un concert en faveur des victimes d'une catastrophe arrivée à Saint-Etienne en 1834, il fallut voir avec quelle indignation il accabla le malheureux Paganini, qui avait refusé son concours. Toutes les autres célébrités parisiennes répondirent à cet appel, la recette fut très élevée et grâce à lui, les victimes du bois Monzil reçurent ce jour-là un royal secours.

On pourrait citer d'autres traits encore, prouvant la bonté et la générosité de Jules Janin.

Nous avons dit déjà qu'il avait toujours conservé un profond attachement pour sa ville natale. En 1843, il fit à la Bibliothèque de Saint-Etienne, qui s'organisait, un don de 500 volumes, sans compter ceux qu'il obtint de faire envoyer par les ministres et par Louis-Philippe lui-même.

Sur le désir qu'il en avait exprimé, sa veuve légua 20,000 fr. pour fonder une bourse annuelle de 1,000 fr. au Lycée, en faveur d'un enfant de la ville, présenté par le Conseil municipal.

M. Thiers, qui était difficile, on le sait, dans le choix de ses affections, avait pour Jules Janin une amitié profonde ; certaines lettres de lui en font foi. En 1841, il s'employa personnellement à le faire nommer chevalier de la Légion d'honneur.

Enfin, si cela peut ajouter quelque chose à sa gloire, nous dirons qu'il fut élu membre de l'Académie française, le 7 avril 1870, en remplacement de Sainte-Beuve. Et peut-être ne sera-t-il pas hors de propos de dire ici en terminant ce que pensait de lui l'illustre critique dont il devait un jour occuper la place : « Quand M. Janin se mêle d'avoir du bon sens, a dit Sainte-Beuve, il en a du meilleur, du plus franc... Il aime tant son métier et son art, il y est si bien dans son élément, que ce qui mettrait un autre hors de combat, ne fait que le mettre, lui, plus en train et en haleine. »

Il mourut à Passy, le 19 juin 1874.

Citons pour mémoire un prédicateur qui a laissé une certaine réputation.

Deplace (Claude-Marie-Charles), né à Saint-Etienne, le 14 février 1804, fut d'abord professeur de philosophie, missionnaire, chanoine, etc. ; il se fit enfin, recevoir dans l'ordre des Jésuites et mourut à Vichy, le 15 juillet 1871. On a de lui plusieurs ouvrages religieux et une suite de sermons qu'il prêcha aux Tuileries en 1858.

Benoît (Louis-Marie-Auguste), naquit à Saint-Etienne, le 10 février 1810 et mourut à Mantes-sur-Seine, le 5 août 1883, après avoir été conseiller à la Cour d'appel de Paris. A part quelques notices sur d'anciens auteurs foréziens, ses travaux ont surtout consisté à faire réimprimer, en les complétant, des ouvrages dont les éditions originales étaient devenues rarissimes.

C'est ainsi qu'il donna en 1878 : *La Mort de Sylvandre*, poème pastoral de D. Palerne, et deux opuscules en vers de Benoist Voron. Enfin, il venait d'achever la préparation des poésies inédites de Jean Palerne, quand la mort vint le surprendre. Sa veuve, Mme Adrienne Benoît, fit paraître l'ouvrage en 1884.

Voici maintenant un nom qui mérite d'être retenu.

Heurtier (Nicolas-Jean-Jacques-François), qui naquit à Saint-Etienne, le 20 mars 1812, était un avocat distingué. Il fut maire de Saint-Etienne en 1848 et représentant du peuple en 1849. Il fut en outre nommé directeur général de l'agriculture en 1852 et conseiller d'Etat en 1855.

Il a publié en 1851, deux discours prononcés par lui à l'Assemblée nationale législative sur la prise en considération de la proposition relative aux beaux à ferme et sur celle relative à l'abolition des octrois. En 1854, il publia un volume ayant pour titre : *Rapport à S. Exc. le Ministre de l'agriculture, du commerce et des travaux publics,* fait au nom de la commission chargée d'étudier les différentes questions qui se rattachent à l'émigration européenne. Le tirage en a été fait à l'Imprimerie nationale.

Il mourut le 20 mars 1870.

Callet (Pierre-Auguste), naquit à Saint-Etienne, le 27 octobre 1812, et mourut à Chatenay (Seine), le 8 janvier 1883. Il fut élu membre de l'Assemblée constituante en 1848, par le département de la Loire, qui l'envoya de nouveau à l'Assemblée législative et, enfin, en 1871, à l'Assemblée nationale.

On a de lui un certain nombre de publications littéraires et politiques ; quelques-unes de ces dernières firent grand bruit à l'époque de leur apparition.

Après le coup d'Etat contre lequel il avait hautement protesté, il écrivit *La Voix mystérieuse*, qui parut à Bruxelles pendant son exil. C'était une brochure satirique d'une cinquantaine de pages qui, à l'époque, passa pour un petit chef-d'œuvre ; mais qui avait surtout la saveur du fruit défendu. Les exemplaires vendus secrètement en France s'y payaient jusqu'à 50 francs.

Expulsé de Belgique, il se réfugie en Hollande, où il publie une autre brochure, non moins frondeuse que la première : *La Veille du sacre*. Le succès fut le même.

De Londres, où il s'était ensuite réfugié, il lança un pamphlet dont le titre suffira à fixer l'esprit du lecteur : *La Magistrature impériale*.

Quoique diversement apprécié pour ses opinions politiques, on doit reconnaître, cependant, qu'Auguste Callet fit preuve d'une grande énergie et d'un rare désintéressement dans la protestation qu'il fit par ses écrits et par ses actes contre le Coup d'Etat.

Il paya cette résistance au régime impérial par quatre années d'exil qui furent presque des années de misère.

Il a été prouvé que des propositions lui avaient été faites en vue d'une très belle situation, à condition qu'il renonçât pour toujours à la lutte politique.

Il n'aurait eu qu'un mot à écrire pour s'éviter d'être inquiété à son retour en France. Pour ne l'avoir pas voulu, il fut jugé et condamné à un an de prison, pour offense envers la personne de l'Empereur, disait entre autres choses l'arrêt.

Il n'entrait pas dans l'esprit de cet homme indépendant qu'on pût faire de pareils marchés, les exemples ne manquaient pourtant pas à cette époque; lui, eut le mérite de ne jamais transiger avec ses principes et sa conscience.

Dans la littérature proprement dite, il a laissé quelques œuvres fort remarquables. Le plus bruyant de ses ouvrages est *La Vie de Madame de Montagu*, dont la première édition, qui, aujourd'hui est devenue introuvable, parut à Rouen en 1859.

En 1864 et 1865, de nouvelles éditions parurent, dans lesquelles le duc de Noailles avait fait de nombreux changements. Callet qui avait traité purement et simplement pour la cession de son droit d'auteur, n'entendait pas, avec quelque apparence de raison, qu'on vint remanier son travail, sans même lui demander son consentement. Il se fâcha et fit un procès qu'il perdit; mais dans les considérants du jugement, il fut reconnu comme l'auteur du livre. Ces choses-là d'ailleurs devraient-elles jamais se juger devant un tribunal ?

Quel est l'homme sincère qui a donné raison au duc de Noailles ? Il avait acheté le livre tant qu'on voudra ; mais cela ne lui donnait pas le droit de se parer de l'œuvre d'un autre écrivain. Dans le monde des lettres, ces choses-là ne se font pas et toutes les sentences du monde auraient été impuissantes à effacer le ridicule, dont se couvrit en cette circonstance le noble académicien, auquel les journaux du temps attribuèrent naturellement le livre. Il ne protesta d'ailleurs jamais, si bien que M. Ed. Hervé, dans l'éloge qu'il fit de son prédécesseur à l'Académie française, tomba en plein dans la même erreur, et donna cet ouvrage comme un de ceux qu'avait publiés le duc de Noailles.

En 1861, Callet publia *L'Enfer*. Dans cet ouvrage se reflètent les doutes de son âme. Hélas ! rien n'amène à douter comme le malheur quand il frappe un homme consciencieux qui voit triompher les hypocrites et les fourbes.

En 1866, parut son livre si connu : *La Légende des gagats*, qu'on a qualifiée de brillante fantaisie. C'est un roman très habilement arrangé sur les origines de Saint-Etienne ; lui-même n'a certainement jamais eu la pensée de faire prendre son récit pour l'histoire vraie de la ville

Outre les principales œuvres que nous venons d'énumérer, Auguste Callet a laissé un important manuscrit, ayant pour titre : *Etude critique des commentaires de César*.

Pour terminer, je rappellerai que Callet était lié d'une étroite amitié avec Javelin Pagnon, dont nous aurons à parler plus loin et que, dans leur jeunesse, ils avaient travaillé ensemble à un roman historique : *Allan Caméron*, publié sous le nom de Walter-Scott et, assez bien traité dans le genre du maître, pour avoir donné complètement le change au public.

C'est Callet également qui écrivit la biographie de Chatterton, dans la traduction qu'a donnée Pagnon, des œuvres du grand poète anglais.

Comme finale, pour donner au lecteur une idée du vrai

caractère d'Auguste Callet, je citerai après M. Aug. Théolier, la petite anecdote suivante :

Un jour un de ses éditeurs va trouver Mme Callet et lui dit : « Pourquoi votre mari produit-il si lentement ? Ne lui donnez pas à dîner avant qu'il n'ait produit dix pages par jour et je lui ferai gagner quarante mille francs par an. » Quand sa femme lui rapporta le propos, lui, répondit simplement : « L'échafaud serait là, je n'irais pas plus vite ; contenter mon éditeur, c'est peu ; me contenter moi, voilà le principal ». On reconnaît bien là l'écrivain, au tempérament d'artiste, amoureux de sa liberté.

Je demande à tous ceux qui ont tenu une plume avec une préoccupation autre que celle de la fortune ou des honneurs, s'ils n'auraient pas répondu comme lui.

Javelin Pagnon, né à Saint-Etienne, le 2 septembre 1813, fut d'abord avoué, secrétaire du Conseil des Prud'hommes, puis bibliothécaire de la ville en 1873. C'était un littérateur et surtout un poète distingué.

Ses œuvres empreintes d'une vraie et douce poésie, méritent d'être encore plus connues qu'elles ne le sont, même en dehors de Saint-Etienne. Les sentiments exprimés sont tellement délicats qu'on pardonne volontiers à l'irrégularité de certains vers quelquefois un peu capricieux dans la forme.

Jules Janin un de ses collègues du Caveau, a ainsi dépeint le caractère général que présentent ses œuvres :

> L'antique et gauloise alliance
> D'un beau talent et d'un cœur d'or.

Il reçut en 1839, une lettre fort élogieuse d'Alfred de Vigny, au sujet de sa traduction des œuvres complètes de Chatterton.

Son ami Pierre Dupont était ravi, disait-il, d'entendre ses refrains, dont Pagnon composait aussi la musique.

Les œuvres de Pagnon ont été magnifiquement éditées, avec une préface de M. Testenoire-Lafayette. En outre, chaque chapitre porte un en-tête enguirlandé de fleurs ou historié de petits sujets dûs au burin de l'artiste Jacques Trouilleux, un modeste et un maître aussi, celui-là, bien fait pour comprendre son ami le poète.

Pagnon, mourut à Saint-Etienne, le 3 mars 1874.

Voici venir maintenant un poète gagat.

Linossier (François) dit *Patasson*, naquit à Saint-Etienne, le 28 décembre 1819 et y mourut le 28 novembre 1871. Il a laissé des chansons et des pièces de théâtre, ainsi qu'un certain nombre d'articles humoristiques presque tous en patois gagat.

Il fonda aussi un journal littéraire et amusant, qui parut à Saint-Etienne, de janvier 1869 à février 1870, sous ce titre : *Lou Crizieu de Patassoun.*

Il y a dans toutes les productions de cet écrivain local une puissante originalité.

Nous ajouterons que tous les manuscrits qu'il a laissés sont entre les mains de notre ami J. Maissiat, qui se propose de les revoir et de les publier avec notes et préface.

Gras (Pierre-Louis-Marie-Robert), secrétaire et archiviste de la Diana, naquit à Saint-Etienne, le 15 décembre 1833. C'était un archéologue distingué ; il a laissé de nombreux ouvrages sur la province du Forez : *Dictionnaire du patois Forézien* (1863), *Revue Forézienne* (1867-1870), *Armorial général du Forez dressé d'après les monuments, suivi des blasons de la Diana* (1874), *Les Evangiles des quenouilles Foréziennes. Légende* (1865), etc.

Il mourut jeune encore, le 5 juillet 1873.

Il est d'autres écrivains encore que la ville de Saint-

Etienne peut revendiquer comme lui appartenant, au moins par adoption ; car s'ils n'y sont pas nés, c'est là qu'ils ont passé une partie de leur vie, produit leurs œuvres et acquis en un mot leur réputation.

Nous leur consacrons donc quelques lignes.

Valentin-Smith (Joannès-Erhard), naquit à Trévoux (Ain), le 16 septembre 1796. Il passa toute sa jeunesse à Saint-Chamond et à Saint-Etienne.

En 1819, il se fit inscrire au barreau de Saint-Etienne et devint un des avocats les plus remarquables de la ville. Au mois de janvier 1829, il prononça un important plaidoyer contre le droit, qu'avaient alors les juges auditeurs, de présider les audiences, assistés de deux de leurs collègues. La presse entière de l'époque reproduisit ce document et la protestation si indépendante du jeune avocat, eut pour résultat immédiat de faire porter la question devant la Chambre des Pairs.

M. Gustave Lefèbvre vient de donner en extrait dans la *Revue du Siècle,* quelques passages tirés des *Souvenirs d'un ancien magistrat,* œuvre de Valentin-Smith. Il y a là les portraits de quelque-uns de ses collègues, qui sont, ma foi, fort spirituellement esquissés : « M. Dupuy, excellent homme, essentiellement bon et vertueux, d'une conduite irréprochable, mais bien mauvais avocat ».

Plus loin, c'est : « M. Voilquin, avocat supérieurement organisé, étudiant, comprenant, sentant toutes choses une fois plus vite que les autres ». Je ne les ai pas connus ; mais ce sont là des caractères vrais, j'en réponds ; car changez le nom et au lieu d'avocat, dites médecin ou officier, et vous aurez encore le portrait exact de gens qui ont existé.

Dans un autre ouvrage intitulé : *Coup d'œil sur Saint-Etienne*, il décrit d'une manière fort pittoresque les anciennes coutumes populaires ; il s'exprime ainsi à propos du *bichon* traditionnel : « Une des choses qui frappent singulièrement l'étranger, c'est de voir dans les rues une foule d'enfants et d'ouvriers de tout sexe, fourmillant devant les portes, et tous leur bichon à la main. Le bichon a, je ne saurais expliquer comment, quelque chose d'historique et de caractéristique, surtout pour le forgeron stéphanois. C'est en quelque sorte son arme, ce serait encore volontiers son signe de ralliement. Aussi ne viendrait-il jamais à l'idée d'un peintre de représenter un ouvrier de Saint-Etienne, sans son bichon à la main ».

Viennent ensuite les deux frères Hedde, Philippe et Isidore, qui bien qu'originaires du Puy, ont toujours été considérés comme des enfants de notre ville, étant issus par leur mère d'une vieille famille stéphanoise.

Hedde (Philippe), est l'auteur de plusieurs articles spéciaux, insérés de 1828 à 1840 environ, dans le *Bulletin de la Société industrielle et agricole de Saint-Etienne*. En 1837, il publia un ouvrage intitulé : *Textologie ou traité sur l'art du tissage*, dont la première partie contient des notes très intéressantes.

Son principal ouvrage, publié en 1849, est un *Essai sur les moyens de relever le crédit en France*.

Il mourut à Nîmes, le 9 novembre 1858, âgé de 63 ans, laissant un fils dont nous aurons à parler dans un instant.

Hedde (Isidore), fut longtemps agent de change à Saint-Etienne. Il consacra ses loisirs à écrire plusieurs ouvrages très recherchés dont le principal a pour titre : *Saint-Etienne ancien et moderne*, publié dans le *Bulletin de la Société industrielle et agricole de Saint-Etienne* (1839-40), dans la *Revue du Lyonnais* (1840-41) et enfin imprimé à Lyon par Boitel, en 1841.

Précédemment, il avait publié un *Aperçu sur l'état de l'astronomie* en 1832. La même année, il faisait paraître une *Description de la voûte céleste*.

Il fut délégué par le Ministre de l'Agriculture et du Commerce comme membre d'une mission envoyée en Chine en 1844. Il en publia le compte rendu dans son ouvrage intitulé : *Description méthodique des produits divers recueillis dans un voyage en Chine.*

Nous citerons encore de lui un dernier ouvrage publié en 1851 : *De l'industrie sérigène en Algérie.*

Hedde (Félix), fils de Philippe et neveu d'Isidore, naquit à Saint-Etienne, le 13 septembre 1833, et mourut à la fleur de l'âge, à peine âgé de 17 ans. Il avait eu le temps cependant de montrer de très grandes dispositions pour la poésie. Quelques-unes de ses pièces ont été publiées, en 1854, par les soins pieux de sa famille; les principales ont pour titre : *Le Tombeau de mon Frère à Grandière; A un Enfant; La Mort et L'Aumône.*

Bertholon (Christophe-César), littérateur, journaliste et homme politique, naquit à Lyon, le 18 juin 1808. Il fit d'abord des chansons politiques, et n'avait que vingt ans, quand parut le *Soleil de la Liberté*, chanson républicaine.

Elu représentant de l'Isère, dans les deux Assemblées de la seconde République; il siégeait sur les bancs de la Montagne.

Vers la fin de l'Empire, il vint se fixer à Saint-Etienne, reprit sa plume de journaliste et fit partie de la rédaction de *L'Eclaireur.*

Nous le trouvons ensuite comme Préfet de la Loire, sous le gouvernement de la Défense nationale; il fut nommé à ce poste le 6 septembre 1870. A l'époque néfaste de la Commune, il quitta ces fonctions qui ne convenaient pas d'ailleurs très bien à son caractère et fut remplacé par l'infortuné M. de l'Espée.

Il reprit alors la rédaction de *L'Eclaireur* et fonda un

nouveau journal, *La République des Paysans* (1871-1881), qu'il rédigea presque seul.

Elu député par la ville de Saint-Etienne en 1871, il fut successivement réélu en 1877 et en 1881.

Il mourut à Rive-de-Gier, le 6 janvier 1885. Ses amis publièrent, la même année, un *Recueil posthume de Poésies, Chansons et Fables*, composées à différentes époques de sa vie.

De La Tour-Varan, dont nous avons eu à parler déjà plusieurs fois au cours de cet ouvrage, naquit aux Trois-Ponts, près de Firminy, le 24 juillet 1798. Il fit ses premières études à Saint-Etienne et alla les compléter à Paris.

En 1823 il prit part à la guerre d'Espagne. Retiré peu après dans ses foyers, il entra dans la rubanerie où il resta quelques temps, d'abord comme ouvrier, puis comme maître passementier.

Il fut nommé bibliothécaire de la ville au mois de septembre 1842, et occupa ces fonctions jusqu'à l'époque de sa mort, qui survint le 30 mars 1864.

C'était, je l'ai dit déjà, un érudit et un bon écrivain. Il a laissé quelques ouvrages assez appréciés dont voici les titres : *Chronique des châteaux et abbayes* (1854-1857), 2 vol.; *Armorial et généalogies des familles qui se rattachent à l'histoire de Saint-Etienne et aux chroniques des châteaux et abbayes; Notice statistique industrielle sur la ville de Saint-Etienne et son arrondissement; Essai sur la formation d'une Bibliothèque forézienne.*

La Bibliothèque de la ville possède en outre du même auteur plusieurs ouvrages manuscrits: *Recherches sur Saint-Etienne; Observations critiques sur les origines de la ville de Saint-Etienne, avec quelques considérations sur les écrits de ses historiens; Nobiliaire de la province du Forez, Recherches historiques sur les seigneurs d'Argental* et cinq ou six autres qu'il a laissés inachevés.

Philippon (Pierre) dit *Babochi*, naquit à Saint-Galmier (Loire), le 16 avril 1816 et mourut à Saint-Etienne, le 19 septembre 1877. On lui doit de nombreuses chansons en patois gagat et en français ; ses *Œuvres complètes* ont été publiées par souscription en 1876 ; c'est une fort belle édition, dans laquelle les airs ont été notés par L. Defrance. Son ami et compatriote, Jacques Trouilleux, a fait pour cet ouvrage un frontispice et un portrait de l'auteur, gravés à l'eau forte ; deux œuvres remarquables.

Babochi était très lié avec Callet. Notre ami, Jacques Trouilleux, nous a mis sous les yeux une partie fort curieuse de la correspondance échangée entre eux. Dans une de ses lettres, datée du mois d'octobre 1873, Babochi, toujours très entier de caractère, très mordant dans ses expressions, raille Callet sur le changement survenu, dans ses opinions, depuis 1848. Il se recommande à lui pour obtenir, dans le cas où le nouveau régime qu'il entreprenait de servir viendrait à triompher : « La place de porte-coton de Sa Majesté et maître le Roi, s'il en retourne ». Il termine ensuite son épître par des vers libres en patois, fort spirituellement tournés :

Sy vous dziré ontre nous que la placi
M'erit miox qu'un gant. J'y ne sïntou ron,
J'ai lou naz bouchi, et j'amou les grives
Coumma lou ré ame soun peuplou (1).
Honni soit
Qui mal y voit.

Ce pauvre Callet se fâcha presque et répondit, sur un papier marqué au chiffre de l'Assemblée nationale, une longue lettre dans laquelle il se croyait obligé de faire à son ami une véritable profession de foi. En voici quelques passages :

(1) Je vous dirai entre nous que la place m'irait mieux qu'un gant. Je ne sens rien, j'ai le nez bouché, et j'aime les grives comme le roi aime son peuple.

« Mon cher Babochi,

« Votre lettre m'a blessé et, cependant, je crois au bon sentiment qui vous l'a dictée, puisque, toute affaire cessante, j'y réponds. En 1848, j'ai cru sincèrement à la République, et dans la brochure que vous me rappelez et que je ne renie pas, je l'ai professée comme une théorie fort belle, mais malheureusement, toute contraire à l'idée que s'en font la plupart des républicains, surtout à la manière dont ils l'ont toujours pratiquée. Aussi ai-je été nommé par des électeurs qui, en très grande majorité, ne partageaient pas mon opinion sur la possibilité de fonder en France une République conservatrice, telle que je l'entendais... » Cela dure pendant huit grandes pages ; mais je m'arrête, parce que je vois que ce pauvre ami Callet commence à bafouiller; il appelle à son secours M. Thiers et cite sa phrase rageuse, en soulignant : *Dans l'imbécillité ou dans le sang*. »

Ce que Babochi, l'endiablé gouailleur, a dû rire en lisant tout cela ! La lettre se termine par quelques paroles froidement amies : « C'est tout ce que je voulais vous dire. Si je n'étais sûr, d'ailleurs, de la sincérité de votre vieille affection pour moi, je ne vous aurais pas répondu. Tout à vous (1). »

Delaroa (Joseph), était né à Périgneux (Loire), le 11 mars 1821. Il vint très jeune à Roanne, puisque nous le trouvons, en 1839, étudiant la philosophie au collège de cette ville.

Delaroa a écrit beaucoup; nous ne citerons que ses premiers ouvrages. Ce sont d'abord des écrits philosophiques: *Programme de la philosophie catholique dans l'Université*. Vient

(1) Pour ne pas rester sur la mémoire de Callet, avec une trop fâcheuse impression, nous rappellerons à sa gloire, qu'en d'autres temps, il avait vaillamment défendu la cause républicaine; et que, par l'attachement pour ses principes, il avait supporté volontairement la prison, l'exil et même la misère.

ensuite son livre intitulé : *Coup d'œil sur l'influence chrétienne en matière d'économie charitable* (1847).

Il se jeta de bonne heure dans la politique ; les titres des ouvrages qu'il publia dans la suite le prouvent surabondamment :

Vue générale sur le Socialisme (1849); *Le Coup d'Etat, c'est l'avenir* (1851) ; *Notice biographique sur M. le comte F. de Persigny* (1854).

Il a écrit aussi plusieurs biographies, dans le grand ouvrage : *Le Sénat de l'Empire Français*, publié sous la direction de M. L. Tisseron. Citons entre autres celles de *Son Excellence M. le comte de Persigny*, de MM. Emile Ollivier, Picard, Darimon, enfin celle de M. de Charpin-Feugerolles.

Il fit publier, en 1860, son livre principal : *Les Patenôtres d'un surnuméraire*, où il se révèle à nous comme un écrivain humoristique de premier ordre. Voici ce qu'en dit Francisque Sarcey dans une de ses spirituelles et intéressantes chroniques du XIXe siècle : « Il a écrit une centaine de pages, qui sont de premier ordre et laissé un volume, qui serait un chef-d'œuvre s'il avait consenti à en retrancher la moitié ». Il y a dans ce livre des pensées qui sont *trouvées* et avec cela exprimées quelquefois dans le style de La Bruyère : « Si tu acquiers des connaissances, cache-les, afin de ne pas humilier tes supérieurs ». Plus loin, il poursuit sur le même ton : « Le maréchal de Villeroy disait qu'il fallait tenir le pot de chambre aux ministres, tant qu'ils étaient en place, et le leur renverser sur la tête sitôt que l'on commençait à s'apercevoir que le pied allait leur glisser. Ne suis que la première partie de ce conseil ; garde le vase à la main pour les ministres qui succéderont ». Parfois il abandonne le ton badin, pour élever sa pensée presque jusqu'au sublime ; témoin le précepte suivant qu'il formule à la suite :

« Accepte vaillamment les fers que la conscience impose. Ils sont la force de l'homme. En les portant, tu sentiras le prix et la grandeur de la liberté. »

En 1867, il fit paraître *Les Blasons de la Diana.*

Un de ses principaux ouvrages sur le Forez est la *Galerie de portraits foréziens; biographies, armes, devises*, publié en 1869. Ce même travail revu, corrigé et augmenté a été reproduit dans *Le Forez* de M. Félix Thiollier, sous ce titre : *les Foréziens dignes de mémoire*. Delaroa avait formé une magnifique collection de portraits qui a été acquise, en 1874, par la ville de Saint-Etienne et se trouve actuellement à la Bibliothèque. Cette collection a été mise en ordre et collée sur des cartons par notre ami Maissiat, qui la complète chaque jour et qui se propose de publier le catalogue de la partie réunie par ses soins, sous le titre de *Nouvelle galerie de portraits Foréziens*, si Dieu... non, si la municipalité lui en donne le temps.

Deux années consécutives, en 1887 et 1888, Delaroa publia un *Bulletin de la Société amicale des Foréziens*, dont il était le président effectif et, plus tard, le président honoraire. Il mourut le 7 janvier 1890, à Paris où il habitait depuis plus de quarante ans et où il avait été en relation avec presque toutes les célébrités de l'époque. Il était intimement lié avec Jules Janin, dont il fut en quelque sorte l'historiographe.

Au lendemain de sa mort, Francisque Sarcey traça de lui un portrait remarquablement fait : « M. Delaroa, que je n'ai guère connu que sur la fin de sa vie, et encore par courtes échappées, était un philosophe que la nécessité de gagner sa vie avait confiné parmi les ronds-de-cuir. Il les avait beaucoup observés, et il avait emmagasiné sur eux une foule de renseignements, silencieusement amassés et rangés au fond de sa mémoire. Il était morose et méprisant, ce qui n'aide nulle part à faire son chemin, moins dans ce milieu que partout ailleurs. Il se sentait supérieur à sa besogne, et la faisait avec une ponctualité sèche qui lui conciliait l'estime de tout le personnel, mais qui ne lui attirait aucune sympathie. Il avait le tort de juger ses chefs ce qu'ils valaient. Il était trop correct pour faire part à personne de ses pensées ; mais il y avait, dans sa façon d'être hiérarchiquement poli, un tel air de dédaigneuse froideur, qu'il était impossible de se tromper à ses sentiments secrets ».

Voilà un portrait comme j'en voudrais un pour moi-même (avec la signature du maître). On n'en fait pas tous les jours de pareils et les continuateurs de la galerie forézienne peuvent l'y mettre en bonne place.

Théolier (Auguste-Etienne-Xavier), naquit à Saint-Etienne, le 26 juillet 1849. Après avoir fait de brillantes études au Lycée de cette ville, sa famille le destina à la médecine ; mais c'est vers la littérature et le journalisme qu'il porta ses vues, poussé par un goût instinctif. Avec son tempérament d'artiste, il ne tarda pas à se faire une place honorable parmi les chroniqueurs parisiens.

On se souvient encore, au *Mémorial de la Loire*, des articles si spirituellement tournés qu'il envoyait chaque année sur les peintres foréziens qui avaient exposé au Salon.

Il fut le principal fondateur et l'organisateur de l'association des *Foréziens de Paris*. Le premier dîner donné par la Société, eut lieu le 10 mai 1884 ; Théolier en fit le compte-rendu.

Le 12 juillet 1886, il devint acquéreur du journal le *Stéphanois* et le transforma complètement.

Il mourut à peine âgé de 39 ans, le 24 décembre 1887.

Entre autres choses de lui, le *Mémorial* publia un article critique sur Babochi qui fut très remarqué en son temps.

Il a laissé aussi de fort jolis vers dont quelques-uns ont agrémenté les menus des *Dîners foréziens*.

Ollagnier (Jean-François), à la fois auteur dramatique, poète, chanteur et comédien, naquit à Saint-Etienne en 1852 et mourut à Paris en 1886.

Il excellait à composer des parodies et transporta sur la scène celles du théâtre Guignol.

Il obtint un vrai succès aussi en parodiant certaines pièces très connues, telles que *Les Mousquetaires au Couvent, La Favorite,* etc.

On peut dire de lui qu'il est mort dans l'exercice de son art, en faisant représenter sur le théâtre une de ses pièces : *Les Français au Tonkin.*

Il a laissé, à l'état de manuscrit, quelques productions qui mériteraient peut-être d'être publiées. Espérons qu'un jour son frère se chargera de ce soin.

Nous nous sommes déjà beaucoup plus étendu sur les écrivains que notre cadre ne le comportait d'abord ; mais cette société est si agréable à fréquenter qu'il est bien permis de s'y attarder un instant.

Cependant, on comprendra que pour être à peu près complet, il nous reste à parler de quelques auteurs vivants. On comprendra sans peine que pour ces derniers nous ne cherchions pas à nous étendre, nous citerons simplement les principaux d'entre eux, en indiquant d'une façon très sommaire les travaux les plus connus qu'ils ont produits jusqu'à présent.

Un certain nombre d'entre eux font partie de l'*Union poétique du Forez* autrement dit du *Caveau stéphanois,* société littéraire fondée à Saint-Etienne en 1883, sur le modèle du fameux *Caveau* de Paris.

Nous allons donc commencer par dire un mot de cette société appelée, nous n'en doutons pas, à un brillant avenir.

Les principaux membres fondateurs furent : MM. Rémy Doutre, Joseph Maissiat, Jean-François Gonon, P.-V. Fabre, Pierre Boissonnet, Benoît Royet, Jean Chalancon, Jacques Vacher, Emile Colombain, Benoît Chapelon et Henri Cochet.

Les premiers statuts du *Caveau stéphanois* furent approuvés par le Préfet de la Loire, le 27 septembre 1883. Cette petite Société, où règne la plus franche gaîté et la plus cordiale entente, a son organe, le *Moniteur du Caveau*, paraissant tous les deux mois depuis cette année seulement ; cette publication n'était que trimestrielle auparavant.

Quelques-uns des membres du *Caveau* ont publié des volumes ou des opuscules de chansons et de poésies. Les plus connus sont :

Doutre (Rémy), né à Monistrol (Haute-Loire), le 1er mars 1845, a publié de nombreuses chansons dont quelques-unes ont été très populaires à Saint-Etienne. Ses œuvres ont été réunies en un volume, publié par souscriptions, en 1887 sous ce titre : *Chants, Chansons et Poésies*, avec préface par Eug. Imbert, et portrait gravé par Ch. Falk.

Maissiat (Joseph), sous-bibliothécaire de la ville, né à Saint-Etienne, a publié deux ouvrages en vers : le premier, *Les Bonnes filles*, publié en 1885, est composé de morceaux empreints du plus grand charme, et véritablement écrit avec le cœur. Le second, les *Chansons démocratiques*, tiré à très petit nombre d'exemplaires, en 1887, contient des pièces qui ont obtenu un grand succès. Il a collaboré aussi à plusieurs journaux littéraires et politiques. Mais en ami sincère, je lui conseille plutôt de s'adonner à la littérature proprement dite, c'est-à-dire à la prose, car les poètes, à mon sens, ont l'âme trop sensible pour se mêler aux luttes arides de la vie dont ils ne savent pas comprendre les petits côtés. Il a en portefeuille, tout prêt à paraître, un volume en vers, *Au pays des gagats*, qui intéressera certainement beaucoup tous ceux qui aiment cette chère ville de Saint-Etienne.

Enfin, il fait un travail auquel il s'entend admirablement ; il dresse en collaboration, croyons-nous, avec M. J.-M. Canel, le catalogue complet de la Bibliothèque de la ville, qui formera quatre forts volumes.

Chapelle (François), avocat, né à Saint-Etienne, a collaboré à divers journaux politiques et littéraires. Il a aussi écrit deux ou trois plaquettes de polémique, ainsi que quelques ouvrages à l'usage de l'enfance. Il est aujourd'hui président du *Caveau stéphanois*.

Duplay (Pierre), dit le *Pare Barounta*, a écrit un certain nombre de chansons en patois gagat. En 1882, il a publié : *Lou panorama de vais San-Tchiève*, et, en 1890, un roman historique et local : *Le petit bon Dieu des Béguins*.

Pour sortir du *Caveau* où nous nous sommes encore attardé citons :

Velle (Léon), qui a publié à Saint-Etienne, en 1884, une édition revue et corrigée de ses *Chansons et poésies*.

Vacher (Jacques), né à Saint-Etienne, a publié quelques chansons qui seront réunies à celles plus nombreuses, restées manuscrites, et paraîtront certainement un jour sous le titre de : *Les Ségusiaves*.

Merlin (Léon), né à Marchiennes (Nord), le 7 février 1850; en 1881, il vint à Saint-Etienne où il publia successivement, de 1882, à 1891 : *Les jeux du Sphinx*, *Les Douze lunes*, *Masques et Camées*, *La Langue verte du troupier*, *Pour mes Amis*, enfin *Les Détraqués*. Il a fondé : *La Revue Stéphanoise*, organe mensuel, artistique et scientifique, dont il est le directeur.

Poète de valeur, Léon Merlin est sur le point de faire paraître un nouvel ouvrage promettant d'être très intéressant.

Gonon (Jean-François), né à Saint-Etienne, et qui vient de faire paraître ses chansons sous un titre asssez modeste : *Les Petits grillons*, augmenté d'une préface d'Eugène Imbert et orné d'un portrait par Falk.

Merlat (Joannès), né à Saint-Etienne en 1864, et qui a donné au public en 1886, un ouvrage en vers : *Rimes figaresques*, et en 1887, un petit opuscule intitulé : *Grappes de sonnets*.

M. Galley (Jean-Baptiste), né à Saint-Etienne, ancien bibliothécaire de la ville, ancien administrateur de l'Ecole de dessin, et qui a publié quelques articles offrant le plus grand intérêt sur certains points de l'histoire de Saint-Etienne ; et en 1885, le premier volume du *Catalogue de la bibliothèque*, comprenant les manuscrits, le legs Aug. Bernard et une partie des imprimés sur le Forez et les provinces limitrophes.

Muller (Eugène), est né en 1826, à Vernaison (Rhône), d'après certain de ses biographes ; à Saint-Just-sur-Loire, selon d'autres.

Il a débuté dans la littérature en 1845, par un opuscule de chansons et poésies, imprimé à Saint-Etienne, chez Pichon, et c'est quelque peu à ce titre que nous le plaçons ici.

En 1858, il publia *La Mionette*, récit villageois dont l'action se passe à Saint-Just-sur-Loire ; puis, de 1860 à ce jour, de nombreux ouvrages dont les plus connus sont : *La Ronde du Loup ; Mon Village ; Véronique ; Mme Claude ; Contes rustiques ; Le Trésor de Blaise*, pièce en 1 acte représentée au Vaudeville ; des articles dans diverses revues littéraires, entre autres le *Journal de la Jeunesse*, où il écrit sous le pseudonyme d'*Oncle Anselme*.

Eugène Muller est aujourd'hui conservateur de la Bibliothèque de l'Arsenal, à Paris.

Nous nous sommes réservé de placer à la fin des auteurs

encore vivants, deux hommes remarquables par l'importance de leurs travaux.

M. de Charpin-Feugerolles, propriétaire du château du même nom situé dans le voisinage immédiat de Saint-Etienne, a écrit sur l'archéologie et l'histoire, plusieurs ouvrages très importants, dont la plupart ne se trouvent pas dans le commerce, ce qui, avec l'autorité qui s'attache au nom de l'auteur, leur donne une valeur considérable pour les bibliophiles. Un de ses amis me disait un jour, et j'ai retenu le mot parce qu'il était trouvé : les œuvres de M. de Charpin sont royalement éditées.

Il me suffira de citer quelques titres, pour indiquer l'importance des travaux de cet auteur :

Recueil de documents pour servir à l'histoire de l'ancien Gouvernement de Lyon, contenant des notices chronologiques et généalogiques sur les familles nobles ou anoblies, qui en sont originaires ou qui y ont occupé des charges ou emplois, avec le blason de leurs armes. — Mis en ordre et publié par L. de Voleine, lyonnais, et H. de Charpin, forézien. Première partie. — Liste chronologique des évêques et archevêques de Lyon.

Cartulaire du prieuré de Saint-Sauveur-en-Rue (Forez), dépendant de l'abbaye de la Chaise-Dieu, 1062-1401, publié avec une notice historique et des tables, par le comte de Charpin-Feugerolles, ancien député de la Loire, et M. C. Guigue, ancien élève de l'Ecole des Chartes,

Cartulaire des francs fiefs du Forez, 1090-1292, publié d'après le document original, conservé aux Archives nationales.

Grand Cartulaire de l'abbaye d'Ainay, suivi d'un autre Cartulaire, rédigé en 1286, publié par le comte de Charpin-Feugerolles et M. C. Guigue, ancien élève de l'Ecole des Chartes, archiviste du département du Rhône.

Ces ouvrages qui sont des monuments historiques de première valeur, ont été imprimés à Lyon, de 1854 à 1885.

M. de Charpin-Feugerolles a publié encore, en 1889, un ouvrage très important sous ce titre : *Document inédit relatif à la guerre qui eut lieu en 1368, entre les Dauphinois et les Provençaux.*

Outre ces travaux de longue haleine, il a publié une dizaine de brochures dont quelques-unes contiennent des documents restés longtemps inédits.

On le voit, par ses travaux, M. de Charpin-Feugerolles est un érudit dans toute la force du terme.

Il a occupé une situation importante sous l'Empire, comme député influent, élu par le département de la Loire. Il est en outre, membre de la Société de l'Histoire de France, de la Société littéraire historique et archéologique de Lyon, vice-président de la Diana.

Mme la comtesse de Charpin-Feugerolles, née de Saint-Priest, était elle-même un écrivain distingué ; elle a laissé plusieurs ouvrages historiques, écrits dans un style net et concis, qui en rend la lecture facile et agréable. Nous citerons : *Eléonore d'Autriche, reine de Pologne*, qui eut deux éditions, en 1866 et 1885, et *Isabeau de Crémeau*, première femme de Gaspard de Capponi, baron de Feugerolles. Ce dernier ouvrage a paru en 1882.

M. Testenoire-Lafayette (C.-P.), né à Saint-Etienne, est également un archéologue, un historien et un érudit de premier ordre, dont j'ai dit tout le bien que je pensais au cours de ce volume. On lui doit un certain nombre de travaux historiques sur sa ville natale, offrant tous, le plus grand intérêt.

Citons seulement les principaux, en commençant par le plus important : *Saint-Etienne et ses cantons*, dans lequel il a condensé des documents excessivement précieux et qui fait partie du superbe monument historique élevé à la gloire de notre province par M. Félix Thiollier, j'ai nommé le *Forez Pittoresque ; Souvenirs du vieux Saint-Etienne ; Anciennes sépultures sous la chapelle de Notre-Dame-de-la-Consolation à la Monta. Le R. P, Cyrille et le P. Epiplane, 1629; Le R. P. Jacques Toizac, 1643; Messire Guy Colombet, curé, 1664-1708,* publié dans la *Revue Forézienne,* en 1868, puis tiré à part; *Notice sur M. Etienne Peyret-Lallier,* parue dans les *Annales de la société d'agriculture, sciences et belles-lettres,* en 1873; *Notice sur les notaires de l'arrondissement de Saint-Etienne,* (1888), *et la notice mise en tête des œuvres de Pagnon.*

M. Testenoire-Lafayette a recueilli une quantité de documents anciens sur sa ville natale, quelques-uns de première valeur, tel que le traité intervenu entre Gilbert de Saint-Priest et les exploitants des carrières de charbons des environs de Saint-Etienne en 1653 et qu'il a très obligeamment communiqués à M. Brossard.

Enfin, au risque d'être indiscret, rappelons ici qu'il se proposait, en 1878, de faire réimprimer les œuvres des Chapelon, avec notes et préface, et qu'il a sous presse en ce moment, croyons-nous, un ouvrage sur l'abbaye de Valbenoîte.

M. Testenoire-Lafayette a été bibliothécaire de la ville de Saint-Etienne pendant plusieurs années. Il a été, en outre, longtemps président de la société de la Diana.

M. Testenoire-Lafayette, son fils, est un numismate distingué et je crois qu'il faudrait aller loin pour trouver une collection de médailles aussi étendue et surtout aussi bien cataloguée que la sienne; il a fait l'analyse savante de tous les trésors monétaires trouvés dans le pays, — et ils sont nombreux. — Le *Bulletin de la Diana,* contient nne quantité d'articles qu'il a publiés à propos de ces découvertes (1).

(1) En outre des ouvrages qu'ils ont publiés, plusieurs des auteurs que nous avons cités en dernier lieu ont écrit des articles, souvent très importants, dans les trois principaux journaux de la localité, savoir :

1° *Le Mémorial de la Loire,* qui parut d'abord sous le titre de : *Mémorial judiciaire de la Loire* (20 septembre 1845 — 17 mars 1848), qui s'est ensuite appelé

Les auteurs, dont nous nous sommes réservé de parler en dernier lieu, sont des économistes distingués que le genre de leurs travaux indiquait tout naturellement pour servir de transition entre les écrivains et les savants.

Peyret-Lallier (Etienne), naquit à Saint-Etienne, le 5 mars 1780; il descendait d'une très ancienne famille stéphanoise dont nous retrouvons l'un des membres Jehan Peyret, notaire et consul de la ville, à la fin du XVIe siècle.

D'abord avoué, puis avocat, il ne tarda pas à entrer dans la vie politique. Il fut nommé, en 1831, membre du Conseil général de la Loire, dont il devint bientôt le président; à la fin de la même année, il fut élu maire de Saint-Etienne et conserva ces fonctions pendant cinq ans et demi; enfin, au mois d'avril 1834, il fut envoyé à la Chambre des députés par le département de la Loire.

Comme publiciste, l'œuvre qu'il a laissée est considérable; nous trouvons d'abord de très nombreux articles de lui dans le *Bulletin de la Société d'agriculture et d'industrie de Saint-Etienne*, et traitant : 1° de l'économie politique; 2° de l'industrie et du commerce; 3° des voies de communication; 4° des houilles; 5° de l'agriculture. Le Bulletin a donné de lui aussi une *Notice historique et statistique sur la ville de Saint-Etienne*, un *Projet d'établissement d'une caisse d'épargne à Saint-Etienne*, etc.

l'*Avenir républicain* (4 janvier 1852, 1er janvier 1854), et qui prit enfin, à cette dernière époque, son titre actuel;

2° *Le Stéphanois*, dont le premier numéro parut en juin 1881, sous le nom de *Petit Stéphanois*. Ce journal fondé par M. Berland, a été ensuite acheté et complètement transformé, ainsi que nous l'avons dit, par Aug. Théolier;

3° *La Loire républicaine*, fondée en 1885, par M. Urbain Balay.

Ces trois journaux sont fort bien rédigés et ne le cèdent en rien comme importance aux feuilles de province les plus répandues et les plus connues, telles que celles qui paraissent à Lyon, à Marseille et à Bordeaux.

Il a publié en outre un grand nombre de brochures et mémoires traitant de questions excessivement intéressantes pour la localité, telles que celle-ci : *De la nécessité d'établir à Saint-Etienne le chef-lieu du département de la Loire* (1831); *Chambre de commerce de Saint-Etienne* (1851).

Son ouvrage le plus important est intitulé : *Traité sous la forme de commentaire sur la législation des mines, minières, carrières, tourbières, usines, sociétés d'exploitation, et chemins de transport* (1842).

Sans revenir sur l'histoire proprement dite, nous rappellons que les travaux de Peyret-Lallier, sur l'économie politique, ne l'empêchèrent pas d'être un maire modèle, s'occupant activement de toutes les questions importantes pouvant présenter quelque intérêt pour la ville. C'est ainsi qu'il fit adopter un premier projet de construction de réservoir sur le Furan au lieu dit des Billetières ; c'était un premier pas vers le gigantesque travail, opéré plus tard, dans ce sens là, et qu'il avait lui-même signalé comme réalisable dans l'avenir, l'Etat peu prospère des finances n'en permettant pas l'exécution immédiate. Il fit aussi accepter par le Gouvernement l'offre d'une somme de 200,000 fr., pour la construction d'une caserne.

Au moment de quitter la mairie, il avait projeté la création d'un établissement de première utilité pour une ville comme Saint-Etienne, je veux parler d'un Mont-de-piété ; c'est une lacune qui existe encore ; et, disons-le en passant, la municipalité qui s'intéressera à cette institution rendra un véritable service à la population ouvrière si nombreuse dans cette ville.

Peyret-Lallier comme écrivain a été jugé de main de maître par M. Testenoire-Lafayette : « Tous les écrits de M. Peyret-Lallier sont d'un style simple clair et sobre ; il ne vise jamais à l'ornement ni à l'éclat ; il ne cherche qu'à être exact et pratique. On voit en le lisant que l'auteur n'a ni préoccupation personnelle, ni amour-propre d'écrivain. »

Enfin pour terminer, nous citerons le portrait que nous a laissé de lui un de ses collègues au barreau de Saint-Etienne, Valentin-Smith ; son caractère y est dépeint d'une manière assez piquante :

« Peyret-Lallier, infatigable travailleur, incapable de s'élever à un mouvement oratoire, sobre jusqu'à la sécheresse, ne répondant jamais à une injure que par un raisonnement, affectant même de la dédaigner parce qu'elle ne prouve rien et n'est le plus souvent qu'une preuve de l'impuissance de celui qui la profère ».

Peyret (Jean-Marie-Alphonse), fils du précédent, naquit à Saint-Etienne, le 5 août 1808 et y mourut en 1851, des suites d'un accident de voiture. Economiste distingué, il a publié, en 1834, la relation d'un *Voyage en Angleterre, pendant l'année 1833*, et en 1835, *La Statistique industrielle du département de la Loire,* etc.

Il a laissé à la Bibliothèque de sa ville natale la totalité de ses manuscrits.

Clément (Ambroise), né à Paris, le 21 mars 1805, fut longtemps secrétaire de la mairie de Saint-Etienne. Ses premières publications parurent dans le *Journal des Economistes.* Il fit ensuite un travail intitulé : *Recherches sur les causes de l'indigence* (1846), qui attira l'attention de l'Académie des sciences morales.

En 1848, il se montra un adversaire résolu des doctrines socialistes de Louis Blanc ; il écrivit même, afin de les mieux combattre, une brochure intitulée : *Des nouvelles réformes industrielles et en particulier du projet d'organisation du travail de M. Louis Blanc.*

Il publia ensuite un *Essai sur la science sociale (1867).* A signaler aussi son ouvrage : *Le bon sens dans les doctrines morales et politiques* (1878).

Il fut nommé membre de l'Académie des sciences morales et politiques en 1872.

Nous commencerons l'énumération des savants qui ont honoré Saint-Etienne de leurs travaux, par les médecins, comme étant ceux qui ont le plus de rapport avec les écrivains, par la forme littéraire que présentent presque toujours leurs écrits.

Comme nous ne sommes pas médecin, nous aurions peut-être mauvais goût de venir parler à nos lecteurs le langage d'Esculape. Aussi nous sommes-nous adressé à notre ami le docteur Cénas, qui s'est complaisamment offert à nous fournir tous les renseignements nécessaires sur les travaux médicaux les plus importants qui ont été publiés à Saint-Etienne, ou écrits ailleurs par des praticiens originaires de cette ville.

Enfin, nous avons puisé dans le *Catalogue sommaire des sciences médicales*, extrait du Catalogue de la bibliothèque de la Ville, par J. Maissiat, tous les renseignements bibliographiques dont nous avons pu avoir besoin dans la circonstance.

Nous avons à dire, avant toute chose, deux mots sur la Société de Médecine de Saint-Etienne et de la Loire, fondée en 1857, et par conséquent une des plus anciennes de France.

L'esprit général, qui a présidé à la fondation de cette institution éminemment utile, se trouve parfaitement indiqué dans certains articles du premier projet de statuts que j'ai présent sous les yeux :

ART II

« La Société s'occupera exclusivement de questions ayant trait, soit aux sciences médicales, soit à l'exercice de l'art, soit aux intérêts de la profession médicale. »

Le plus important est l'article XI, dont voici les passages les plus intéressants :

ART XI

« La Société choisira dans son sein un conseil d'administration et de surveillance dont les fonctions, exercées temporairement, consisteront : 1° à administrer la Société conformément à son règlement ; 2° à signaler à l'autorité compétente les délits d'infractions aux lois et ordonnances concernant l'exercice de la médecine dans le département de la Loire, et, au besoin à en provoquer la répression au nom de la Société médicale.

Le conseil d'administration et de surveillance sera également autorisé à intervenir dans les différends qui pourraient surgir, à l'avenir, entre les membres de la Société pour des causes et sur des questions d'exercice professionnel, pour concilier autant que possible ces différends et maintenir ainsi la concorde et la bonne harmonie entre tous ses membres. »

Et cette Société, on peut le dire, à tenu les engagements pris lors de sa fondation ; car il n'y a peut-être pas de ville où le corps médical soit plus uni, ni animé d'un plus grand esprit de progrès.

Le docteur Escoffier fut le premier président élu.

La Société publie tous les ans un volume d'*Annales* ; depuis 1882, elle a pour organe officiel *La Loire Médicale*, journal mensuel.

Les principaux docteurs qui ont exercé à Saint-Etienne et y ont publié des travaux de quelque importance, soit dans les *Annales*, soit dans des ouvrages édités à leur propre compte, sont ceux dont les noms suivent :

Le Dr Gallois, travaux de chirurgie (*Annales* de 1857 à 1868) ;

Le Dr Maurice, travaux sur la tératologie, l'obstétrique, les entozoaires. Le docteur Maurice a publié aussi, en collaboration avec le regretté M. Chaverondier, l'éminent archiviste de la Loire, le *Catalogue des ouvrages relatifs au Forez ou au département de la Loire*, qui ont paru de 1864 à 1882.

Le Dr Rimaud, mort à Saint-Etienne, le 15 janvier 1890, était né à Roanne, le 15 novembre 1810. J'ai sous les yeux une petite brochure qu'il a publiée en 1823, sur *Les eaux minérales de Saint-Galmier*. On y peut lire cette phrase qui dépeint bien le caractère élevé de cet homme savant et modeste : « Si j'avais voulu faire un livre, il m'eut été facile d'y parvenir en publiant une partie des observations que j'ai recueillies; mais j'ai écrit pour être utile, si je le pouvais, à mes concitoyens et non avec la prétention de briguer un succès littéraire. »

Il a publié aussi à différentes époques, dans le *Mémorial de la Loire*, des articles très étudiés sur l'hygiène. Il s'était toujours beaucoup occupé de ces questions et nous trouvons dans l'almanach forézien de 1852, petite publication devenue très rare aujourd'hui, un article où il établit trois divisions assez rationnelles de l'hygiène. Il y a, dit-il, celle des plaines, celle des montagnes et celle des villes d'eau.

L'ouvrage le plus important qu'a laissé le docteur Rimaud, sont ses *Excursions foréziennes*, éditées à Saint-Etienne en 1876, 1879 et 1883.

Il faisait partie de la Société de médecine de Saint-Etienne, et était membre correspondant de celle de Lyon. Il appartenait à la Société d'agriculture, industrie, sciences, arts et belles-lettres du département de la Loire. Il a été un des fondateurs de la Société des sciences naturelles de Saint-Etienne, créée par arrêté du ministre de l'instruction publique, en date du 15 décembre 1847.

Le Dr Riembault, auteur de nombreuses communications à la

Société de médecine; où il était toujours très écouté, parce qu'il savait exposer les questions qu'il traitait avec une clarté parfaite. Ses principaux travaux ont été le résultat de ses observations sur les mineurs de Saint-Etienne, que leur pénible métier expose à des maladies particulièrement graves.

Ainsi il fit, en 1859 et 1860, d'importantes communications traitant de l'*Anémie des mineurs*, de l'*Etiolement* et de l'*Emphysème pulmonaire des houilleurs*.

Le Dr Escoffier, bien que natif de Lyon, fit une partie de ses études au collège de Saint-Etienne et alla étudier la médecine à Lyon, puis à Paris. Il vint alors se fixer définitivement à Saint-Etienne, où il devint très populaire; le 9 janvier 1826, il fut nommé membre correspondant de la Société de médecine de Lyon.

Il siégea au Conseil municipal de 1833 à 1848.

Il était, ainsi que nous l'avons vu, président de la Société de médecine de Saint-Etienne à laquelle il fit de nombreuses communications, et vice-président du Conseil d'hygiène et de salubrité publique.

Il mourut à Saint-Etienne en 1862, âgé de 64 ans.

Le Dr Michalowski, dont le principal ouvrage a pour titre: *Quarante ans d'études médicales* (1866), a fait aussi plusieurs communications intéressantes, reproduites dans les *Annales de* Société de médecine.

Le Dr Millon a publié plusieurs mémoires, de 1858 à 1885, sur diverses épidémies qui sévirent à Saint-Etienne pendant ce laps de temps; le premier est intitulé: *Mémoire sur une épidémie de fièvre typhoïde qui a régné à Saint-Etienne à la fin de 1858*. Ce très intéressant travail a été reproduit tout au long dans les *Annales*.

Il était médecin de l'Hôtel-Dieu, de la Manufacture impériale d'armes, membre du conseil d'hygiène et de salubrité du département de la Loire, médecin des épidémies. Et certes, à lire l'énumération de ses travaux, aucun titre ne lui convenait mieux que le dernier.

Le Dr Giraud (Charles), membre fondateur de la Société de médecine de Saint-Etienne, à laquelle il fit plusieurs communications a publié aussi une *Notice historique sur le docteur Escoffier*, fort bien écrite.

Le Dr Garin (Calixte-André-Eugène), qui a fait de nombreuses communications reproduites dans les *Annales*, fit paraître en 1865, un mémoire intitulé : *De la lèpre chez les anciens.*

Il nous reste à parler de quelques savants ingénieurs nés à Saint-Etienne ou qui ont laissé des traces de leur passage dans cette ville par des travaux ou des études remarquables.

Bessy (Joseph-Etienne-Marcellin), naquit à Saint-Etienne, le 28 septembre 1791 et y mourut au mois de septembre 1825, au retour d'un nouveau voyage qu'il venait de faire en Angleterre, pour étudier, avec plus de soin encore que la première fois, les procédés perfectionnés que nos voisins appliquaient à la fabrication et au travail du fer. Nous avons parlé longuement, dans le chapitre consacré à la métallurgie, des magnifiques résultats qu'il obtint, grâce à sa persévérance, lorsqu'il fonda l'important établissement métallurgique de Saint-Chamond, et aussi pour la création de la belle forge anglaise qu'il installa en 1820, à Saint-Julien-en-Jarez.

Beaunier (Louis-Antoine), né à Melun en 1779, est sans contredit un des hommes qui ont rendu le plus de services à la région. Il créa la première usine d'acier fondu qui ait obtenu une production sérieuse, plus de 250,000 kilog. par an.

Il fit en quelque sorte l'organisation de l'Ecole des Mines, dont il fut aussi le premier directeur et le premier professeur. Enfin, c'est lui qui régla pour ainsi dire l'exploitation des concessions de mines de Saint-Etienne et de Rive-de-Gier, après avoir exécuté son remarquable travail sur la topographie extérieure et souterraine du bassin houiller.

Beaunier était inspecteur général des Mines, conseiller d'Etat, Officier de la Légion d'honneur.

Il mourut à Paris, le 20 août 1835.

Fourneyron (Benoît), né à Saint-Etienne, le 1er novembre 1802, dont nous avons eu à parler déjà à propos de l'Ecole des Mines était un ingénieur d'un talent remarquable.

Il inventa la turbine qui porte son nom ; il publia différents mémoires sur les questions hydrauliques; dans un autre écrit, il s'éleva violemment contre le monopole des mines de la Loire.

Il fut élu député en 1848 et mourut le 8 juillet 1867, en faisant un legs de 20,000 fr. à la ville, pour la fondation de bourses d'externes au Lycée.

Poidebard (Jean-Baptiste), qui a laissé un nom comme ingénieur mécanicien, naquit à Saint-Etienne, le 14 novembre 1761 et après avoir fait ses études au séminaire de Saint-Irénée, il fut ordonné prêtre ; il se voua ensuite à l'enseignement des mathématiques.

Il inventa ou perfectionna plusieurs procédés assez ingénieux pour la construction des machines. Il alla ensuite en Russie où il exécuta des travaux importants, en qualité d'ingénieur mécanicien au service du Czar.

On cite de lui l'invention d'un nouveau moyen pour la remorque des bateaux, qui fut appliqué avec un plein succès sur le Volga. Il fut placé aussi là-bas à la tête de plusieurs entreprises importantes ; mais ainsi qu'on l'a malheureusement remarqué, les inventeurs sérieux ne font pas souvent fortune ; ils se consacrent trop à leur œuvre et ne se hâtent pas de gagner de l'argent; d'autres gens plus habiles viennent profiter de leurs inventions et en retirer tout le bénéfice.

Nous avons vu quelque part que cet homme, cependant

remarquable par son talent, fut loin d'être heureux en Russie, où il se trouvait sur la fin de sa vie, dans un état voisin de la misère ; il y mourut le 6 mars 1824.

Fouché, ministre de la police générale de la République, avait cherché à le faire rentrer en France et avait fait pour cela des démarches auprès du général Hédouville, ministre de France, près de l'Empereur de Russie. Une de ses lettres à ce sujet contient le plus bel éloge qu'on puisse faire de Poidebard : « L'intention du Gouvernement est de conserver à la France et de rappeler dans son sein, tous les hommes dont le mérite et les talents sont utiles à sa gloire et à sa prospérité ».

De Gallois vint à Saint-Etienne en 1814, comme ingénieur en chef des mines. Il y resta dix ans et rendit les plus grands services à l'industrie du pays.

Nous avons exposé longuement, dans le chapitre consacré à la métallurgie, les efforts persévérants qu'il fit pour arriver à la production directe du fer par l'exploitation des minerais. Son œuvre a presque été une œuvre de génie, et si elle n'a pas réussi complètement, c'est pour cette seule cause que les minerais, dont il avait pour ainsi dire scientifiquement découvert l'existence, se sont trouvés trop pauvres. Nous sommes de ceux qui aiment à rendre hommage aux grandes conceptions basées sur les calculs du raisonnement, lors même qu'elles ne réussiraient pas complètement.

Il fut aussi un de ceux qui préconisèrent les immenses avantages devant résulter de la construction des chemins de fer, dans la région, pour le transport des houilles. Il mourut en 1825.

Nous consacrerons un mot ici à un homme qui promettait beaucoup pour l'avenir ; mais qui mourut à la fleur de l'âge, victime d'un épouvantable accident :

Jabin (Pierre-Félix), né en 1801, était ingénieur ordinaire et professeur à l'Ecole des Mineurs de Saint-Etienne. Il resta quelque temps à la tête d'une verrerie et apporta de sérieux perfectionnements dans la fabrication; il dirigeait depuis quelque temps la mine de Bérard, quand il mourut si malheureusement en 1832.

Gruner (Emmanuel-Louis), naquit en Suisse, le 11 mai 1809. Après sa sortie de l'Ecole Polytechnique, il obtint la petite naturalisation et, poussé par son goût, entra à l'Ecole des Mines. A sa sortie, après avoir effectué un long voyage d'instruction dans plusieurs pays de l'Europe, il fut nommé ingénieur des mines en service ordinaire à Saint-Etienne. L'année suivante en 1835, il fut nommé professeur à l'Ecole des Mineurs.

En 1852, il fut nommé directeur de cette même école et conserva cette fonction jusqu'en 1858. Il était vice-président du Conseil général des Mines, le titre de président revenant de droit au ministre. Lors de la fondation de la Société de l'industrie minérale en 1855, il en fut élu président.

Il était aussi président de la Société géologique de France, et membre du Comité des Arts chimiques et de la Société d'encouragement pour l'industrie minérale.

Enfin il était membre honoraire de deux instituts américains et anglais.

Il mourut à Beaucaire, le 26 mars 1883, laissant après lui des œuvres très importantes. Nous citerons d'abord sa *Description du bassin houiller de la Loire* (atlas et texte). Il a écrit huit ouvrages sur la géologie; ceux qui intéressent la région ont pour titre: *Nature des terrains de transitions? et des porphyres du département de la Loire* (1841); *Filons plombeux du département de la Loire* (1857).

Sur la chimie, il nous reste de lui les principaux résultats des travaux qu'il fit au laboratoire de l'Ecole des Mines de

Saint-Etienne et surtout de nombreuses analyses de houilles du bassin de la Loire.

Sur la métallurgie, il a laissé des travaux au moins aussi importants; le plus considérable est celui qu'il publia, en collaboration avec M. Lan; c'est un véritable traité de la métallurgie du fer en Angleterre.

Quand on a parcouru les œuvres qu'a laissées Gruner et dont l'énumération complète serait trop longue à donner ici, on peut dire sans exagération qu'il fut, à la fois, un travailleur infatigable et un illustre savant.

Les artistes qu'a produits Saint-Etienne, principalement dans la gravure, sont peut-être encore plus nombreux et au moins aussi remarquables que les écrivains et les savants de même origine. Nous en avons déjà cité plusieurs au cours de cet ouvrage, à propos de leurs travaux, principalement pour les chefs-d'œuvre de gravure et d'incrustation dont étaient ornementées quelques armes sorties de leurs mains. Nous allons cependant rappeler les noms d'un certain nombre d'entre eux en donnant quelques détails sur leurs principales œuvres.

Jaley (Louis), naquit à Saint-Etienne, le 6 novembre 1696. Il fit d'abord de la sculpture sur pierre et sur bois et des eaux fortes, mais ne tarda pas à s'adonner complètement à l'art de la gravure où il excellait, soit qu'il l'appliquât à la décoration des armes, soit qu'il l'employât à confectionner des poinçons ou des cachets qu'il faisait merveilleusement bien.

C'est lui qui avait été chargé d'exécuter la gravure qui décorait le beau fusil commandé par Louis XV, à Jean Bouillet pour être offert au Dey d'Alger en 1754.

C'est d'après un de ses dessins que fut construite en 1756, la belle fontaine qui ornait la principale place de Saint-Etienne et qui, malheureusement a été détruite depuis.

Il se livrait au travail avec une telle ardeur et apportait tant de fini dans l'exécution des travaux délicats auxquels il se consacrait, que sur ses derniers jours il avait presque complètement perdu la vue.

Il mourut à Saint-Etienne, le 29 mars 1773.

Nous aurons à parler plus loin de son petit-fils qui fut aussi un artiste remarquable.

Vériclcy, né à Saint-Etienne en 1725, alla de bonne heure à Paris, où il ne tarda pas à se faire une très grande réputation. Il a été graveur à la Monnaie de Paris.

On possède quelques beaux échantillons de ses travaux, ainsi qu'en témoigne le passage suivant tiré du rapport de la Commission française de l'Exposition de Londres en 1851 : « Les ciselures de cette belle arme avaient été exécutées par Vériclcy, artiste très habile auquel on devait encore des épées ciselées à fond d'or du plus grand mérite (1) ».

Boyron (Georges), né le 25 juillet 1730, et mort le 23 mai 1804, avait été surnommé par ses contemporains le *maître Adam* stéphanois ; il était au moins aussi connu par ses poésies improvisées que par les œuvres que créa son burin.

Olagnier (Jacques), dont nous connaissons déjà le talent comme graveur ciseleur et sculpteur, naquit à Saint-Etienne le 17 avril 1742. Il était fils d'un graveur, jouissant lui-même d'une certaine réputation. Après avoir été à Lyon étudier le dessin, il ne tarda pas à devenir un artiste de talent. Ses œuvres se font remarquer surtout par la régularité des traits et la pureté des lignes.

En 1766, Olagnier ouvrit à Saint-Etienne un cours de dessin, de gravure, de ciselure et de sculpture et groupa autour de lui des élèves dont plusieurs sont devenus, dans la

(1) Voir l'ouvrage de Descreux. — *Notices biographiques stéphanoises*. Saint-Etienne, 1868, p. 342.

suite, des maîtres remarquables ; il nous suffira de citer Dupré, Dumarest, Jean Roule et Georges Cizeron ; quelques auteurs ont aussi nommé Galle ; mais le fait n'a pas été établi d'une manière bien certaine. Il eut, pendant la Révolution, une existence assez agitée et fut même incarcéré après avoir occupé des fonctions publiques ; mais remis bientôt en liberté, il se retira à Saint-Romain-en-Jarez où il mourut en 1798, presque oublié de ses contemporains.

Cizeron (Georges), sculpteur de grand talent, naquit à Saint-Etienne le 17 septembre 1751 ; fils d'un arquebusier de la ville, il s'était d'abord consacré à l'art de la gravure qu'il abandonna bientôt pour se consacrer au grand art de la sculpture ; ses qualités maîtresses étaient l'imagination et la rapidité d'exécution de l'œuvre conçue ; mais il négligeait parfois, surtout au début, de donner à ses créations tout le fini qu'elles auraient comporté. Il alla se perfectionner à Paris et devint bientôt un maître incontesté.

On lui doit, à Saint-Etienne, la restauration des belles sculptures qui ornent la chaire de l'église Notre-Dame et qui avaient été mutilées pendant la Révolution. Il mourut à Saint-Etienne au mois de février 1820.

Dumarest était aussi le fils d'un armurier de Saint-Etienne ; il naquit dans cette ville le 17 septembre 1750. Après avoir travaillé quelque temps à la gravure sur métaux pour la décoration des armes de luxe, il se rendit à Paris et s'adonna à la ciselure pour le compte des orfèvres et des bijoutiers. C'était là son gagne pain ; mais il consacrait ses moments de loisir à l'étude du dessin qui lui manquait dans le début.

Il ne tarda pas à devenir un artiste vraiment remarquable, et après avoir été en Angleterre, où il travailla pendant quelques années, il revint en France et exposa en 1795, deux belles empreintes de médailles représentant, l'une la tête de

Jean-Jacques Rousseau, l'autre le buste de Brutus. Il eut un vif succès et obtint, outre un premier prix, une commande de 6,000 fr., pour le compte de l'Etat. On voit qu'à cette époque, malgré l'agitation politique, dont on n'était pas encore complètement sorti, on ne négligeait pas d'encourager les arts en récompensant les artistes.

On doit à Dumarest des médailles qui sont de véritables chefs-d'œuvre ; les plus connues sont : la médaille du Conservatoire de musique, sur laquelle se trouve une magnifique tête d'Apollon ; celle de l'Institut, représentant Minerve. La médaille d'Esculape, exécutée pour l'Ecole de Médecine, est certainement son plus bel ouvrage

Galle (André), un des plus grands noms qui aient illustré la France dans l'art de la gravure et de la ciselure, naquit à Saint-Etienne, le 27 mai 1761. Il débuta dans cette ville, où d'ailleurs il ne resta pas longtemps, par la gravure sur armes. Il travailla ensuite pour le compte d'un orfèvre de Lyon et se rendit à Paris où son talent ne tarda pas à le mettre en relief.

Au grand concours ouvert en 1810 par la classe des Beaux-Arts de l'Institut, il remporta le premier prix, et fut chargé d'importants travaux pour le Gouvernement.

La Collection nationale des médailles contient un grand nombre d'œuvres signées de lui. Citons parmi celles-ci : la *Conquête de la Haute-Egypte ;* le *Couronnement de Napoléon ; Friedland ; Iéna ;* la *Translation des cendres de Napoléon.* Toutes ces médailles sont d'une frappe excessivement remarquable. Ce qui caractérise surtout le talent de Galle, c'est la beauté et la pureté des lignes. Il a traité tous les sujets qu'il avait abordés avec une netteté et une précision magistrales.

Il était membre de l'Institut quand il mourut, au mois d'octobre 1844.

Jaley (Louis), petit-fils du graveur du même nom dont nous avons parlé plus haut, naquit à Saint-Etienne en 1766, et fut l'élève de Dupré, sous la direction duquel il ne tarda pas à devenir très habile dans l'art de la gravure appliquée, surtout à la frappe des médailles.

Il a laissé d'autres œuvres dont les sujets sont presque tous tirés de l'épopée impériale. Nous ne citerons que ses principales médailles : celle dite de l'*An X*, représentant une tête de Bonaparte remarquablement belle ; celle qui représente la *Capitulation d'Ulm et de Meiningen*, celle de la *Bataille d'Austerlitz*. Il grava aussi le revers de plusieurs médailles dont la face fut exécutée par les plus grands artistes de l'époque ; citons dans le nombre : l'*Institution de la Légion d'honneur*, par Andrieu ; le *Sacre de Napoléon I*^er^, par Droz ; l'*Entrée à Berlin* ; la *Bataille d'Austerlitz*.

En mourant, il laissa un fils Léon-Louis-Nicolas Jaley, qui devint dans la suite un sculpteur de mérite et succéda à David d'Angers comme membre de l'Institut.

Montagny (Jean-Pierre), né à Saint-Etienne, le 31 juillet 1789, était un graveur en médailles fort remarquable (1). Le Musée de Saint-Etienne possède quelques belles médailles signées de lui et dont il fit don à sa ville natale en 1845.

Il mourut près de Paris en 1862, laissant un fils M. Etienne Montagny, qui fut dans la suite un peintre et surtout un sculpteur de talent. Pour ne parler que de ses œuvres ayant rapport à Saint-Etienne, on lui doit un très beau buste en marbre blanc d'Hippolyte Royet, et les deux statues colossales en bronze qui ornent le perron de l'Hôtel de Ville.

(1) Montagny appartenait à une vieille famille, qui avait déjà fourni à Saint-Etienne, plusieurs artistes de talent. Citons-les pour mémoire : *Clément Montagny*, né le 10 janvier 1730 ; *Philibert Montagny*, né le 10 avril 1732 ; *Clément Montagny*, fils du précédent, né le 28 juin 1756 ; *Fleury Montagny*, né le 4 février 1760.

Lestra (Joachim), né à Saint-Etienne, le 4 juin 1784, était un graveur et incrusteur de talent.

Il exécuta, en 1818, une chasse au sanglier très artistement composée et qui lui valut le premier prix de gravure au concours, institué par le Conseil général de la Loire. C'était en même temps un peintre distingué.

Il mourut prématurément en plein épanouissement de son talent, le 15 mars 1833.

Tissot (Jean-Claude), né à Saint-Etienne en 1810, fut un artiste éminent dans son genre. Il se faisait surtout remarquer par le fini que présentait l'exécution de ses travaux.

Il a laissé de véritables chefs-d'œuvre de gravure, exécutés pour l'ornementation de différentes pièces d'arquebuserie; mais c'est surtout dans la joaillerie que son talent fit de lui un maître admirable entre tous. On peut voir au Musée de la ville, section de l'armurerie, quelques beaux échantillons des œuvres de Tissot.

Qui ne connaît les magnifiques bracelets, broches, épingles de cravate et autres bijoux, portant dans un tout petit coin un simple T, qui était la signature de ses œuvres, et qui donnait toujours aux objets sortis de ses mains une valeur très appréciée de tous les vrais connaisseurs (1).

Il mourut à Saint-Etienne, le 29 juillet 1889.

Nous allons parler maintenant de deux hommes dont la mémoire est digne d'être conservée à Saint-Etienne dans le monde artistique.

Soulary (Claudius), né à Lyon, en 1788, mourut en 1870, dans notre ville où il était alors directeur de l'Ecole com-

(1) Dans sa carrière artistique Tissot obtint de nombreuses récompenses; en 1855, une médaille d'argent pour gravure et incrustation d'armes; en 1863, une médaille de 1re classe; à l'Exposition de 1868, une mention pour gravure et incrustation de bijouterie; à l'Exposition de 1880, une médaille d'argent pour gravure et incrustation de bijouterie.

munale de dessin. Il avait d'abord été l'élève de Girodet, qui lui témoignait beaucoup d'amitié ; il travailla ensuite dans l'atelier de Gros, qui lui reconnaissait de rares dispositions pour la peinture.

Soulary, qui était plus coloriste que dessinateur, a laissé quelques bonnes toiles, parmi lesquelles on peut citer son tableau du *Comte Ugolin* actuellement au Musée de Lyon ; celui qui représente *Saint-Irénée refusant de sacrifier aux idoles,* commandé par la Ville pour le Palais de l'Archevêché.

Ses principales compositions, pendant le temps qu'il a passé à Saint-Etienne sont : un portrait de lui ; *la Paysanne au Chevreau ; un Vieillard en adoration ;* Une *Vue prise au Petit-Treuil, près Saint-Etienne ; les Mendiants ;* enfin, quelques bonnes études de têtes.

Champier (Jean), élève de Soulary et plus tard, professeur sous sa direction, devint à son tour directeur de l'Ecole de dessin, à laquelle il donna, comme son prédécesseur, une impulsion remarquable.

Né à Saint-Etienne, en 1822, il y mourut en 1884.

Pour faire l'éloge de Champier, nous avons sous les yeux les discours qu'il prononça chaque année aux distributions de prix de l'Ecole de dessin. On voit, dans chacune de ces pages admirablement senties, l'artiste pénétré des véritables principes de l'art et du beau.

Il semble que son talent modeste ait déjà eu sa récompense. Les paroles éloquentes du maître ont été recueillies par son ami Jacques Trouilleux, l'artiste bien connu à Saint-Etienne. Il en a fait un volume illustré de sa main ; chaque en-tête de chapitre est une petite merveille : tantôt, ce sont comme emblêmes, des pinceaux et une palette jetés sur un léger nuage ; tantôt, c'est la Renommée avec sa trompette allégorique transmettant à la postérité le nom des plus dignes.

Si jamais l'on édite un pareil livre, quel succès pour les deux artistes : pour celui dont on a pieusement recueilli les paroles et pour celui dont le talent s'est inspiré de toute l'estime qu'il avait pour un ami sincère.

Comme l'a dit si judicieusement un journaliste de la région, M. H. Théolier, il fait bon être des amis de Jacques Trouilleux. Pour ma part, j'ai aimé, aussitôt que je l'ai connu ce maître dont le talent est aussi vrai que sa modestie est grande.

Moine (Antoine-Marie dit *Antonin)*, né à Saint-Etienne, le 2 juillet 1796, et mort à Paris le 18 mars 1849, fut un peintre et un sculpteur de talent. Elève de Girodet et du baron Gros, il a laissé quelques œuvres assez remarquables, telles que son *Dragon ailé*, ses *Tritons* qui ornent la fontaine de la place de la Concorde ; on lui doit aussi le bénitier de l'église de la Madeleine qui passe pour une œuvre de premier ordre.

Le Musée de Saint-Etienne a acquis, en 1876, un portrait de Moine, fait par lui-même.

Faverjon (Jean-Marie), naquit à Saint-Etienne, le 3 janvier 1823, et mourut dans cette ville le 11 juillet 1873. Il était élève d'Hippolyte Flandrin, et a laissé quelques belles peintures. Nous citerons celles que possède le Musée de Saint-Etienne : une *Vue prise à Fontenay-aux-Roses ;* l'*Intérieur d'un Atelier de tourneur ;* un *Effet de nuit*, représentant des types de dentelières de la Haute-Loire.

Merley (Louis), né à Saint-Etienne en 1815, mort à Paris, le 17 septembre 1883, était un graveur de médailles des plus distingués et un sculpteur de mérite. En 1848, il fut premier Grand-prix de Rome. C'est lui qui est l'auteur du groupe allégorique en pierre : *La Justice, la Vérité et la Force* qui décore le fronton du Palais de Justice de notre ville.

Guichard (Jean), né à Saint-Etienne en 1825., fut d'abord

élève de l'Ecole de dessin, où il suivit le cours professé par Soulary. Il montra, dès ses débuts, un véritable talent. La Ville lui accorda à titre d'encouragement une subvention de 600 fr. pour lui permettre d'aller achever ses études à Paris, où il fut quelque temps l'élève de Carpeaux.

On l'a appelé le *Courbet* de la gravure, à cause de la vigueur que son burin savait imprimer à toutes ses compositions.

Le Musée de Saint-Etienne possède plusieurs de ses œuvres, entre autres une *Chasse à l'ours*, des plus remarquables, exécutée sur acier.

Quand il mourut, au mois de novembre 1887, notre Municipalité fit les frais des funérailles de cet artiste, dont elle peut être fière au moins à l'égal de Tissot.

Linossier (François), né à Saint-Etienne, le 1er janvier 1819, mourut aussi dans cette ville le 1er décembre 1871.

Nous l'avons cité précédemment comme poëte gagat; comme peintre il est moins connu, sa spécialité était la représentation des attributs. Son portrait, donné à la Ville par Mlle Linossier, sa sœur, et qui lui est attribué, par erreur, le représente sous le costume de commandant de place dont il occupa les fonctions en 1848.

Pour les artistes encore vivants, nous serons aussi sobre de détails que nous le pourrons, nous contentant, pour la plupart, de les mentionner avec un simple mot :

M. Berthon (Auguste), le directeur actuel du Musée de la ville, né à Saint-Etienne, est l'auteur d'un tableau à sensation : *Les derniers jours*, représentant une jeune fille se mourant de la poitrine.

On lui doit plusieurs portraits au pastel, entre autres celui de Mme A. B..., et de jolis dessins pour diverses publications périodiques.

M. Frappa (José), né à Saint-Etienne, suivit pendant quelques temps les cours de l'Ecole de dessin de cette ville, entra à l'Ecole des Beaux-Arts et fut ensuite élève de Charles Comte.

Il a traité avec un certain art le genre dit grotesque ou rabelaisien ; citons ses moines jouant à la main chaude, ceux qui se lancent des boules de neige, etc., et parmi ses derniers tableaux : *Un bureau de nourrices* et une *Dormeuse*.

Dans un genre plus sérieux, il a fait quelques œuvres bien réussies. Le Musée de Lyon possède entre autres de lui une belle étude de tête de femme.

M. Peyron (Louis), né à Saint-Etienne, est un peintre de valeur.

Le Musée de la Ville possède de lui deux très beaux paysages : la *Vallée du Gier* et le *Val-Chéry*. Cet artiste a exécuté également quelques belles peintures décoratives et quelques beaux fusains.

M. Peyron (Joseph), frère du précédent, est aussi un artiste de mérite, réussissant très bien la gouache. On peut voir de lui, au Musée, deux beaux tableaux représentant, l'un des branches de groseiller et de cerisier jetées avec le plus grand art, l'autre un groupe nature de roses trémières.

M. Faure (Joanny), né à Saint-Etiennne, a peint quelques bons tableaux, parmi lesquels nous pouvons citer deux portraits, l'un d'Aug. Théolier, l'autre de M. Gérentet.

M. Penel (Louis), né à Saint-Etienne, a été élève de F. Rude et est devenu lui-même un sculpteur de talent.

Il est l'auteur du *Jeune nègre jouant avec un lézard*, dont le Musée de Saint-Etienne possède une reproduction en plâtre.

Nous parlerons aussi d'un homme qui a montré dans sa partie un talent véritable :

Granger (Louis), né à Saint-Etienne en 1825 et mort en 1880, était un compositeur metteur en carte fort apprécié.

L'artiste qui sait jeter sur l'étoffe un dessin merveilleux, me paraît avoir autant de droit à la célébrité que le graveur assez habile pour incruster sur le métal les conceptions arrachées à son génie créateur.

On peut voir de lui, au Musée de la ville, deux mises en carte qui passent pour des chefs-d'œuvre du genre : l'une représente *L'Exposition de Philadelphie*, l'autre *L'Industrie rubanière.*

Nous parlerons maintenant de quelques artistes qui, sans être nés à Saint-Etienne, s'y rattachent par leur famille, ou de ceux encore qui, ayant longtemps habité cette ville, y ont en quelque sorte acquis droit de cité.

M. Gagliardini (Julien), né à Mulhouse, de parents stéphanois, a été élève de l'Ecole de dessin de notre ville : Le Musée possède un de ses bons tableaux : *Au bord de la grève.*

M. Ducaruge (Léon), élève de la même Ecole, a exécuté quelques beaux fusains qu'on peut voir au Musée de Saint-Etienne. Le mérite de son art consiste surtout dans l'adresse de l'exécution.

M. Chapoton (Grégoire), né à Saint-Rambert, ancien élève de l'Ecole de dessin de Saint-Etienne, où il a longtemps habité, est un peintre de fleurs et un portraitiste distingué.

Le Musée de la ville possède entre autres tableaux de lui : *Une Razzia faite au jardin*, dont le dessin et le coloris sont fort beaux.

M. Trouilleux (Jacques), né à Saint-Héand, a toujours habité Saint-Etienne et s'y est acquis une certaine célébrité ; nous avons, à propos des ouvrages qu'il a illustrés, parlé plusieurs fois de ses œuvres et de son talent.

Le Musée de la Ville possède de lui deux beaux fusains : *Vue de la Chûte du Furens* et *Vue de la place des Ursules.* Ces peintures, entre autres : *Le Mois de Marie* et *une Cour de Ferme* sont très appréciées.

Nous citerons encore :

M. Gonnard (Henri), d'origine montbrisonnaise, qui a été longtemps Conservateur du Musée de Saint-Etienne, dont il a dressé un catalogue assez bien fait. Ses œuvres consistent en quelques bons dessins et en eaux fortes.

M. Zan (Victor), né en Italie, a déjà produit, comme sculpteur, quelques morceaux de valeur. Citons son groupe : *Les Victimes du grisou*, acheté par la Ville cette année, et son buste de l'architecte Leroux.

Il n'est pas jusqu'à l'art divin de la musique qui n'ait fourni à Saint-Etienne quelques noms illustres.

Martin (Jean-Louis), artiste lyrique, né à Saint-Etienne en 1816, eut de brillants succès comme ténor sur plusieurs scènes de France et de l'étranger.

Sa voix d'une puissance remarquable était à la fois sonore, vibrante et moëlleuse. Le genre créé par son homonyme, le célèbre baryton Martin, était un de ceux qui lui convenaient le mieux. Ce qui achevait de le rendre sympathique au public c'était son jeu très simple, contrairement à ce qui arrive fréquemment chez les artistes, même les meilleurs, qui ont une tendance à exagérer le geste.

Parlons maintenant d'un compositeur de grand talent.

Massenet (Jules-Emile-Frédéric), né en 1842, à Montaud, commune rattachée depuis à celle de Saint-Etienne, entra au Conservatoire de Paris, où il remporta le 1er prix de piano, en 1859, c'est-à-dire âgé de treize ans à peine.

Il obtint, en 1863, le premier grand prix de composition et fit naturellement le voyage de Rome, où il travailla avec ardeur ; il visita ensuite l'Allemagne et la Hongrie en rêveur qui cherche l'inspiration et il la trouva, puisque c'est à Pesth qu'il composa ses *Scènes de bal*, en 1865. L'année suivante, il fit exécuter aux concerts du Casino une fantaisie symphonique assez importante : *Pompeïa*. On devine où il en avait puisé l'inspiration.

Il débuta au théâtre par la *Grand'tante*, représentée sur la scène de l'Opéra Comique. On lui doit les partitions de *Don César de Bazan* et de *Marie-Magdeleine* qui commencèrent à le mettre en relief.

Ses productions suivantes sont de beaucoup supérieures, nous citerons : *Les Erinnyes, le Roi de Lahore*, dont l'éloge n'est plus à faire ; *Hérodiade ; Manon ; le Cid ; Esclarmonde*. En dehors du théâtre il a donné divers oratorios et des suites d'orchestre.

On lui doit, en outre, le poëme *Biblis ;* une prière : *Sauvez-nous, Vierge Marie*, et quelques belles mélodies.

Massenet, qui est un musicien consommé et un de nos plus habiles pianistes, ne laisse pas cependant d'avoir quelques côtés faibles ; quoique très savante, très étudiée et très belle, sa musique manque de mélodie, de ce quelque chose que je ne saurais définir, mais que l'on trouve à un si haut degré chez Rossini ou chez Verdi. Si Massenet, comme on l'a dit avec beaucoup de justesse, se ressent de la nouvelle école de Gounod, il n'en reste pas moins un des plus grands compositeurs de notre époque.

Il a remplacé Bazin au Conservatoire de musique. Il fait, en outre, partie de l'Institut depuis 1880.

Citons, en passant, deux musiciens stéphanois bien connus : MM. *Joanny Vincent* et *Alfred Dard-Janin*, qui ont à leur actif quelques bonnes compositions.

Enfin, Saint-Etienne peut encore s'honorer d'avoir donné le jour à l'un de nos plus glorieux explorateurs :

Garnier (Francis), naquit dans cette ville, le 25 juillet 1839 et fut massacré dans une sortie contre les pirates, près d'Hanoï, le 21 décembre 1873.

Il semble que le Tonkin devait à des Foréziens de devenir français car le compagnon et l'ami de Francis Garnier, Jean Dupuis, était presque son compatriote. Ce dernier, en effet, est né dans une petite localité du département de la Loire, voisine de Saint-Etienne, et qu'on appelle Saint-Just-la-Pendue.

M. Léon Garnier, frère de l'illustre et malheureux lieutenant de vaisseau, a pieusement recueilli les manuscrits sur lesquels ce dernier avait consigné ses observations d'explorateur et les a en partie publiées sous différents titres :

Voyage d'exploration en Indo-Chine, effectué pendant les années 1866, 1867 et 1868, par une commission française présidée par M. le capitaine de frégate Doudart de Lagrée, et publié par les ordres du ministre de la marine, sous la direction de M. le lieutenant de vaisseau F. Garnier, Paris, 1873.

Chronique royale du Cambodge (Paris, 1873).

De Paris au Thibet, notes de voyage (Paris 1882).

On voit que nous étions loin d'exagérer quand nous disions, au début de ce chapitre, que Saint-Etienne avait produit des écrivains et des artistes dignes d'être cités et que ceux-là s'étaient trompé qui avaient représenté les Stéphanois comme des gens essentiellement positifs, préoccupés seulement de leurs affaires commerciales.

Pour ma part, en écrivant les dernières pages de cet ouvrage, j'ai été très heureux de constater, la preuve sous les yeux, qu'il y avait chez eux, poussés à un très haut degré, l'amour des lettres, le sentiment du vrai et du beau.

Puissé-je avoir été assez éloquent pour persuader le lecteur comme je le suis moi-même !

TABLE DES MATIÈRES

PREMIÈRE PARTIE

HISTOIRE DU FOREZ JUSQU'A LA FONDATION DE SAINT-ÉTIENNE
POUR SERVIR D'INTRODUCTION A L'HISTOIRE DE CETTE VILLE

DEUXIÈME PARTIE

HISTOIRE DE LA VILLE DE SAINT-ÉTIENNE DEPUIS SES ORIGINES JUSQU'A NOS JOURS

CHAPITRE VIII

TROISIÈME PARTIE

LES INDUSTRIES STÉPHANOISES DEPUIS LEUR ORIGINE JUSQU'A NOS JOURS

CHAPITRE PREMIER

CHAPITRE II

CHAPITRE III

CHAPITRE IV

CHAPITRE V

CHAPITRE VI

QUATRIÈME PARTIE

MONUMENTS, LETTRES, SCIENCES ET ARTS

CHAPITRE UNIQUE

LISTE

DES

SOUSCRIPTEURS

ÉDITION DE LUXE

SUR JAPON IMPÉRIAL

OFFERTS PAR L'AUTEUR

N°s 1 A M. LE MAIRE de la Ville de Saint-Etienne.

2 A M. LE PRÉSIDENT de la Chambre de Commerce.

3 A M. LE PRÉFET de la Loire.

4 A M. LE GÉNÉRAL Commandant d'armes.

LISTE
DES SOUSCRIPTEURS

ÉDITION DE LUXE

SUR JAPON IMPÉRIAL

Nos 5 CHAMBRE DE COMMERCE de Saint-Etienne.
6 CHARPIN-FEUGEROLLES (Comte de), au Chambon.
7 COSTE Louis, ancien Notaire, à Saint-Etienne
8 CÔTE Auguste, Libraire, à Lyon.
9 DÉCHELETTE (Mme Stanislas) Château d'Armont, par Montagny.
10 DESVIGNES Victor, à Saint-Etienne.
11 FLEURY (Docteur C.-M.,), à Saint-Etienne.
12 GÉRENTET Elisa (Mlle), à Saint-Etienne.
13 GUY, (Abbé), à Saint-Etienne.
14 MAISSIAT Joseph, à Saint-Etienne.
15 NICOLAS Louis, à Saint-Etienne.
16 ROUSSEL (Docteur), à Saint-Etienne.
17 REYMONDON Antoine, à Saint-Chamond.
18 PEYTRE (Abbé Etienne), Curé à Ecoche.
19 SIVAN (Abbé Victor), à Saint-Etienne.
20 TROUILLEUX Jacques, à Saint-Etienne.

ÉDITION DE LUXE

SUR PAPIER VERGÉ DE HOLLANDE

Nos 26 BIANCONI, Inspecteur d'Académie, à Saint-Etienne.

27 BORDET Louis, Avoué, à Saint-Etienne.

28 BRUGNIAUT, Secrétaire de la Mairie de Saint-Etienne.

29 BROSSARD Etienne, Sénateur de la Loire.

30 CANEL J.-M., à Saint-Etienne.

31 CHOREL-ESCORBIA, à Saint-Etienne.

32 DARD-JANIN, Directeur du Conservatoire de musique de Saint-Etienne.

33 FESSY-MOÏSE, à Saint-Etienne.

34 FUSTIER Paul, à Saint-Etienne.

35 GUIGON Louis, Proviseur du Lycée de Saint-Etienne.

36 HILDESHEIMER Bernard, à Saint-Etienne.

37 METZINGER (Général).

38 MOURIER Marcellin, à Saint-Etienne.

39 MICHEL Sauveur, à Saint-Etienne.

40 NEYRET Régis, à Saint-Etienne.

41 PALLUAT-DE-BESSET (Comte), Château de La Salle, par Balbigny.

42 REYMOND François, Sénateur de la Loire.

43 THÉOLIER Henri, à Saint-Etienne.

44 VOYTIER, à Saint-Etienne.

EDITION

SUR PAPIER VÉLIN

ALLIMAND Ernest, Ingénieur, à Saint-Etienne.
ARCHIVES de la Ville.
ARMAND P.-A., à Saint-Etienne.
AULAGNIER Claude, à Saint-Etienne.
BALAY Ferdinand, à Saint-Etienne.
BALDENSPERGER Mathis, à Saint-Etienne.
BARRATTE B., à Saint-Etienne.
BERGER Marius, à Saint-Etienne.
BERNE Simon, à Saint-Etienne.
BERTHOUD T., à Saint-Etienne.
BIBLIOTHÈQUES de la ville de Saint-Etienne (2 exemplaires).
BIBLIOTHÈQUES municipales (12 exemplaires).
BIBLIOTHÈQUE de Saint-Chamond.
BIBLIOTHÈQUE du 38me de ligne.
BIBLIOTHÈQUE de la Grand'Eglise de Saint-Etienne.
BIBLIOTHÈQUE de la ville de Roanne.
BOUTHÉON Ludovic, à Usson.
BRESSON (Abbé P.), à Saint-Héand.
BRUN-LATRIGE, à Saint-Etienne.
BRUN Louis, à Saint-Chamond.
BUHET Jérôme, à Saint-Etienne.
BURELIER Joanny, à Saint-Chamond.
CARTAILHAC, à Toulouse.
CHALAND Théodule, Château de Bayard, à La Talaudière.
CHALEYER J.-B., à Saint-Etienne.
CHAMBOVET, Avoué, à Saint-Etienne.
CHAMBRE DE COMMERCE de Saint-Etienne (2 exemplaires).

CHAPELLE F., à Saint-Etienne.
CHATELUS (Abbé), à Saint-Etienne.
CHEVALIER Jean, à Saint-Etienne.
CHEVALIER P., à Saint-Etienne. (20 exemplaires).
CHOMAT J.-B., à Saint-Chamond.
CHOMETTE Pierre, à Saint-Etienne.
CHOVET (Abbé Jean-Baptiste), à Unieux.
CLAVIÈRE (Raoul de), Château de Jarnioux (Rhône).
COADON Alexandre, à Saint-Etienne.
COGNET (Abbé), à Saint-Chamond.
COIGNET-FRAPPA, à Saint-Etienne.
COL Amédée, à Saint-Etienne.
COMPAGNON (Abbé J.-M.), Grand'Eglise, à Saint-Etienne.
CONSERVATEUR de la Bibliothèque de Roanne.
CONSTANTIN, à Saint-Etienne (2 exemplaires).
CÔTE Auguste, Libraire à Lyon (2 exemplaires).
CRÉPET-TESTE, à Saint-Etienne.
CROIZIER J.-B., à Saint-Etienne.
CROS Pierre, Archiviste, à Saint-Etienne.
DECITRE Henri, à Saint-Etienne.
DELAGE (Abbé H.), Curé à Jonzieux.
DEMEURE Noël-François, à Saint-Etienne.
DESCOURS Henri, à Saint-Etienne.
DEVILLE J., à Saint-Etienne.
DIZAIN & RICHARD (Librairie artistique), à Lyon (3 exempl.)
DIDIER-MATHAUD, à Saint-Etienne.
DUMOULIN Maurice, à Roanne.
DUPLANIL E., à Saint-Etienne.
DUPLAY P. (Parc Barounta), à Saint-Etienne.
DUPLESSIS Charles-Delphin (Président du Tribunal civil), à Saint-Etienne.
DUPRÉ (Abbé Louis), Curé à Saint-Priest-la-Roche.

DURAND, Avocat, à Saint-Etienne.
DURAND J.-B., à Saint-Chamond.
DUREL F.-M., à Saint-Etienne.
DURIF Gabriel, à Saint-Etienne.
EPARVIER J., à Saint-Chamond.
EPITALON Jean-Jacques, Avocat, à Saint-Etienne.
ERZEROM Camille, à Saint-Etienne.
EVRARD, Avocat, à Saint-Etienne.
FAURE Etienne-Louis, à Saint-Etienne
FLACHIER Joannès, à Saint-Etienne.
FOREST Emmanuel, à Saint-Etienne.
FOREST Gabriel, à Saint-Etienne
FOULETIER-IMBERT, à Saint-Etienne.
FOURNEL Claude, à Chazelles-sur-Lyon.
FREYDIER Hippolyte, à Saint-Chamond.
GABERT, à Saint-Etienne.
GACHET Marc, Avocat, à Saint-Etienne.
GARAND Léon, à Saint-Etienne.
GARDIN Martin-Claude, à Saint-Etienne.
GAUTHIER Paul-Jean (Abbé), Curé de Rochetaillée.
GEORG Henri, Libraire, à Lyon (3 exemplaires).
GERMAIN DE MONTAUZAN, Avocat, à Saint-Etienne.
G.-F. (Abbé).
GIRAUD Gabriel, à Saint-Etienne.
GONON Emile, Avoué, à Saint-Etienne.
GONON Jean-François, à Saint-Etienne.
GONTARD, à Bourg-Argental.
GOUBIER C., à Saint-Etienne.
GRANGIER (Vve), à Saint-Chamond.
GROBOT Gustave, Ingénieur, à Lorette.
GUILLEMOT Antoine, à Thiers.
GUIGON, Proviseur du Lycée de Saint-Etienne (6 exemplaires).

Huguet Amédée, à Montbrison.
Izarny-Gargas (D'), à Saint-Etienne.
Jackson (W), à Paris.
Jacob Frédéric, à Saint-Etienne.
Jacoud, à Saint-Etienne.
Jeannin (Abbé Arthur), Grand'Eglise, à Saint-Etienne.
Lamaizière, Architecte de la Ville de Saint-Etienne.
Langre (Abbé F.-M.), à Saint-Martin-en-Coailleux.
Laurent Victor, à Saint-Etienne.
Le Hénaff H., à Saint-Etienne.
Lenoir J., à Saint-Etienne.
Lermet J., à Saint-Etienne.
De Lupé, Comte de Mayol, Commandeur Pontifical de Saint-Grégoire-le-Grand, Château de la Vigne, à Bourg-Argental.
Magnin (Abbé H.), Curé à Nollieux.
Magnin (Abbé Louis), Curé à Grézieux
Magdinier P., Avoué, à Saint-Etienne.
Mailland A., à Saint-Etienne.
Mairey Francisque, Ingénieur, à Saint-Etienne.
Marcoux (Abbé Antoine), Grand-Eglise, à Saint-Etienne.
Marion Adrien, à Saint-Etienne.
Matagrin Henri, Membre correspondant de *La Diana*, à Saint-Laurent-de-Chamousset (Rhône).
Mathieu Vital, à Saint-Etienne.
Mangin P.-C.-Victor, Notaire, à Saint-Etienne.
Mourier, Huissier, à Firminy.
Moinecourt L.-M., Percepteur, à Sury-le-Comtal.
Maussier P.-B., Ingénieur, à Saint-Galmier.
Mulsant, Avocat, à Saint-Etienne.
Moyse Etienne-Nicolas, Notaire honoraire, à Saint-Etienne.
Muller Eugène, Conservateur de la Bibliothèque de l'Arsenal, à Paris.

NÉEL, Architecte, à Saint-Etienne.
NEYRET Louis, à Saint-Etienne.
NEYRAND André, à Saint-Chamond.
NEYRAND Charles, Député, à Paris.
NEYRET (Abbé), Curé à Saint-Paul-en-Jarrêt.
NEYRON Louis, à Saint-Chamond.
PASCAL C., à Saint-Etienne.
PERNETY Didier, à Saint-Etienne.
PITAVAL J., à Saint-Etienne.
POINAT Jules, Avoué, à Saint-Etienne.
POINT Camille, à Saint-Etienne.
PONCETTON, Avocat, à Saint-Etienne.
PONCINS (Comte de), au Palais, par Feurs.
PORTE Edmond, à Saint-Etienne.
PORTIER Léon, Avocat, à Saint-Etienne.
PUTOD (Abbé G.), Curé-Archiprêtre, à Saint-Etienne.
REVOLLIER (Abbé François), Curé de Villers.
REYNARD (Abbé Claude), Curé-Archiprêtre de Perreux.
REYNARD (Abbé Jean), à Rive-de-Gier.
RIVOLIER J.-B., à Saint-Etienne.
RIMAUD Jules, à Saint-Etienne.
ROCHE Alphonse, à Saint-Paul-en-Jarrêt.
ROUCHOUSE J. et Cie., à Saint-Etienne.
ROULE Antoine, à Saint-Etienne.
ROUX J.-B., à Saint-Etienne.
SAINT-GENEST (Max de), Château de La Plagne (Loire).
SAMUEL (Abbé Jean-André), à Saint-Etienne.
SAVOYE René, à Saint-Etienne.
SEIGNOBOS Emile, à Lyon.
SOULENC, Avocat, à Saint-Etienne.
TARDIVI Henri, à Saint-Etienne.
TESTENOIRE-LAFAYETTE, à Saint-Etienne.

TÉZENAS DU MONTCEL J., à Saint-Etienne.
THIOLLIÈRE (Comte J.), à Saint-Chamond.
THOMAS J., à Saint-Etienne.
TOURRET (Abbé), Curé à Jas.
VACOUTAT Jules, à Saint-Etienne.
VALANCOGNE Charles, à Saint-Etienne.
VALANCOGNE (Madame), à Saint-Etienne.
VARAX (Paul de), à Amplepuis (Rhône).
VERDIER J.-B., à La Martinière, commune d'Izieux.
VERNEY-CARRON, à Saint-Etienne.
VIALLON François, à Saint-Etienne.
WOLFF L., à Saint-Etienne.
VOYTIER F., à Saint-Etienne.

Saint-Etienne, imprimerie J. LE HÉNAFF, rue de la Bourse, 2.

OUVRAGES DU MÊME AUTEUR :

STATIONS GALLO-ROMAINES

DE MOIND & DE CHAYSIEUX

LEUR DESTRUCTION VERS LE MILIEU DU IIIe SIÈCLE

MONOGRAPHIE ET HISTOIRE

DE LA

COMMANDERIE DE SAINT-JEAN-DES-PRÉS

A MONTBRISON EN FOREZ

Illustré de 2 planches en couleurs, de cinq gravures sur bois et de plusieurs plans et dessins.

LES ANCIENNES

FORTIFICATIONS DE MONTBRISON

SIÈGES & INCURSIONS

AUXQUELS ELLES EURENT A RÉSISTER DU XIVe AU XVIIe SIÈCLE

Accompagné d'un plan et de trois vues de l'ancien Montbrison.

www.ingramcontent.com/pod-product-compliance
Ingram Content Group UK Ltd.
Pitfield, Milton Keynes, MK11 3LW, UK
UKHW021102220726
13924UKWH00005B/2205

9 782019 949105